Studium und Praxis

Hilgendorf
Einführung in das Medizinstrafrecht

Einführung in das Medizinstrafrecht

von

Dr. Dr. Eric Hilgendorf
o. Professor an der Universität Würzburg

2. Auflage
2019

C.H.BECK

Übersetzung ins Portugiesische von *O. Gleizer*

Übersetzung ins Japanische von *N. Takahashi*

Übersetzung ins Spanische von *M. Sancinetti*

Übersetzung ins Georgische von *K. Mtschedlischwili-Hädrich*

www.beck.de

ISBN 978 3 406 74091 6

Wilhelmstraße 9, 80801 München
Druck und Bindung: Druckhaus Nomos
In den Lissen 12, 76547 Sinzheim

Satz: Fotosatz H. Buck
Zweikirchener Str. 7, 84036 Kumhausen

Umschlaggestaltung: Druckerei C.H. Beck Nördlingen

CO_2 neutral

chbeck.de/nachhaltig

Gedruckt auf säurefreiem, alterungsbeständigem Papier
(hergestellt aus chlorfrei gebleichtem Zellstoff)

Vorwort

Die 2016 erschienene erste Auflage der vorliegenden Einführung in das Medizinstrafrecht hat eine sehr wohlwollende Aufnahme gefunden. Für die zweite Auflage wurde der Text durchgesehen und auf den neuesten Stand gebracht. Vor allem die Passagen zur Sterbehilfe, zur Organspende und zum Doping mussten aktualisiert werden, desgleichen die Ausführungen zur Korruption im Gesundheitswesen. Nicht geändert hat sich die Zielsetzung des Werkes: eine konzentrierte Einführung in Grundfragen des Medizinstrafrechts unter besonderer Berücksichtigung seiner ethischen und historischen Dimensionen zu geben. Die erste Auflage ist inzwischen auch in japanischer und portugiesischer Sprache erschienen, die zweite Auflage wurde bereits ins Georgische übersetzt, eine Übersetzung ins Spanische erscheint in Kürze, eine englische Übersetzung wird 2020 erscheinen.

Meinem wissenschaftlichen Mitarbeiter Herrn *Carsten Kusche* danke ich herzlich für seine Hilfe bei der Vorbereitung der Neuauflage.

Konstruktive Kritik ist weiterhin willkommen! Sie ist zu richten an Hilgendorf@jura.uni-wuerzburg.de

Veitshöchheim, im März 2019 *Eric Hilgendorf*

Aus dem Vorwort zur ersten Auflage (2016)

Das vorliegende Lehrbuch geht auf die Veranstaltungen zum Medizinstrafrecht zurück, die ich seit 2001 an der Julius-Maximilians-Universität in Würzburg abhalte. Zur Zielgruppe gehören nicht nur junge Juristinnen und Juristen, sondern auch Mediziner und Angehörige anderer Heilberufe. Darüber hinaus richtet sich das Buch an jeden, der sich für die vielfältigen Probleme im Zusammenhang von Medizin und Strafrecht interessiert.

Um der Breite der Zielgruppe gerecht zu werden, habe ich mich um eine möglichst klare und verständliche Darstellungsweise bemüht. Zahlreiche Schaubilder und Gliederungen sollen den Zugang erleichtern. Dogmatische Details mussten demgegenüber zurücktreten. Dagegen wurden gerade bei weltanschaulich besonders umstrittenen Fragen, etwa der rechtlichen Regelung der Sterbehilfe, auch historische Entwicklungen in den Blick genommen, um den Leserinnen und Lesern eine eigenständige Urteilsbildung zu ermöglichen.

An der Entstehung des Buches haben Meike Heinz und Susanne Beck (inzwischen selbst Professorin in Hannover) mitgewirkt, sodann Carsten Kusche und vor allem Katharina May. Ihnen allen bin ich zu großem Dank verpflichtet. Kerstin Schmiedel und Marcel Gernert haben den Fußnotenapparat kontrolliert, Annika Schömig hat das Register erstellt und Enis Tiz hat bei der Fahnenkorrektur geholfen, wofür ich ebenfalls herzlich danken möchte.

Veitshöchheim, im Januar 2016 *Eric Hilgendorf*

Inhaltsverzeichnis

Abkürzungsverzeichnis

aA	andere Ansicht
Abs.	Absatz
abl.	ablehnend
aF	alte Fassung
AG	Amtsgericht
Alt.	Alternative
AMG	Arzneimittelgesetz
AöR	Archiv des öffentlichen Rechts (Zeitschrift)
AP	Arbeitsrechtliche Praxis (Nachschlagewerk des Bundesarbeitsgerichts; Entscheidungssammlung)
APuZ	Aus Politik und Zeitgeschichte (Zeitschrift)
Art.	Artikel
ArztR	Arztrecht
ArztStrafR	Arztstrafrecht
AT	Allgemeiner Teil
Aufl.	Auflage
Az.	Aktenzeichen
BÄK	Bundesärztekammer
BAG	Bundesarbeitsgericht
BayObLG	Bayerisches Oberstes Landesgericht
BB	Betriebs-Berater (Zeitschrift)
Bd.	Band
BfAuM	Bundesinstitut für Arzneimittel und Medizinprodukte
BFG	Bundesfinanzhof
BGB	Bürgerliches Gesetzbuch
BGBl.	Bundesgesetzblatt
BGH	Bundesgerichtshof
BGHSt	Entscheidungen des Bundesgerichtshofes in Strafsachen
BGHZ	Entscheidungen des Bundesgerichtshofes in Zivilsachen
BioPat-RL	Biopatentrichtlinie
BT	Besonderer Teil
BT-Drs.	Bundestags-Drucksache
BtMG	Betäubungsmittelgesetz
BVerfG	Bundesverfassungsgericht
BVerwG	Bundesverwaltungsgericht
BVerfGE	Entscheidungen des Bundesverfassungsgerichtes
bzw.	beziehungsweise
ca.	circa
DÄBl.	Deutsches Ärzteblatt
ders.	derselbe
DFG	Deutsche Forschungsgemeinschaft
dh	das heißt
DNA	Desoxyribonukleinsäure
DSO	Deutsche Stiftung Organtransplantation
EFZG	Entgeltfortzahlungsgesetz
EG	Europäische Gemeinschaft
EGMR	Europäischer Gerichtshof für Menschenrechte
EschG	Embryonenschutzgesetz
etc	et cetera
EuGH	Europäischer Gerichtshof

f./ff.	folgende Seite(n), Randnummer(n) usw.
FamRZ	Zeitschrift für das gesamte Familienrecht
FAZ	Frankfurter Allgemeine Zeitung
FD-SozVR	Fachdienst Sozialversicherungsrecht (Online-Newsletter)
fMRT	funktionelle Magnetresonanztomographie
Fn.	Fußnote
FS	Festschrift
GewO	Gewerbeordnung
GG	Grundgesetz
grds.	grundsätzlich
GRUR Int	Gewerblicher Rechtsschutz und Urheberrecht Internationaler Teil (Zeitschrift)
GS	Gedächtnisschrift
HdB	Handbuch
HIV	Humane Immundefizienz-Virus
hM	herrschende Meinung
Hrsg.	Herausgeber
idR	in der Regel
ieS	im engeren Sinne
insbes.	insbesondere
iSd	im Sinne des
IVF	In-vitro-Fertilisation
iVm	in Verbindung mit
JA	Juristische Arbeitsblätter (Zeitschrift)
JR	Juristische Rundschau (Zeitschrift)
JURA	Juristische Ausbildung (Zeitschrift)
JuS	Juristische Schulung (Zeitschrift)
JZ	Juristenzeitung (Zeitschrift)
Kap.	Kapitel
KG	Kammergericht
LG	Landgericht
LK	Leipziger Kommentar (vgl. Literaturverzeichnis)
LohnFG	Lohnfortzahlungsgesetz
LSG	Landessozialgericht
MAH	Münchener Anwaltshandbuch
mAnm	mit Anmerkung
MBO-Ä	(Muster-)Berufsordnung für die in Deutschland tätigen Ärztinnen und Ärzte
MDR	Monatsschrift für Deutsches Recht (Zeitschrift)
MedR	Medizinrecht (Zeitschrift)
medstra	Zeitschrift für Medizinstrafrecht
MedStrafR	Medizinstrafrecht
MRT	Magnetresonanztomographie
MüKo	Münchener Kommentar (vgl. Literaturverzeichnis)
mwN	mit weiteren Nachweisen
mzustAnm	mit zustimmender Anmerkung
NJW	Neue Juristische Wochenschrift (Zeitschrift)
NK	Nomos Kommentar (vgl. Literaturverzeichnis)
Nr.	Nummer
NStZ	Neue Zeitschrift für Strafrecht
NStZ-RR	Neue Zeitschrift für Strafrecht, Rechtsprechungsreport
NVwZ	Neue Zeitschrift für Verwaltungsrecht

öStGB	Strafgesetzbuch (Österreich)
OLG	Oberlandesgericht
PEG(-Sonde)	Perkutane endoskopische Gastrostomie (= Magensonde durch die Bauchdecke)
PET	Positronen-Emissions-Tomographie
PID	Präimplantationsdiagnostik
RGSt	Entscheidungen des Reichsgerichts in Strafsachen
RL	Richtlinie
Rn.	Randnummer
Rspr.	Rechtsprechung
S.	Seite, im Zusammenhang mit Paragrafenangaben Satz
s.	siehe
SÄZ	Schweizerische Ärztezeitung
SGB	Sozialgesetzbuch
sog.	so genannte/r
StaatsR	Staatsrecht
StÄG	Strafrechtsänderungsgesetz
StäKo	Ständige Kommission Organtransplantation
SteuerR	Steuerrecht
StGB	Strafgesetzbuch
StrafR	Strafrecht
stRspr	ständige Rechtsprechung
StV	Strafverteidiger (Zeitschrift)
StZG	Stammzellgesetz
TPG	Transplantationsgesetz
ua	unter anderem
Urt.	Urteil
UStG	Umsatzsteuergesetz
uU	unter Umständen
v.	von
va	vor allem
Var.	Variante
VerfassungsR	Verfassungsrecht
VersR	Versicherungsrecht (Zeitschrift)
VG	Verwaltungsgericht
vgl.	vergleiche
WHO	World Health Organization (Weltgesundheitsorganisation)
WirtschaftsR	Wirtschaftsrecht
wistra	Zeitschrift für Wirtschafts- und Steuerrecht
WRV	Weimarer Reichsverfassung
zB	zum Beispiel
ZRP	Zeitschrift für Rechtspolitik
ZStW	Zeitschrift für die gesamte Strafrechtswissenschaft
zT	zum Teil

Literaturverzeichnis

Andreas/Debong/Bruns ArztR-HdB/*Bearbeiter*	Andreas/Debong/Bruns, Handbuch Arztrecht in der Praxis, 2007
AWHH StrafR BT/*Bearbeiter*	Arzt/Weber/Heinrich/Hilgendorf, Strafrecht Besonderer Teil, 3. Aufl. 2015
Badura-Lotter Forschung an embryonalen Stammzellen	Badura-Lotter, Forschung an embryonalen Stammzellen, Zwischen biomedizinischer Ambition und ethischer Reflexion, 2005
Baier Medizin im Sozialstaat	Baier, Medizin im Sozialstaat, Medizinsoziologische und medizinpolitische Aufsätze, 1978
Beck Stammzellforschung	Beck, Stammzellforschung und Strafrecht, Zugleich eine Bewertung der Verwendung von Strafrecht in der Biotechnologie, 2006
Becker/Schipperges Krankheitsbegriff	Becker/Schipperges (Hrsg.), Krankheitsbegriff, Krankheitsforschung, Krankheitswesen, 1995
Below Der Arzt im römischen Recht	Below, Der Arzt im römischen Recht, 1953
Benda/Maihofer/Vogel VerfassungsR-HdB	Benda/Maihofer/Vogel, Handbuch des Verfassungsrechts der Bundesrepublik Deutschland, 2. Aufl. 1994
Binding/Hoche Freigabe der Vernichtung lebensunwerten Lebens	Binding/Hoche, Die Freigabe der Vernichtung lebensunwerten Lebens. Ihr Maß und ihre Form, 1920; neu hrsg. und mit einer Einführung versehen von Naucke, 2006
BJTW Selbstbestimmung im Sterben	Borasio/Jox/Taupitz/Wiesing, Selbstbestimmung im Sterben – Fürsorge zum Leben: Ein Gesetzesvorschlag zur Regelung des assistierten Suizids, 2014
Bockelmann Strafrecht des Arztes	Bockelmann, Strafrecht des Arztes, 1968
Böttinger/zu Putlitz Die Zukunft der Medizin	Böttinger/zu Putlitz (Hrsg.), Die Zukunft der Medizin. Disruptive Innovationen revolutionieren Medizin und Gesundheit, 2019
Borowy Postmortale Organentnahme	Borowy, Die postmortale Organentnahme und ihre zivilrechtlichen Folgen, 2000
Byrd/Hruschka/Joerden Jahrbuch für Recht und Ethik	Byrd/Hruschka/Joerden (Hrsg.), Jahrbuch für Recht und Ethik/Annual Review of Law and Ethics, Bd. 15, 2007
Czeguhn/Hilgendorf/Weitzel Eugenik und Euthanasie	Czeguhn/Hilgendorf/Weitzel (Hrsg.), Eugenik und Euthanasie 1850–1945. Frühformen, Ursachen, Entwicklungen, Folgen, 2009
Czerner Euthanasie-Tabu	Czerner, Das Euthanasie-Tabu: Vom Sterbehilfe-Diskurs zur Novellierung des § 216 StGB, 2004

Dabrock/Ried Therapeutisches Klonen als Herausforderung	Dabrock/Ried (Hrsg.), Therapeutisches Klonen als Herausforderung für die Statusbestimmung des menschlichen Embryos, 2005
Damschen/Schönecker Moralischer Status menschlicher Embryonen	Damschen/Schönecker (Hrsg.), Der moralische Status menschlicher Embryonen. Pro und contra Spezies-, Kontinuums-, Identitäts- und Potentialitätsargument, 2002
Darwin Die Entstehung der Arten.........................	Darwin, Die Entstehung der Arten durch natürliche Zuchtwahl, übersetzt von Neumann, 1963
Decher Signatur der Freiheit	Decher, Die Signatur der Freiheit: Ethik des Selbstmords in der abendländischen Philosophie, 1999
Dettmeyer Medizin & Recht....	Dettmeyer, Medizin & Recht, Rechtliche Sicherheit für den Arzt, 2. Aufl. 2006
Dierks/Wienke/Eisenmenger Rechtsfragen der Präimplantationsdiagnostik	Dierks/Wienke/Eisenmenger (Hrsg.), Rechtsfragen der Präimplantationsdiagnostik, 2007
Dreier/*Bearbeiter*	Dreier (Hrsg.), Grundgesetz – Kommentar, Bd. 1, 3. Aufl. 2013
Duttge/Lenk Das sogenannte Recht auf Nicht-Wissen	Duttge/Lenk (Hrsg.), Das sogenannte Recht auf Nicht-Wissen. Normatives Fundament und anwendungspraktische Geltungskraft, 2019.
Eser Recht und Medizin........	Eser Recht und Medizin, 1990
Eser/Lutterotti/Sporken Lexikon Medizin, Ethik, Recht	Eser/Lutterotti/Sporken (Hrsg.), Lexikon Medizin, Ethik, Recht, 1992
Esser Verfassungsrechtliche Aspekte der Lebendspende	Esser, Verfassungsrechtliche Aspekte der Lebendspende von Organen zu Transplantationszwecken, 2000
Fabrizy	Fabrizy, Strafgesetzbuch und ausgewählte Nebengesetze (Kurzkommentar), 13. Aufl. 2018
Fischer	Fischer, Strafgesetzbuch und Nebengesetze, 67. Aufl. 2019
FLHRBS Enhancement	Fuchs/Lanzerath/Hillebrand/Runkel/Balcerak/Schmitz, Enhancement. Die ethische Diskussion über biomedizinische Verbesserungen des Menschen, 2002
Frister StrafR AT	Frister, Strafrecht Allgemeiner Teil, 8. Aufl. 2018
FS Brohm	Der Wandel des Staates vor den Herausforderungen der Gegenwart. Festschrift für Winfried Brohm zum 70. Geburtstag, hrsg. von Eberle/Ibler/Lorenz, 2002
FS Horn	Zivil- und Wirtschaftsrecht im Europäischen und Globalen Kontext. Private and Commercial Law in a European and Global Context. Festschrift für Norbert Horn zum 70. Geburtstag, hrsg. von Berger/Borges/Herrmann (ua), 2006
FS Kühl......................	Festschrift für Kristian Kühl zum 70. Geburtstag, hrsg. von Heger/Kelker/Schramm, 2014
FS Lenckner..................	Festschrift für Theodor Lenckner zum 70. Geburtstag, hrsg. von Eser/Schittenhelm/Schumann, 1998
FS Miyazawa	Festschrift für Koichi Miyazawa: Dem Wegbereiter des japanisch-deutschen Strafrechtsdiskurses, hrsg. von Kühne, 1995
FS Roxin.....................	Strafrecht als Scientia Universalis. Festschrift für Claus Roxin zum 80. Geburtstag, hrsg. von Heinrich/Jäger/Achenbach/Amelung/Bottke/Haffke/Schünemann/Wolter, 2011

FS Schreiber	Strafrecht – Biorecht – Rechtsphilosophie. Festschrift für Hans-Ludwig Schreiber zum 70. Geburtstag, hrsg. von Amelung/Beulke/Lilie/Rüping/Rosenau/Wolfslast, 2005
FS Schwartländer	Würde und Recht des Menschen. Festschrift für Johannes Schwartländer zum 70. Geburtstag, hrsg. von Heiner/Brugger/Dicke, 1992
FS Sootak	Nullum ius sine scientia. Festschrift für Jaan Sootak, hrsg. von Parmas/Pruks, 2008
FS Tröndle	Festschrift für Herbert Tröndle zum 70. Geburtstag, hrsg. von Jescheck/Vogler, 1989
FS Tübinger Juristenfakultät	Tradition und Fortschritt im Recht. Festschrift gewidmet der Tübinger Juristenfakultät zu ihrem 500jährigen Bestehen 1977 von ihren gegenwärtigen Mitgliedern und in deren Auftrag, hrsg. von Gernhuber, 1977
FS Yenisey	Festschrift für Feridun Yenisey zum 70. Geburtstag, hrsg. von Nuholu, 2014
Gesang Perfektionierung des Menschen	Gesang, Perfektionierung des Menschen, 2007
Gethmann-Siefers/Huster Präimplantationsdiagnostik	Gethmann-Siefers/Huster (Hrsg.), Recht und Ethik in der Präimplantationsdiagnostik, 2005
GS Schröder	Gedächtnisschrift für Horst Schröder, hrsg. v. Stree/Lenckner/Cramer/Eser, 1978
Günther/Taupitz/Kaiser/*Bearbeiter*	Günther/Taupitz/Kaiser, Embryonenschutzgesetz, Juristischer Kommentar mit medizinisch-naturwissenschaftlichen Grundlagen, 2. Aufl. 2014
Hilgendorf Tatsachenaussagen und Werturteile	Hilgendorf, Tatsachenaussagen und Werturteile im Strafrecht entwickelt am Beispiel des Betruges und der Beleidigung, 1998
Hilgendorf/Valerius StrafR AT	Hilgendorf/Valerius, Strafrecht Allgemeiner Teil, 2. Aufl. 2015
Hippokrates Ausgewählte Schriften	Hippokrates. Ausgewählte Schriften. Aus dem Griechischen übersetzt und herausgegeben von Hans Diller, 1994
Höfling/*Bearbeiter*	Höfling (Hrsg.), Transplantationsgesetz, Kommentar, 2. Aufl. 2013
Hörnle Gutachten C zum DJT 2014	Hörnle, Kultur, Religion, Strafrecht – Neue Herausforderungen in einer pluralistischen Gesellschaft, Gutachten C zum 70. Deutschen Juristentag, 2014
Hoerster Sterbehilfe im säkularen Staat	Hoerster, Sterbehilfe im säkularen Staat, 1998
Honnefelder/Streffer Jahrbuch für Wissenschaft und Ethik	Honnefelder/Streffer (Hrsg.), Jahrbuch für Wissenschaft und Ethik, Bd. 8, 2003
Isensee/Kirchhof StaatsR-HdB	Isensee/Kirchhof, Handbuch des Staatsrechts. Bd. V: Rechtsquellen, Organisation, Finanzen, 3. Aufl. 2007
Jäger StrafR AT	Jäger, Examens-Repetitorium Strafrecht Allgemeiner Teil, 9. Aufl. 2019
Jakobs Tötung auf Verlangen	Jakobs, Tötung auf Verlangen, Euthanasie und Strafrechtssystem. Öffentlicher Vortrag vom 2. Februar 1998
Joerden/Hilgendorf/Thiele Menschenwürde und Medizin	Joerden/Hilgendorf/Thiele (Hrsg.), Menschenwürde und Medizin. Ein interdisziplinäres Handbuch, 2013

Joerden/Szwarc Europäisierung des Strafrechts	Joerden/Szwarc (Hrsg.), Europäisierung des Strafrechts in Polen und Deutschland, 2007
Korff/Beck/Mikat Lexikon der Bioethik	Korff/Beck/Mikat (Hrsg.), Lexikon der Bioethik, 3 Bände, 2000
Kraatz ArztStrafR	Kraatz, Arztstrafrecht, 2. Aufl. 2018
Kress Ethik der Rechtsordnung	Kress, Ethik der Rechtsordnung. Staat, Grundrechte und Religionen im Licht der Rechtsethik, 2012
Kress Medizinische Ethik	Kress, Medizinische Ethik. Gesundheitsschutz, Selbstbestimmungsrechte, heutige Wertkonflikte. 2. Aufl. 2009
Krey/Heinrich/Hellmann StrafR BT 1	Krey/Heinrich/Hellmann, Strafrecht Besonderer Teil, Band 1, 16. Aufl. 2015
Kühl StrafR AT	Kühl, Strafrecht Allgemeiner Teil, 8. Aufl. 2017
Lackner/Kühl	Lackner/Kühl, Strafgesetzbuch mit Erläuterungen, 29. Aufl. 2018
Lanzerath Krankheit und ärztliches Handeln	Lanzerath, Krankheit und ärztliches Handeln, Zur Funktion des Krankheitsbegriffs in der medizinischen Ethik, 2000
Laufs ArztR-HdB/*Bearbeiter*	Laufs, Handbuch des Arztrechts, 2. Aufl. 1999
Laufs/Katzenmeier/Lipp ArztR	Laufs/Katzenmeier/Lipp, Arztrecht, 7. Aufl. 2015
Laufs/Kern/Rehborn ArztR-HdB/*Bearbeiter*	Laufs/Kern, Handbuch des Arztrechts, 5. Aufl. 2019
Laufs/Uhlenbruck ArztR-HdB/*Bearbeiter*	Laufs/Uhlenbruck, Handbuch des Arztrechts, 3. Aufl. 2002
Lenk Therapie und Enhancement	Lenk, Therapie und Enhancement. Ziele und Grenzen der modernen Medizin, Münsteraner Bioethik-Studien, Bd. 2, 2002
Lifton Ärzte im Dritten Reich	Lifton, Ärzte im Dritten Reich, 1988
LK-StGB/*Bearbeiter*	Leipziger Kommentar: Strafgesetzbuch, hrsg. v. Laufhütte/Rissing-van Saan/Tiedemann, 12. Aufl. 2006 ff.
MAH MedR/*Bearbeiter*	Münchener Anwaltshandbuch Medizinrecht, hrsg. von Terbille/Clausen/Schroeder-Printzen, 2. Aufl. 2013
Maio Ethik in der Medizin	Maio, Mittelpunkt Mensch: Ethik in der Medizin, 2011
Maio/Just Forschung an embryonalen Stammzellen	Maio/Just, Die Forschung an embryonalen Stammzellen in ethischer und rechtlicher Perspektive, 2003
Mann Biologismus im 19. Jahrhundert	Mann, Biologismus im 19. Jahrhundert, Vorträge eines Symposiums vom 30. bis 31. Oktober 1970 in Frankfurt am Main, 1973
Maurach/Schroeder/Maiwald StrafR BT 1	Maurach/Schroeder/Maiwald, Strafrecht Besonderer Teil. Teilband 1: Straftaten gegen Persönlichkeits- und Vermögenswerte, 10. Aufl. 2010
Meltzer Das Problem der Abkürzung „lebensunwerten Lebens“	Meltzer, Das Problem der Abkürzung „lebensunwerten Lebens“, 1925
Mitscherlich/Mielke Medizin ohne Menschlichkeit	Mitscherlich/Mielke (Hrsg.), Medizin ohne Menschlichkeit. Dokumente des Nürnberger Ärzteprozesses, 1989
Morus Utopia	Morus, Der utopische Staat: Utopia. Sonnenstaat. Neu-Atlantis, hrsg. v. Heinisch, 1960

MüKoStGB/*Bearbeiter*	Münchener Kommentar zum Strafgesetzbuch, hrsg. von Joecks/Miebach, 3. Aufl. 2017–2019
Müller-Mielitz/Lux E-Health-Ökonomie	Müller-Mielitz/Lux (Hrsg.), E-Health-Ökonomie, 2017.
NK-MedR/*Bearbeiter*	Nomos Kommentar zum gesamten Medizinrecht, hrsg. v. Bergmann/Pauge/Steinmeyer, 3. Aufl. 2018
NK-StGB/*Bearbeiter*	Nomos Kommentar zum Strafgesetzbuch, hrsg. v. Kindhäuser/Neumann/Paeffgen, 5. Aufl. 2017
Oduncu/Schroth/Vossenkuhl Stammzellenforschung und therapeutisches Klonen	Oduncu/Schroth/Vossenkuhl (Hrsg.), Stammzellenforschung und therapeutisches Klonen, 2002
Osterlow Biostrafrecht	Osterlow, Biostrafrecht. Eine neue wissenschaftliche Teildisziplin (Das Strafrecht vor neuen Herausforderungen, Bd. 6), 2004
Parens Enhancing Human Traits	Parens (Hrsg.), Enhancing Human Traits: Ethical and Social Implications, 2000
Ponsold Lehrbuch der gerichtlichen Medizin	Ponsold (Hrsg.), Lehrbuch der gerichtlichen Medizin, 3. Aufl. 1967
KP StaatsR II	Kingreen/Poscher, Grundrechte Staatsrecht II, 34. Aufl. 2018
Putz/Steldinger Patientenrechte	Putz/Steldinger, Patientenrechte, 6. Aufl. 2016
Ratzel/Luxenburger MedR-HdB	Ratzel/Luxenburger Handbuch Medizinrecht, 3. Aufl. 2015
Rieger Lexikon ArztR	Rieger, Lexikon des Arztrechts, 1984
Roxin/Schroth MedStrafR-HdB	Roxin/Schroth (Hrsg.), Handbuch des Medizinstrafrechts, 4. Aufl. 2010
Saliger Selbstbestimmung bis zuletzt	Saliger, Selbstbestimmung bis zuletzt. Rechtsgutachten zum Verbot organisierter Sterbehilfe, 2015
Schipperges/Seidler/Unschuld Krankheit, Heilkunst, Heilung	Schipperges/Seidler/Unschuld, Krankheit, Heilkunst, Heilung, 1991
Schönke/Schröder/*Bearbeiter*	Schönke/Schröder, Strafgesetzbuch, 30. Aufl. 2019
Schulz Verantwortlichkeit bei autonom agierenden Systemen	Schulz, Verantwortlichkeit bei autonom agierenden Systemen. Fortentwicklung des Rechts und Gestaltung der Technik, 2015
Singer Praktische Ethik	Singer, Praktische Ethik, 2013
SKGO/*Bearbeiter*	Schroth/König/Gutmann/Oduncu, Transplantationsgesetz, Kommentar, 2005
Sternberg-Lieben Die objektiven Schranken der Einwilligung	Sternberg-Lieben, Die objektiven Schranken der Einwilligung, 1997
Stiftung Datenschutz Big data und E-Health	Stiftung Datenschutz (Hrsg.), Big data und E-Health, 2017
Stockter Verbot genetischer Diskriminierung	Stockter, Das Verbot genetischer Diskriminierung und das Recht auf Achtung der Individualität, 2008
Thöns Patient ohne Verfügung	Thöns, Patient ohne Verfügung. Das Geschäft mit dem Lebensende, 2016
Ulsenheimer ArztStrafR	Ulsenheimer, Arztstrafrecht in der Praxis, 5. Aufl. 2015
Verrel Patientenautonomie und Strafrecht bei der Sterbebegleitung	Verrel, Patientenautonomie und Strafrecht bei der Sterbebegleitung. Gutachten C für den 66. Deutschen Juristentag, 2006

Wabnitz/Janovsky Wirtschafts-StrafR-HdB .... Wabnitz/Janovsky (Hrsg.), Handbuch des Wirtschafts- und Steuerstrafrechts, 4. Aufl. 2014

Wessels/Beulke/Satzger StrafR AT.................... Wessels/Beulke/Satzger, Strafrecht Allgemeiner Teil, 48. Aufl. 2018

Wessels/Hettinger/Engländer StrafR BT 1 .... Wessels/Hettinger/Engländer, Strafrecht Besonderer Teil 1, Straftaten gegen Persönlichkeits- und Gemeinschaftswerte, 42. Aufl. 2018

Wiesing Ethik in der Medizin ... Wiesing (Hrsg.), Ethik in der Medizin, Ein Studienbuch, 4. Aufl. 2012

v. Zezschwitz Ärztliche Suizidbeihilfe im Straf- und Standesrecht .... v. Zezschwitz, Ärztliche Suizidbeihilfe im Straf- und Standesrecht, 2016

1. Kapitel. Einführung

I. Medizin und Strafrecht

Medizin und Recht sind nicht bloß theoretische Disziplinen, sondern angewandte Wissenschaften, die in vielfältiger Weise unser Leben berühren. Die Probleme des Medizinstrafrechts werden daher nicht nur in der wissenschaftlichen Theorie diskutiert, sondern besitzen einen starken Praxisbezug. Ärzte und andere Angehörige der Heilberufe sind in ihrer täglichen Arbeit ständig mit juristischen Problemen konfrontiert. So setzt grundsätzlich jeder ärztliche Eingriff, der die körperliche Unversehrtheit des Patienten beeinträchtigt, die Einwilligung und dazu auch die ordnungsgemäße Aufklärung des Patienten voraus, wenn der Arzt sich nicht wegen Körperverletzung strafbar machen will. 1

Der enge Praxisbezug des Medizinstrafrechts wirft immer wieder neue Probleme auf, da die rasche Weiterentwicklung der medizinischen Forschung auch eine Fortentwicklung der rechtlichen Rahmenbedingungen erforderlich macht. Das Medizinstrafrecht ist deshalb keine abgeschlossene Materie, sondern stetem Wandel unterworfen. Aktuelle Beispiele sind etwa das Recht der Sterbehilfe und der Präimplantationsdiagnostik, aber auch die neuen Fragen im Zusammenhang mit der Digitalisierung der Medizin. 2

Eine weitere Gemeinsamkeit zwischen Medizin und Rechtswissenschaft bildet ihre Humanorientierung: Beide Disziplinen sind unmittelbar auf die Bedürfnisse des Menschen ausgerichtet. Die Medizin ist eng mit den Naturwissenschaften, insbesondere der Humanbiologie, verwandt und damit „angewandte Naturwissenschaft". Die Rechtswissenschaft betont hingegen traditionell ihre methodologische Eigenständigkeit; nur mit Einschränkungen lässt sie sich als „angewandte Sozialwissenschaft" bezeichnen. 3

II. Überblick über die Geschichte des Medizinstrafrechts

Das Medizinstrafrecht ist keine Erfindung der heutigen Zeit. Bereits der ca. 1700 vor Beginn unserer Zeitrechnung entstandene Codex Hammurabi regelte in den §§ 215 ff. die Bestrafung des Arztes wegen fehlerhaft ausgeführter Operationen. Aus der griechischen Antike stammt der Eid des Hippokrates (ca. 400 v. u. Z.), der bis heute Grundlage der ärztlichen Standesethik und eine wesentliche Quelle des tradierten Medizinrechts ist.[1] Er beinhaltet die sog. „Goldenen Regeln der Medizin". Dem römischen Recht war eine Arzthaftung bekannt.[2] In der deutschen Rechtsgeschichte ist die Haftung des Arztes erstmals in Art. 134 des Codex Criminalis Carolina von 1532 normiert, der die Tötung aus „Unfleiss oder Unkunst" regelt.[3] 4

Heute ist das Medizinstrafrecht fester Bestandteil des Strafrechts. Das geltende Strafgesetzbuch beinhaltet zahlreiche Normen, die (auch) die strafrechtliche Verantwortlichkeit des Arztes betreffen, wie zB die fahrlässige Tötung, die Körperverletzung, den Schwangerschaftsabbruch und die ärztliche Schweigepflicht. 5

---

[1] → Kap. 1 Rn. 8 ff.

[2] Vgl. dazu *Below* Der Arzt im römischen Recht 108 ff.

[3] *Eser* FS Tübinger Juristenfakultät, 1977, 391 (392 f.).

6 Betrachtet man die Schwerpunkte der medizinstrafrechtlichen Diskussion der letzten 100 Jahre, so fällt der enge Zusammenhang mit der Entwicklung der Medizin und ihrer technischen Möglichkeiten auf:

- Zu Beginn des 20. Jahrhunderts beschäftigt sich das Medizinstrafrecht insbesondere damit, ob der ärztliche Heileingriff als Körperverletzung zu bewerten ist. Ein weiteres Thema ist die Zulässigkeit der Perforation, dh der Tötung des Kindes während des Geburtsvorgangs zur Rettung des Lebens der Mutter.
- In den zwanziger Jahren des vergangenen Jahrhunderts wird über die Liberalisierung des Schwangerschaftsabbruchs und die Sterbehilfe diskutiert. Neue Themen entstammen der Eugenik und Rassenbiologie und betreffen ua die Sterilisation „Minderwertiger".
- Eugenik und Rassenbiologie werden im Dritten Reich zum Deckmantel nationalsozialistischer Verbrechen. Besonders einflussreich wird das schon 1920 erschienene Buch des angesehenen Strafrechtslehrers Karl Binding und des Psychiaters Alfred Hoche über „Die Freigabe der Vernichtung lebensunwerten Lebens"[4], das zur Legitimation von Massenmorden an geistig Behinderten herangezogen wird.
- Nach Kriegsende finden 1946 und 1947 in Nürnberg die Ärzteprozesse gegen willfährige NS-Mediziner statt. Fortschritte im Bereich der künstlichen Insemination führen in den fünfziger Jahren zu einer intensiven Diskussion über die Zulässigkeit künstlicher Befruchtung.
- Seit der Erfindung der „Anti-Baby-Pille" wird in den sechziger Jahren die Zulässigkeit empfängnisverhütender Maßnahmen intensiv diskutiert. Daneben konzentriert sich die medizinstrafrechtliche Diskussion auf die strafrechtlichen Folgen der Contergan-Katastrophe[5] und die ersten Herzverpflanzungen.
- In den siebziger Jahren wird die Entwicklung des Medizinstrafrechts durch die aus den USA kommende Medizinethik bzw. Bioethik beeinflusst, die in Deutschland rasch aufgenommen wird.
- In den achtziger Jahren bestimmen insbesondere die moderne Reproduktionsmedizin und die Gentechnik (vor allem: In-vitro-Fertilisation und später auch Präimplantationsdiagnostik) die öffentliche Diskussion und damit auch das Medizinstrafrecht.
- Anfang der neunziger Jahre bewegt der Erlanger Fall einer hirntoten Schwangeren die Öffentlichkeit, bei der die Vitalfunktionen bis zur Entbindung ihres Kindes aufrechterhalten werden sollten. Die strafrechtliche Bewertung des Falles wirft bis heute erhebliche Probleme auf.[6] Weitere Schwerpunkte der biorechtlichen und strafrechtlichen Diskussion sind das Klonen von menschlichen Zellen und Keimbahnveränderungen. Der Gesetzgeber versucht schon 1991 durch Erlass des Embryonenschutzgesetzes strafrechtliche Rahmenbedingungen für die neuen biotechnischen Möglichkeiten festzulegen.
- 2001 erlässt der Gesetzgeber das Stammzellgesetz, das 2007 wegen nicht vorausgesehener internationaler Auswirkungen (ua erhebliche Strafbarkeitsrisiken für deutsche und ausländische Forscher in internationalen Forschungsverbünden) geändert werden muss. Ähnliche Probleme stellen sich beim Embryonenschutzgesetz.[7]
- Einen aktuellen Brennpunkt der medizinstrafrechtlichen Diskussion bildet die Sterbehilfe, insbesondere die Zulässigkeit der medizinisch assistierten Selbst-

---

[4] *Binding/Hoche* Freigabe der Vernichtung lebensunwerten Lebens.
[5] LG Aachen JZ 1971, 507.
[6] *Hilgendorf* JuS 1993, 97 ff.
[7] *Hilgendorf* FS Sootak, 2008, 91 ff.

tötung von schwerkranken, aber urteilsfähigen Patienten sowie die Tätigkeit sog. Sterbehilfegesellschaften wie Dignitas und Exit.
- Zentrale zukünftige Problemfelder werden aller Voraussicht nach das Enhancement sein, also die „Verbesserung" von Gesunden mit den Mitteln der Medizin, die prädiktive Gendiagnostik, bildgebende Verfahren und schließlich der zunehmende Einsatz von Robotern in der Medizin, bis hin zur Verschmelzung von Mensch und Maschine.[8]

Der Überblick zeigt, wie stark die Entwicklung des Medizinstrafrechts an den medizinischen und allgemein an den technologischen Fortschritt gekoppelt ist. 7

III. Der Hippokratische Eid

Besondere Bedeutung für die ärztliche Berufsausübung hat der Hippokratische Eid. Er ist benannt nach dem griechischen Arzt Hippokrates (465–375 v. u. Z), dem „Vater der Medizin". Ob der Eid tatsächlich von Hippokrates herrührt, ist unsicher. Der Eid ist einerseits ein historisches Dokument, das deutlich zeitbedingte Elemente enthält. Andererseits besitzt der hippokratische Eid jedoch bis heute eine von den Zeitumständen unabhängige Leitbildfunktion. Nach wie vor lassen sich aus ihm Grundlagen der Medizinethik entnehmen. 8

Die Eidesformel lautet wie folgt: 9

> „Ich schwöre und rufe Apollon den Arzt und Asklepios und Hygieia und Panakeia und alle Götter und Göttinnen zu Zeugen an, dass ich diesen Eid und diesen Vertrag nach meiner Fähigkeit und nach meiner Einsicht erfüllen werde.
>
> Ich werde den, der mich diese Kunst gelehrt hat, gleich meinen Eltern achten, ihn an meinem Unterhalt teilnehmen lassen, ihm, wenn er in Not gerät, von dem Meiningen abgeben, seine Nachkommen gleich meinen Brüdern halten und sie diese Kunst lehren, wenn sie sie zu lernen verlangen, ohne Entgelt und Vertrag. Und ich werde an Vorschriften, Vorlesungen und aller übrigen Unterweisung meine Söhne und die meines Lehrers und die vertraglich verpflichteten und nach der ärztlichen Sitte vereidigten Schüler teilnehmen lassen, sonst aber niemanden.
>
> Ärztliche Verordnungen werde ich treffen zum Nutzen der Kranken nach meiner Fähigkeit und meinem Urteil, hüten aber werde ich mich davor, sie zum Schaden und in unrechter Weise anzuwenden. Auch werde ich niemandem ein tödliches Mittel geben, auch nicht, wenn ich darum gebeten werde, und werde auch niemanden dabei beraten; auch werde ich keiner Frau ein Abtreibungsmittel geben. Rein und fromm werde ich mein Leben und meine Kunst bewahren. Ich werde nicht schneiden, sogar Steinleidende nicht, sondern werde das den Männern überlassen, die dieses Handwerk ausüben. In alle Häuser, in die ich komme, werde ich zum Nutzen der Kranken hineingehen, frei von jedem bewußten Unrecht und jeder Übeltat, besonders von jedem geschlechtlichen Mißbrauch an Frauen und Männern, Freien und Sklaven. Was ich bei der Behandlung oder auch außerhalb meiner Praxis im Umgang mit Menschen sehe oder höre, das man nicht weiterreden darf, werde ich verschweigen und als Geheimnis bewahren. Wenn ich diesen Eid erfülle und nicht breche, so sei es mir beschieden, in meinem Leben und in meiner Kunst voranzukommen, indem ich Ansehen bei allen Menschen für alle Zeit gewinne; wenn ich ihn aber übertrete und breche, so geschehe mir das Gegenteil."[9]

Der Eid besteht aus mehreren verschiedenen Elementen. Er beginnt mit einer Schwurformel und der Anrufung der Götter. Dann folgt die Darstellung des Verhältnisses zwischen Schüler und Lehrer. Kernstücke des Gelöbnisses sind sodann die Pflichten des Arztes, deren Hauptregel sich in der Aussage, der Arzt dürfe niemandem schaden (*neminem laede*), zusammenfassen lässt. Anschließend werden 10

---

[8] Näher dazu → Kap. 11 Rn. 1 ff.

[9] Zitiert nach *Hippokrates* Ausgewählte Schriften 8–10 (die dort benutzte Nummerierung wurde fortgelassen); vgl. auch *Eser/Lutterotti/Sporken* Lexikon Medizin, Ethik, Recht 114.

Regeln benannt, die ärztlichen Machtmissbrauch verhindern sollen. Danach ist der Arzt zur Verschwiegenheit verpflichtet, die gezielte Tötung[10] und die Abtreibung sind ihm verboten. Das Verbot des Steineschneidens steht beispielhaft für das Verbot, Eingriffe vorzunehmen, welche die Kompetenz und Ausbildung des Arztes überschreiten. Weiterhin darf der Arzt keine sexuellen Beziehungen zu seinen Patientinnen und Patienten unterhalten. Interessant ist, dass in der einschlägigen Textpassage Frauen und Männer, Freie und Sklaven in einem Atemzug genannt werden. Dem lässt sich der Gedanke entnehmen, dass Umstände wie Geschlecht und Status des Patienten für den Arzt keine Rolle spielen dürfen.

11 Drei Funktionen des Eides lassen sich unterscheiden: Zunächst formuliert er das klassische Ethos des Arztes und bildet damit eine zentrale Grundlage der ärztlichen Berufsethik. Darüber hinaus umschreiben die Verpflichtung, dem Patienten nicht zu schaden und die ärztliche Verschwiegenheitspflicht die zentralen Elemente des Vertrauensverhältnisses zwischen Arzt und Patient, welches bis heute unabdingbare Voraussetzung einer erfolgreichen Behandlung ist. Schließlich definiert der Eid die Ärzte als Profession und stiftet damit eine Gruppenidentität der Ärzteschaft.

12 Auch wenn der Hippokratische Eid bis heute von zentraler Bedeutung für die Regelung der ärztlichen Tätigkeit ist, weist er aufgrund seiner Eingebundenheit in die Zeitumstände des 4. Jahrhunderts vor Beginn unserer Zeitrechnung auch Aspekte auf, die aus heutiger Sicht als problematisch betrachtet werden müssen. So rührt das Verbot chirurgischer Tätigkeit von der früheren strikten Trennung zwischen Ärzten und Chirurgen her, die heute nicht mehr haltbar ist. Das Verbot der Abtreibung bzw. der Hilfe bei der Abtreibung ist durch einen breiten gesellschaftlichen Konsens, der in den §§ 218 ff. StGB auch in das Strafrecht Eingang gefunden hat, relativiert worden. Auch das Verbot der Sterbehilfe, sofern es im Eid überhaupt thematisiert ist,[11] ist heute sehr umstritten und zumindest insoweit problematisch, als die passive Sterbehilfe (besser: Behandlungsabbruch) und aktive Sterbehilfe zum Zweck der Schmerzlinderung (sog. indirekte aktive Sterbehilfe) betroffen sind.

13 Ebenfalls problematisch und nicht mehr zeitgemäß ist der paternalistische Grundton des Gelöbnisses. Deshalb wird heute oft eine „post-hippokratische" medizinische Ethik gefordert, die dem Selbstbestimmungsrecht des Patienten ein größeres Gewicht zubilligt. Auch Gesetzgebung und Rechtsprechung haben das Selbstbestimmungsrecht des Patienten anerkannt: Gegen den Willen des Patienten dürfen keine ärztlichen Maßnahmen durchgeführt werden.[12]

14 Insofern stellt sich die Frage, ob der Eid auch heute noch ein zeitgemäßes medizinisches Ethos umschreibt. Sie dürfte so zu beantworten sein, dass viele Elemente des Eides zeitbedingt und heute nicht mehr überzeugend sind. Sein bleibender Gehalt liegt darin, dass er den Arzt verpflichtet, ausschließlich zum Wohle des Patienten zu handeln, niemandem zu schaden und verschwiegen zu sein.

---

[10] Das Verbot, einem anderen ein tödlich wirkendes Medikament zu geben, wird oft ausschließlich als Verbot der Unterstützung eines Suizids gedeutet, was aber schon wegen der verbreiteten Akzeptanz des Suizids in der Antike nicht zwingend erscheint. Vom Wortlaut her naheliegender ist es, die fragliche Passage des Eids iSd Verbots einer gezielten Tötung zu deuten, um die ein Dritter gebeten hat. Es ist dem Arzt also verboten, einem anderen ein tödlich wirkendes Mittel zu verabreichen, und zwar auch dann, wenn ein Dritter ihn zu der Tötung aufgefordert hat. Ob daneben auch die Beihilfe zum Suizid erfasst werden sollte, erscheint aus diesen Gründen zumindest diskussionswürdig.

[11] S. vorstehende Fn.

[12] Ausführlich → Kap. 2 Rn. 8 ff., → Kap. 2 Rn. 21 ff.

IV. Das Genfer Gelöbnis des Weltärztebundes

Nach dem zweiten Weltkrieg arbeitete der Welt-Ärzte-Verbund („World Medical Association") das Genfer Gelöbnis aus. Es wurde im Jahr 1948 verabschiedet. Die Deklaration soll eine zeitgemäße Version des Eids des Hippokrates darstellen. Es entstand als Reaktion auf die Menschenversuche und das Euthanasieprogramm des Dritten Reiches und die Nürnberger Ärzte-Prozesse der Jahre 1946/47. Das Gelöbnis wurde von der deutschen Bundesärztekammer übernommen und gilt heute als Teil der ärztlichen Berufsordnung. Die Anerkennung des Gelöbnisses war Voraussetzung dafür, dass deutsche Ärzte ab Ende der 1940er Jahre in den Welt-Ärzte-Verbund aufgenommen wurden. 15

Das Gelöbnis hat in der aktuellen Fassung (2017) folgenden Wortlaut: 16

> „Als Mitglied der ärztlichen Profession gelobe ich feierlich, mein Leben in den Dienst der Menschlichkeit zu stellen. Die Gesundheit und das Wohlergehen meiner Patientin oder meines Patienten werden mein oberstes Anliegen sein. Ich werde die Autonomie und die Würde meiner Patientin oder meines Patienten respektieren. Ich werde den höchsten Respekt vor menschlichem Leben wahren. Ich werde nicht zulassen, dass Erwägungen von Alter, Krankheit oder Behinderung, Glaube, ethnischer Herkunft, Geschlecht, Staatsangehörigkeit, politischer Zugehörigkeit, Rasse, sexueller Orientierung, sozialer Stellung oder jeglicher anderer Faktoren zwischen meine Pflichten und meine Patientin oder meinen Patienten treten. Ich werde die mir anvertrauten Geheimnisse auch über den Tod der Patientin oder des Patienten hinaus wahren. Ich werde meinen Beruf nach bestem Wissen und Gewissen, mit Würde und im Einklang mit guter medizinischer Praxis ausüben. Ich werde die Ehre und die edlen Traditionen des ärztlichen Berufes fördern. Ich werde meinen Lehrerinnen und Lehrern, meinen Kolleginnen und Kollegen und meinen Schülerinnen und Schülern die ihnen gebührende Achtung und Dankbarkeit erweisen. Ich werde mein medizinisches Wissen zum Wohle der Patientin oder des Patienten und zur Verbesserung der Gesundheitsversorgung teilen. Ich werde auf meine eigene Gesundheit, mein Wohlergehen und meine Fähigkeiten achten, um eine Behandlung auf höchstem Niveau leisten zu können. Ich werde, selbst unter Bedrohung, mein medizinisches Wissen nicht zur Verletzung von Menschenrechten und bürgerlichen Freiheiten anwenden. Ich gelobe dies feierlich, aus freien Stücken und bei meiner Ehre."[13]

Inhaltlich weist das Gelöbnis eine große Übereinstimmung mit dem Hippokratischen Eid auf. Es fehlen allerdings die religiöse Komponente sowie die heute nicht mehr zeitgemäße Verpflichtung, nur einen bestimmten Schülerkreis zu unterrichten und eine bestimmte Operation (die Steinoperation) nicht durchzuführen. Ein wesentlicher Unterschied zum Hippokratischen Eid liegt auch darin, dass das Gelöbnis keine Regelung über die Sterbehilfe enthält. In Satz vier des Gelöbnisses wird der Respekt vor dem menschlichen Leben angesprochen. Dazu lässt sich auch das ungeborene menschliche Leben zählen. Letztendlich handelt es sich um eine moderne, säkulare Form des Hippokratischen Eides. 17

V. Gesetzliche Grundlagen des Medizinstrafrechts

Ein spezielles, das gesamte Medizinstrafrecht regelndes Gesetzeswerk gibt es nicht. Die wichtigsten Bestimmungen des Medizinstrafrechts sind im Strafgesetzbuch (StGB) enthalten. Relevant sind insbesondere § 212 StGB (Totschlag) und § 222 StGB (fahrlässige Tötung), § 216 StGB (Tötung auf Verlangen), § 218 StGB (Abtreibung) und §§ 223 ff. StGB (Körperverletzung). Einige Bereiche des Medizinrechts sind in besonderen Gesetzen geregelt, die auch Strafvorschriften enthalten. Zu nennen sind insbesondere das Embryonenschutzgesetz (ESchG), das Stammzellgesetz (StZG), das Arzneimittelgesetz (AMG), das Betäubungsmittelgesetz (BtMG) 18

---

[13] Vgl. https://www.bundesaerztekammer.de/fileadmin/user_upload/downloads/pdf-Ordner/International/Deklaration_von_Genf_DE_2017.pdf.

und das Transplantationsgesetz (TPG). Grundlegende, auch das Medizinstrafrecht beeinflussende Rechte des Patienten finden sich im Grundgesetz (GG), vor allem die Menschenwürde (Art. 1 Abs. 1 GG) und das Recht auf Leben und körperliche Unversehrtheit (Art. 2 Abs. 2 S. 1 GG). Daneben existieren wichtige europäische und internationale Vorgaben, wie zB die Bioethik-Konvention des Europarates.

19 **Übersicht 1: Rechtsquellen des Medizinstrafrechts**

Europäische und internationale Vorgaben

Grundgesetz

Einfachgesetzliche Regelungen

Strafgesetzbuch (StGB), Embryonenschutzgesetz (ESchG), Stammzellengesetz (StZG), Arzneimittelgesetz (AMG), Betäubungsmittelgesetz (BtMG), Transplantationsgesetz (TPG).

VI. Entwicklungstendenzen des Medizinstrafrechts

20 Die klassischen Problemfelder des Medizinstrafrechts wurden früher unter der Bezeichnung „*Arztstrafrecht*“ behandelt. Im Mittelpunkt stand die Frage, wie sich der Arzt in den unterschiedlichen Bereichen seiner Tätigkeit strafbar machen kann, beispielsweise wegen Körperverletzung im Fall des (fehlgeschlagenen) Heileingriffs oder wegen unzulässiger Sterbehilfe. Inzwischen hat sich der Fokus der strafrechtlichen Diskussion erweitert; so wird auch die Tätigkeit des übrigen medizinischen Personals (Krankenpfleger, Sprechstundenhilfe usw.) in den Blick genommen. Dem wird terminologisch dadurch Rechnung getragen, dass überwiegend nicht mehr von „Arztstrafrecht“, sondern von „*Medizinstrafrecht*“ die Rede ist.

21 Derzeit weitet sich der Problemkreis des Arzt- bzw. Medizinstrafrechts erneut aus, indem auch Fragen thematisiert werden, die mit dem „Heilen“, als dem klassischen medizinischen Leitbegriff, kaum mehr in Verbindung zu bringen sind. Dies betrifft zB die Präimplantationsdiagnostik und das Enhancement. Das Medizinstrafrecht wandelt sich damit erneut zum „*Biostrafrecht*“.[14]

VII. Besonderheiten des Medizinstrafrechts

22 Im Vergleich zum übrigen Strafrecht weist das Medizinstrafrecht einige Besonderheiten auf. Zum einen ist es, wie bereits gezeigt wurde, in erheblichem Maß von der medizinisch-technischen Entwicklung abhängig. Da diese Entwicklung derzeit rasante Fortschritte macht, wird das Medizinstrafrecht fortlaufend mit neuen Fragestellungen konfrontiert.

23 In rechtlicher Hinsicht wird das Medizinstrafrecht erheblich durch Grundrechte beeinflusst, beispielsweise durch das aus Art. 2 Abs. 1 GG (iVm Art. 1 Abs. 1 GG) zu entnehmende Recht des Patienten auf Selbstbestimmung. Dieser starke Einfluss der Grundrechte wirkt freiheitssichernd und ist damit positiv zu bewerten. Andererseits weisen Strafrecht und Grundrechtsdogmatik aber unterschiedliche Argumen-

[14] *Hilgendorf* FS Brohm, 2002, 387 ff.

tationsstrukturen auf, welche im Medizinstrafrecht oft nur unter Schwierigkeiten miteinander vereint werden können.

Eine dritte Besonderheit des Medizinstrafrechts liegt darin, dass es nur wenige **24** und auf manchen Gebieten gar keine gesetzlichen Grundlagen gibt. Dies liegt einerseits an der ständigen Weiterentwicklung der medizinischen Möglichkeiten, andererseits aber auch an den enormen ethischen Problemen, die im Bereich des Medizinstrafrechts auftreten. In vielen Fällen scheint der Politik die Bereitschaft zu fehlen, sich zu einer eindeutigen Haltung zu bekennen.[15] Zu bedenken ist auch, dass sich mit Fragen des Embryonenschutzes, der Sterbehilfe, der Organtransplantation und vielen anderen einschlägigen Problemen nicht nur die Rechtswissenschaft, sondern auch andere Disziplinen, etwa die Bioethik, die Moraltheologie und die Ökonomie, beschäftigen. Zusätzlich ergeben sich Unsicherheiten daraus, dass sich im Medizinstrafrecht verschiedene Teildisziplinen des Rechts überlappen.

All dies bewirkt eine große Rechtsunsicherheit, die dazu führt, dass sich Ärzte **25** und Mediziner oft in juristischen Grenzbereichen bewegen und sich in ihrer Arbeit dadurch belastet sehen, dass sie mit der Strafbarkeit ihres Verhaltens rechnen müssen, weil ihnen das Recht keine klaren und eindeutigen Vorgaben formuliert. Es gehört deshalb zu den wichtigsten Aufgaben des Medizinstrafrechts als Disziplin,[16] die relevanten Fragestellungen klar herauszuarbeiten, zu strukturieren und rechtliche Bewertungen zu entwickeln, die von der Rechtsprechung als Grundlage für die Entscheidung konkreter Einzelfälle verwendet werden können. Auf diese Weise wird auch die Tätigkeit der Mediziner und anderer Angehöriger von Heilberufen auf eine sicherere Grundlage gestellt. Darüber hinaus kann das Medizinstrafrecht durch Klärung und Systematisierung einschlägiger Fragestellungen für den Gesetzgeber Vorarbeit leisten und ihm wichtige Entscheidungshilfen geben.

---

[15] Angesichts der Tatsache, dass viele Streitfragen in besonderer Weise weltanschaulich aufgeladen sind, erscheint diese Haltung nachvollziehbar, oft sogar sinnvoll. Andererseits wird die Entscheidungslast im Einzelfall der Rechtsprechung aufgebürdet, wenn die Gesetze schweigen.

[16] Der Ausdruck „Medizinstrafrecht" bezeichnet, dem üblichen juristischen Sprachgebrauch folgend, zum einen die Summe aller Normen dieses Rechtsgebiets, zum anderen die wissenschaftliche (dogmatische) Beschäftigung hiermit.

2. Kapitel. Der ärztliche Heileingriff

I. Einführung und Überblick über die in diesem Kapitel zu behandelnden Problemstellungen

Ein für den Arzt zentrales strafrechtliches Problem bilden der ärztliche Heileingriff und insbesondere die damit zusammenhängenden Aufklärungspflichten. Vor jedem Eingriff hat der Arzt den Patienten über Art und typische Risiken des Eingriffs aufzuklären. Dazu muss er den Umfang der ihm durch das Recht vorgeschriebenen Aufklärungspflicht kennen. In der ärztlichen Praxis ist genau dies oft problematisch. Das liegt vor allem daran, dass der Arzt mit dem Begriff der „Aufklärung über alle typischen Risiken“ wenig anzufangen weiß. Konkrete Vorgaben zum Umfang der im Einzelfall notwendigen Aufklärung werden selten formuliert, und wenn, dann so detailliert und auf den konkreten Fall bezogen, dass sie im medizinischen Alltag wenig praktikabel sind. 1

Hier ist ein Blick auf die Grundlagen der Aufklärungspflicht hilfreich: Durch die Aufklärung soll das Selbstbestimmungsrecht des Patienten geschützt werden. Das Grundgesetz gewährt dem Einzelnen das Recht, über seinen Körper selbst zu verfügen und selbstbestimmt darüber zu entscheiden, ob ein Eingriff oder eine Behandlung mit all ihren möglichen Konsequenzen stattfinden soll oder nicht. Dieses Selbstbestimmungsrecht ist Ausdruck des allgemeinen Persönlichkeitsrechts (Art. 1 Abs. 1 GG iVm Art. 2 Abs. 1 GG).[1] 2

II. Der Heileingriff im engeren Sinne als Körperverletzung

Ein ärztlicher Eingriff kann zu verschiedenen Zwecken vorgenommen werden. Zum einen kann er die Heilung des Patienten zum Ziel haben. Man spricht dann von einem Heileingriff im engeren Sinne. Zum anderen gibt es Eingriffe, die nicht vornehmlich der Heilung des Patienten von einem Leiden dienen, wie rein kosmetische Operationen. In der juristischen Wissenschaft ist umstritten, ob der ärztliche Heileingriff den Tatbestand einer Körperverletzung erfüllt. Nach überwiegender Ansicht erfüllen sowohl der medizinisch indizierte als auch der medizinisch nicht indizierte Heileingriff den Tatbestand einer Körperverletzung, § 223 StGB.[2] Um dies nachvollziehen zu können, ist es erforderlich, die grundlegenden strafrechtlichen Wertungsstufen Tatbestandsmäßigkeit, Rechtswidrigkeit und Schuld zu kennen und ihr Zusammenspiel bei der Lösung strafrechtlicher Probleme zu verstehen. 3

Prüfungsschema 4

1. Tatbestand
   a) Objektiver Tatbestand
   b) Subjektiver Tatbestand
2. Rechtswidrigkeit
3. Schuld

---

[1] Dazu näher BGH JZ 1984, 893 (894); BVerfG JZ 1979, 596 (601).
[2] Näher unter → Kap. 2 Rn. 8 ff.

1. Exkurs: Tatbestandsmäßigkeit, Rechtswidrigkeit, Schuld[3]

5 Strafbar macht sich nur, wer tatbestandsmäßig, rechtswidrig und schuldhaft handelt. Den *Tatbestand* einer Straftat erfüllt, wer den typischen Unrechtsgehalt des verbotenen Verhaltens verwirklicht, wer also beispielsweise einen anderen vorsätzlich tötet (Totschlag, § 212 StGB) oder eine fremde bewegliche Sache einem anderen vorsätzlich wegnimmt (Diebstahl, § 242 StGB). Im Falle der Körperverletzung wird der Tatbestand erfüllt, wenn eine andere Person körperlich misshandelt oder an der Gesundheit geschädigt wird (§ 223 Abs. 1 StGB). Innerhalb des Tatbestandes wird weiter zwischen den objektiven und den subjektiven Tatbestandsmerkmalen unterschieden. Dabei bezeichnen die objektiven Merkmale diejenigen Elemente der Straftat, die objektiv den Unrechtsgehalt ausmachen (zB Verletzen eines Menschen). Der subjektive Tatbestand bezieht sich auf die psychische Einstellung des Täters: Er kann den Tatbestand vorsätzlich mit Wissen und Wollen oder fahrlässig unter Außerachtlassung der im Verkehr erforderlichen Sorgfalt erfüllen.[4]

6 Wer den Tatbestand einer strafbaren Handlung erfüllt, ist noch nicht ohne Weiteres strafbar. Erforderlich ist weiterhin, dass die Tat rechtswidrig ist. Dies ist der Fall, wenn keine *Rechtfertigungsgründe* zugunsten des Täters eingreifen. Rechtfertigungsgründe sind beispielsweise die Notwehr oder der rechtfertigende Notstand sowie die im Medizinstrafrecht besonders wichtige Einwilligung. Willigt der Patient wirksam in einen Heileingriff ein, so ist der Arzt, obwohl er durch den Eingriff den Tatbestand einer Körperverletzung erfüllt hat, nicht strafbar. Voraussetzung der wirksamen Einwilligung ist allerdings, dass der Patient zuvor über den Eingriff aufgeklärt wurde.

7 Weitere Voraussetzung der Strafbarkeit ist die *Schuldhaftigkeit* des Verhaltens. Schuld bedeutet Vorwerfbarkeit.[5] Unter diesem dritten Punkt des Deliktsaufbaus wird also die persönliche Vorwerfbarkeit des Verhaltens geprüft. Hier ist zB die Schuldfähigkeit des Täters relevant sowie die Frage des Unrechtsbewusstseins.

2. Der Heileingriff als Körperverletzung

8 Ob ein lege artis durchgeführter Heileingriff den Tatbestand der Körperverletzung (§ 223 Abs. 1 StGB) erfüllt, ist in der Rechtswissenschaft umstritten. Eine Körperverletzung setzt eine körperliche Misshandlung oder eine Gesundheitsschädigung eines anderen Menschen voraus. Unter körperlicher Misshandlung versteht man eine üble und unangemessene Behandlung, durch die das körperliche Wohlbefinden oder die körperliche Unversehrtheit nicht nur unerheblich beeinträchtigt wird.[6] Gesundheitsschädigung ist das Hervorrufen oder Steigern eines pathologischen Zustands.[7]

9 Die Rechtsprechung bejaht beim Heileingriff das Vorliegen einer Körperverletzung seit dem Jahr 1894[8]. Danach erfüllt der Heileingriff, obwohl er zum Wohle des Patienten durchgeführt wird und auch dann, wenn der Heilungserfolg tatsächlich eintritt, den Tatbestand der Körperverletzung, § 223 StGB. Dies hat zur Folge, dass der Arzt sich strafbar macht, wenn der Patient nicht wirksam in den Eingriff

---

[3] Der folgende Abschnitt richtet sich an Leserinnen und Leser ohne juristische Ausbildung. Wer Vorlesungen zum Allgemeinen Teil des Strafrechts gehört hat, kann ihn überspringen.

[4] Genau genommen gehört nur die bewusste Fahrlässigkeit zum subjektiven Tatbestand. Ist dem Täter sein fahrlässiges Verhalten nicht bewusst, handelt er bloß objektiv sorgfaltswidrig, was jedoch zu einer Bestrafung wegen eines Fahrlässigkeitsdelikts ausreicht. Dazu näher *Hilgendorf/Valerius* StrafR AT § 12 Rn. 11.

[5] *Hilgendorf/Valerius* StrafR AT § 6 Rn. 2 f.

[6] BGHSt 14, 269 (271); *Fischer* StGB § 223 Rn. 4.

[7] *Fischer* StGB § 223 Rn. 8.

[8] RGSt 25, 375 ff.

eingewilligt hat und auch kein anderer Rechtfertigungsgrund vorliegt. Grund für diese Rechtsprechung ist der Schutz der Patientenautonomie. Da der Gesetzgeber sie kaum durch andere Vorschriften[9] schützt, kann lediglich über eine Strafbarkeit des Arztes wegen Körperverletzung sichergestellt werden, dass Eingriffe in die körperliche Integrität des Patienten grundsätzlich mit dessen Einwilligung durchgeführt werden. Darin liegt keine Benachteiligung der Ärzteschaft. Auch Richter handeln tatbestandsmäßig, wenn sie jemanden zu einer Freiheitsstrafe verurteilen, denn sie erfüllen den Tatbestand der Freiheitsberaubung nach § 239 StGB. Sie machen sich nur deshalb nicht strafbar, weil sie, ein ordnungsgemäßes Strafverfahren vorausgesetzt, gerechtfertigt handeln.

Nach Ansicht eines Teils der Lehre erfüllt der lege artis durchgeführte Heileingriff 10
dagegen nicht den Tatbestand der Gesundheitsschädigung, da er in der Absicht vorgenommen wird, den Gesundheitszustand des Patienten zu verbessern oder zu erhalten. Es wird nicht auf den Einzelakt, sondern auf das Gesamtergebnis der Behandlung abgestellt.[10] Eine körperliche Misshandlung liege ebenfalls nicht vor, da diese eine üble und unangemessene Behandlung voraussetzt, die bei einem ärztlichen Eingriff nicht anzunehmen ist. Weiterhin wird argumentiert, dass die Rechtsprechung den Arzt auf dieselbe Stufe stelle wie den „Messerstecher".[11] Weder für die Ärzte noch für die Allgemeinheit sei es nachvollziehbar, warum eine an sich gesundheitsfördernde oder zumindest gesundheitserhaltende Maßnahme einen Straftatbestand erfüllen soll.[12] Diese Argumente sind zumindest nachvollziehbar. Es deutet allerdings wenig darauf hin, dass sich die Rechtsprechung in naher Zukunft ändern könnte. Eine neue Rechtslage könnte daher nur durch den Gesetzgeber herbeigeführt werden.[13]

Übersicht 2: Streit über die Tatbestandsmäßigkeit des Heileingriffs 11

Problem: Ist der lege artis durchgeführte Heileingriff eine Körperverletzung iSd § 223 Abs. 1 StGB?

Voraussetzung: Der Eingriff müsste eine körperliche Misshandlung oder eine Gesundheitsschädigung darstellen.

Rechtsprechung	**Teile der Literatur**
Heileingriff erfüllt den Tatbestand der Körperverletzung, dh der Arzt macht sich strafbar, wenn der Eingriff nicht durch eine wirksame Einwilligung des Patienten gerechtfertigt wird.	Heileingriff erfüllt nicht den Tatbestand, da nach dem Gesamtergebnis der Behandlung der Gesundheitszustand des Patienten verbessert oder zumindest erhalten wird.
Grund: Schutz der Patientenautonomie	**Grund:** Wenig nachvollziehbar, warum eine gesundheitsfördernde Maßnahme einen Straftatbestand erfüllen soll.

---

[9] In Grenzfällen kann vereinzelt auch der Tatbestand einer Nötigung (§ 240 StGB) erfüllt sein.
[10] Ein Überblick findet sich bei LK-StGB/*Grünewald* § 223 Rn. 67 ff.
[11] *Bockelmann* Strafrecht des Arztes 62.
[12] Weitere Argumente bei *Hilgendorf* FS Kühl, 2014, 509 (510 ff.).
[13] *Ulsenheimer* ArztStrafR Rn. 328.

III. Sonderprobleme des Heileingriffs

12 Auch wenn man mit der Rechtsprechung annimmt, dass ein Heileingriff die tatbestandlichen Voraussetzungen einer Körperverletzung erfüllt, sind noch nicht alle Schwierigkeiten beseitigt.

13 Zunächst ist problematisch, dass beim ärztlichen Heileingriff nicht nur die körperliche Unversehrtheit, sondern auch das Selbstbestimmungsrecht des Patienten betroffen ist. Dieses Rechtsgut wird aber nicht durch die Körperverletzungstatbestände, sondern durch die §§ 239, 240 StGB (Freiheitsberaubung, Nötigung) geschützt. Allerdings erfassen diese Normen nicht alle Fälle einer dem Patienten aufgezwungenen Heilbehandlung. Durch die von der herrschenden Meinung gewählte Konstruktion, dass die Heilbehandlung zwar den Tatbestand der Körperverletzung erfüllt, aber durch die Einwilligung des Patienten gerechtfertigt sein kann, soll in erster Linie das Selbstbestimmungsrecht des Patienten geschützt werden (→ Kap. 2 Rn. 9). Dadurch wird dem Körperverletzungstatbestand aber ein ihm eigentlich fremdes Schutzgut untergeschoben.

14 Weiterhin stellt sich die Frage, ob minimal invasive Eingriffe, bei denen die körperliche Integrität und das körperliche Wohlbefinden des Patienten nur sehr geringfügig beeinträchtigt werden, ebenfalls als Körperverletzung zu qualifizieren sind. Stellt man auf das Selbstbestimmungsrecht des Patienten ab, so müsste dies der Fall sein. Allerdings liegt nach üblicher Auffassung eine körperliche Misshandlung oder eine Gesundheitsschädigung nur dann vor, wenn die körperlichen Auswirkungen nicht ganz unerheblich sind.[14] Für den ärztlichen Eingriff kann nichts anderes gelten.

15 Ein ähnliches Problem stellt sich bei nicht invasiven Behandlungsformen, wie zB der Verabreichung bzw. Verordnung von Medikamenten, dem Auftragen von Salben oder der Bestrahlung. Solange kein tatbestandlicher Erfolg eintritt, wie etwa das Auftreten von Nebenwirkungen bei Medikamenten, die Erkrankung innerer Organe oder Veränderungen von Gewebe infolge der Bestrahlung, ist eine Körperverletzung in Form der Gesundheitsschädigung (§ 223 Abs. 1 Var. 2 StGB) kaum anzunehmen. Zu einem anderen Ergebnis käme man nur, wenn man bereits die Gefahr des Eintritts negativer Folgen als ausreichend betrachten wollte. Die Körperverletzung ist jedoch kein Gefährdungstatbestand; es muss vielmehr tatsächlich ein Erfolg eintreten. In Betracht kommt allenfalls eine körperliche Misshandlung, also eine üble und unangemessene Behandlung, die das körperliche Wohlbefinden oder die körperliche Unversehrtheit nicht nur unerheblich beeinträchtigt (§ 223 Abs. 1 Var. 1 StGB). Nach dieser Definition ist anders als bei der Gesundheitsschädigung das Auftreten eines pathologischen Zustands nicht erforderlich. Fraglich ist allerdings, ob im Einzelfall die Erheblichkeitsschwelle überschritten ist. So wird man allein das Auftragen einer Salbe wohl kaum als üble und unangemessene Behandlung betrachten können.

16 Dies führt jedoch zu der Frage, ob der Patient wirklich ausreichend vor unerbetenen oder eigenmächtigen Behandlungen geschützt ist. Vom Standpunkt der Patientenautonomie aus betrachtet, besteht ein Bedürfnis, den Patienten vor ungewollten Behandlungen, die sein körperliches Befinden zwar nicht aktuell, aber möglicherweise zukünftig negativ beeinflussen, zu bewahren. Das von der Verfassung zugesprochene Selbstbestimmungsrecht verleiht ihm die alleinige Verfügungsgewalt über seinen Körper. Der Patient selbst darf darüber entscheiden, was mit seinem Körper geschieht. Sinnvoll wäre deshalb möglicherweise ein eigener Straftatbestand für die eigenmächtige Heilbehandlung, wie er beispielsweise im österreichischen Strafrecht besteht. Danach macht sich strafbar, wer einen anderen ohne dessen Ein-

---

[14] *Fischer* StGB § 223 Rn. 6.

willigung behandelt und zwar auch dann, wenn die Behandlung nach den Regeln der medizinischen Wissenschaft erfolgt (§ 110 Abs. 1 öStGB).[15]

Ein weiteres Problem besteht hinsichtlich der Anwendbarkeit der Qualifika- 17
tionstatbestände der Körperverletzung, die in bestimmten Fällen eine höhere Strafe androhen. Im Arztstrafrecht kommt insbesondere eine gefährliche Körperverletzung nach § 224 Abs. 1 Nr. 2 Alt. 2 StGB in Betracht, wonach sich strafbar macht, wer eine Körperverletzung mittels eines gefährlichen Werkzeugs begeht. Gefährliches Werkzeug ist nach allgemein anerkannter Definition ein Gegenstand, der aufgrund seiner Beschaffenheit und der Art seiner konkreten Verwendung dazu geeignet ist, erhebliche Verletzungen hervorzurufen.[16] So ist zB das Küchenmesser, das einer anderen Person in die Brust gerammt wird, ein gefährliches Werkzeug, ebenso wie die an sich harmlose Bratpfanne, die einem anderen mit Wucht auf den Kopf geschlagen wird. Fraglich ist, ob dies auch für chirurgisches Werkzeug gilt, das von einem Arzt lege artis verwendet wird. Sowohl Rechtsprechung als auch die Literatur verneinen dies, da diese Werkzeuge nicht als Waffe, dh als Angriffs- oder Verteidigungsmittel, eingesetzt werden.[17] Die darin liegende Privilegierung der Ärzte ist rechtspolitisch sinnvoll, aber kaum mit der allgemeinen Auslegung des § 224 Abs. 1 Nr. 2 StGB zu vereinbaren.

Im Ergebnis bleibt festzuhalten, dass die Einstufung des medizinisch indizierten 18
Heileingriffs als tatbestandliche Körperverletzung zwar dazu beiträgt, die Patientenautonomie zu schützen, jedoch eine Reihe von Folgeproblemen aufwirft, die es angezeigt erscheinen lassen, über einen speziellen Straftatbestand der eigenmächtigen Heilbehandlung nachzudenken.

IV. Medizinisch nicht indizierte Eingriffe

Anders als die medizinisch notwendigen Eingriffe sind die medizinisch nicht 19
indizierten Eingriffe zu bewerten. Darunter fallen zB rein kosmetische Operationen, viele Fälle des Schwangerschaftsabbruchs, die freiwillige Sterilisation, Doping, die Entnahme eines Organtransplantats, wissenschaftliche Humanexperimente, die künstliche Insemination und die verschiedenen Formen des „Enhancement". Unter „Enhancement" versteht man die Steigerung der körperlichen oder geistigen Leistungsfähigkeit mit künstlichen Hilfsmitteln, wie zB den Einbau von Chips zur Steigerung der Gehirnleistung.[18]

Anders als bei medizinisch indizierten Eingriffen ist der Gesamtzweck der 20
Behandlung bei dieser Fallgruppe nicht die Verbesserung oder Erhaltung des Gesundheitszustandes, sondern die Befriedigung darüber hinausgehender Wünsche. Derartige Eingriffe werden ganz überwiegend als tatbestandsmäßige Körperverletzungen betrachtet.

V. Die Rechtfertigung durch Einwilligung

Betrachtet man den Heileingriff als tatbestandsmäßige Körperverletzung, so 21
muss sich der Arzt auf einen Rechtfertigungsgrund stützen können, um einer Strafbarkeit zu entgehen. Dasselbe gilt für medizinisch nicht indizierte Eingriffe. Der wichtigste Rechtfertigungsgrund im Medizinstrafrecht ist die Einwilligung (vgl. auch § 630d BGB).[19]

[15] Dazu näher *Fabrizy* öStGB § 110 Rn. 1b.
[16] *Hilgendorf* ZStW 112 (2000), 811; *Wessels/Hettinger/Engländer* StrafR BT 1 § 5 Rn. 299.
[17] *Lackner/Kühl* StGB § 224 Rn. 5.
[18] → Kap. 11 Rn. 1 ff.
[19] *Hilgendorf/Valerius* StrafR AT § 5 Rn. 109 ff.

1. Allgemeine Voraussetzungen einer wirksamen Einwilligung

22 Liegt eine wirksame Einwilligung vor, so ist das tatbestandsmäßige Verhalten, in diesem Fall die Körperverletzung, nicht rechtswidrig und somit straflos. Eine wirksame Einwilligung besitzt folgende Voraussetzungen:

1. Disponibilität des Rechtsguts: Das Rechtsgut muss disponibel sein, dh der Verzicht auf das Rechtsgut muss überhaupt zulässig sein. Unzulässig ist zB der Verzicht auf Rechtsgüter der Allgemeinheit (zB den Umweltschutz) und auf das Rechtsgut Leben. Auf den Schutz der körperlichen Unversehrtheit kann dagegen verzichtet werden.
2. Verfügungsberechtigung des Einwilligenden: Der Einwilligende muss verfügungsberechtigt sein, dh er muss alleiniger Inhaber des Rechtsguts sein, an welchem die Schädigung auftritt. Dies ist bei der ärztlichen Behandlung meist unproblematisch. Der Patient ist alleiniger Inhaber des Rechtsguts auf die eigene körperliche Unversehrtheit.
3. Erteilung vor der Tat: Die Einwilligung muss vor der Tat erteilt worden sein und während der gesamten Tat fortbestehen.
4. Einsichts- und Urteilsfähigkeit: Der Patient muss einwilligungsfähig sein, dh er muss nach seiner geistigen und sittlichen Reife im Stande sein, die Bedeutung und Tragweite des Rechtsgutsverzichts zu erkennen und sachgerecht zu beurteilen. Eine bestimmte Altersgrenze gibt es hierbei nicht, der Einwilligende muss insbesondere nicht voll geschäftsfähig, dh volljährig, sein. Auch Minderjährige können wirksam in einen Eingriff einwilligen, wenn sie eine entsprechende geistige Reife aufweisen, welche in jedem Einzelfall geprüft werden muss (→ Kap. 2 Rn. 26 f.).
5. Keine Willensmängel: Die Einwilligung muss dem wahren Willen des Patienten entsprechen und muss frei von sog. Willensmängeln sein (→ Kap. 2 Rn. 24 f.).
6. Weiterhin muss die Einwilligung auf einer hinreichenden Informationsbasis beruhen. Der Patient muss ordnungsgemäß aufgeklärt worden sein (vgl. dazu → Kap. 2 Rn. 39 ff.). Historisch wurde die Aufklärungspflicht zunächst bemüht, um medizinische Außenseiter schlechter zu stellen.[20]
7. Subjektives Rechtfertigungselement: Der Arzt muss aufgrund der Einwilligung handeln, diese also kennen und seiner Behandlung zugrunde legen.
8. Keine Sittenwidrigkeit: Der Eingriff darf nicht sittenwidrig sein (§ 228 StGB), im Einzelnen dazu → Kap. 2 Rn. 35 ff.

23 **Prüfungsschema Einwilligung**

1. Disponibilität des Rechtsguts
2. Verfügungsberechtigung des Einwilligenden
3. Erteilung vor der Tat
4. Einsichts- und Urteilsfähigkeit
5. Keine Willensmängel
6. Ordnungsgemäße Aufklärung mit hinreichender Informationsbasis
7. Subjektives Rechtfertigungselement
8. Keine Sittenwidrigkeit

[20] RGSt 25, 375 (Naturheilkunde); RGSt 50, 37 (Gesundbeten).

2. Willensmängel

24 Die Einwilligung muss frei von Willensmängeln sein, dh sie darf nicht auf Drohung, Zwang, Täuschung oder einem Erklärungsirrtum[21] beruhen. Reine Motivirrtümer,[22] wie zB Fehleinschätzungen der Qualifikation des Arztes, sind dagegen idR unbeachtlich, es sei denn, die Minderqualifikation erhöht das Risiko eines gefährlichen Eingriffs.[23] Etwas anderes gilt jedoch, wenn der Patient ausdrücklich die Behandlung durch einen bestimmten Arzt (zB Chefarzt) fordert. Wird dann die Behandlung durch einen anderen Arzt vorgenommen, so ist die Einwilligung unwirksam.

25 Problematisch sind in diesem Zusammenhang auch die Fälle der heimlichen HIV-Tests. Hier ist zu unterscheiden: Wird die Blutentnahme allein mit dem Ziel der Durchführung eines HIV-Tests vorgenommen und dem Patienten vorgespiegelt, es handele sich um eine Blutentnahme für einen anderen Zweck, so liegt hierin eine Täuschung, die die Einwilligung unwirksam macht. Erteilt der Patient eine allgemeine Einwilligung, die sich auf die Durchführung aller für die konkrete Heilbehandlung notwendigen Tests erstreckt, so ist nach überwiegender Ansicht der HIV-Test jedenfalls dann nicht in diese Einwilligung einbezogen, wenn sich in der Anamnese keine Anhaltspunkte für eine HIV-Infektion ergaben.[24] Auch in diesem Fall ist die Einwilligung also unwirksam.

3. Eingriffe bei Minderjährigen

26 Minderjährige können wirksam in die Behandlung einwilligen, wenn sie die erforderliche geistige und sittliche Reife besitzen. Bei Kindern unter 14 Jahren wird in aller Regel angenommen, dass dies nicht der Fall ist, dass sie also nicht einwilligungsfähig sind.[25] Problematisch ist die Einwilligung bei Jugendlichen zwischen 14 und 18 Jahren. Hier gilt grundsätzlich, dass je geringfügiger der Eingriff und seine möglichen Folgen sind, desto eher die Einwilligungsfähigkeit angenommen werden kann. Gleichzeitig gilt, dass je jünger der Patient ist, desto eher die Einwilligungsfähigkeit abgelehnt werden muss und umgekehrt bei Annäherung an die Volljährigkeit die Einwilligungsfähigkeit eher anzunehmen ist. So wird bei leichteren Eingriffen, zB einer Blutentnahme, die Einwilligungsfähigkeit generell ab dem 16. Lebensjahr angenommen.[26] Aber auch bei 14- bis 15-Jährigen kann sie uU schon bejaht werden.[27]

27 Ist der Minderjährige voll einsichtsfähig, so ist allein sein Wille maßgeblich, der entgegenstehende Wille der gesetzlichen Vertreter (idR die Eltern) ist dann unerheblich. Fehlt die Einsichts- und Urteilsfähigkeit, so ist die Einwilligung der gesetzlichen Vertreter einzuholen. Hier muss der Arzt beachten, dass sich idR die Eltern das Sorgerecht teilen und beide Elternteile mit der Behandlung einverstanden sein müssen. Daher unterscheidet die Rechtsprechung nach der Schwere des Eingriffs: Bei leichten Eingriffen darf sich der Arzt auf die Ermächtigung des einen Elternteils durch den anderen verlassen. Bei mittelschweren Eingriffen muss er sich vergewis-

---

[21] Beim Erklärungsirrtum stimmt das Erklärte nicht mit dem überein, was der Handelnde erklären wollte, er irrt sich also über die Bedeutung seiner Erklärung.

[22] Der Motivirrtum betrifft die Willensbildung, die zu einer bestimmten Handlung (zB einer Einwilligungserklärung) führt.

[23] MüKoStGB/*Joecks (Hardtung)* § 223 Rn. 77 ff.

[24] *Uhlenbruck* MedR 1996, 206.

[25] *Ulsenheimer* ArztStrafR Rn. 418.

[26] Schönke/Schröder/*Sternberg-Lieben* StGB § 223 Rn. 38d.

[27] *Ulsenheimer* ArztStrafR Rn. 420.

sern, dass der abwesende Elternteil der Behandlung in vollem Umfang zustimmt. Bei schweren Eingriffen schließlich, die schwierige und weitreichende Entscheidungen sowie erhebliche Risiken für das Kind mit sich bringen, muss sich der Arzt sichere Gewissheit darüber verschaffen, dass beide Elternteile der Behandlung zustimmen.[28] Diese Rechtsprechung ist allerdings insofern fragwürdig, als unklar bleibt, auf welche Weise sich der Arzt sichere Gewissheit verschaffen soll, wenn nur ein Elternteil anwesend ist und welche Anforderungen an die Gewissheit überhaupt zu stellen sind.[29]

4. Sonderfall: Beschneidung von Säuglingen und Kleinkindern

28 Die Beschneidung von Jungen stellt eine tatbestandliche Körperverletzung dar. Ist die Einwilligungsfähigkeit gegeben (→ Kap. 2 Rn. 26 f.), ist allerdings eine Rechtfertigung durch Einwilligung möglich. Probleme bereitet die Rechtfertigung einer Beschneidung einwilligungsunfähiger Knaben. In der Regel kann sie sich nur aus einer Einwilligung der Personensorgeberechtigten, also idR der Eltern, ergeben.[30] Die pauschale Wirksamkeit einer solchen Einwilligung wird von einem Teil der Literatur allerdings schon seit Längerem bezweifelt.[31]

29 Zu heftigen Diskussionen in der Öffentlichkeit und politischen Debatten hat 2012 das sog. „Beschneidungs-Urteil" des LG Köln geführt.[32] Fraglich war, ob die von den Eltern gewünschte religiös motivierte Beschneidung eines nicht einwilligungsfähigen Jungen, die medizinisch nicht indiziert war, zulässig ist. Auf Rechtfertigungsebene entsteht ein Konflikt zwischen der körperlichen Integrität und der Privatautonomie des Kindes auf der einen Seite, dem Erziehungsrecht und der Religionsfreiheit der Eltern auf der anderen.

30 Das LG Köln entschied, dass die religiös motivierte Einwilligung der Personensorgeberechtigten grundsätzlich nicht dem Wohl des Kindes entspräche, da sie auf eine bleibende, irreparable Veränderung des Körpers gerichtet sei, die dem Interesse des Kindes, später selbst über seine Religionszugehörigkeit entscheiden zu können, zuwider laufe.[33] Gem. § 1627 S. 1 BGB sind jedoch nur solche Erziehungsmaßnahmen vom Sorgerecht gedeckt, die dem Wohl des Kindes dienen. Demnach sei „die Beschneidung des nicht einwilligungsfähigen Knaben weder unter dem Blickwinkel der Vermeidung einer Ausgrenzung innerhalb des jeweiligen religiös-gesellschaftlichen Umfeldes noch unter dem des elterlichen Erziehungsrechts"[34] gerechtfertigt.

31 In Reaktion auf das Urteil hat der Gesetzgeber den § 1631d BGB eingeführt.[35] Die Personensorge umfasst nun auch das Recht, in eine medizinisch nicht indizierte Beschneidung männlicher, nicht einsichts- und urteilsfähiger Kinder einzuwilligen, wenn diese nach den Regeln der ärztlichen Kunst durchgeführt werden soll. Die Motive für die Beschneidung sind für die Bewertung des Eingriffs nicht relevant. Nach dem Gesetzeswortlaut ist die Beschneidung unter den im Gesetz formulierten Voraussetzungen zulässig, wenn nur die Eltern zustimmen, unabhängig davon, ob sie sich auf religiöse, kulturelle, soziale oder hygienische Gründe stützen.[36]

---

[28] BGH NJW 1988, 2946 ff.

[29] Näher zum Ganzen *Ulsenheimer* ArztStrafR Rn. 416 ff.

[30] *Fischer* StGB § 223 Rn. 45.

[31] Für eine Strafbarkeit: *Herzberg* JZ 2009, 332 ff.; *Herzberg* MedR 2012, 169 ff.; *Jerouschek* NStZ 2008, 313 (317 f.); *Kempf* JR 2012, 434 (439); *Putzke* NJW 2008, 1568 ff.; dagegen: *Rohe* JZ 2007, 801 (805); *Zähle* AöR 2009, 434 (446 f.); *Schwarz* JZ 2008, 1125 ff.; *Valerius* JA 2010, 481 (484 f.).

[32] LG Köln NJW 2012, 2128 ff.; *Putzke* MedR 2012, 621 ff.

[33] LG Köln NStZ 2012, 449.

[34] LG Köln NJW 2012, 2128 (2129).

[35] *Wessels/Hettinger/Engländer* StrafR BT 1 § 6 Rn. 379.

[36] *Steinbach* NVwZ 2013, 550 (551).

Die Beschneidung von Mädchen, die vor allem in afrikanischen Ländern, aber 32
auch in Indonesien aus religiösen Motiven oder auf der Basis bestimmter Traditionen durchgeführt wird, soll nach dem Willen des Gesetzgebers dagegen nicht durch eine Einwilligung der Sorgeberechtigten gerechtfertigt werden können. Durch das 47. StÄG von 2013 wurde die "Genitalverstümmelung" weiblicher Personen sogar als qualifizierter Sondertatbestand (§ 226a StGB) formuliert. Durch die Einführung des § 226a StGB sollte vor allem „das Bewusstsein für das Unrecht geschärft werden"[37], so dass dem Straftatbestand eine eher symbolische Wirkung zukommt.[38]

In dem strafrechtlichen Gutachten zum 70. Deutschen Juristentag in Hannover 33
2014 wurden zu Recht die gegenläufigen Regelungen von Genitaleingriffen bei Mädchen und Jungen gerügt.[39] Aus moralischer wie aus verfassungsrechtlicher Sicht ist die Frage zu stellen, welchen sachlichen Grund es für die (schon im Hinblick auf Art. 3 Abs. 3 GG rechtfertigungsbedürftige) Ungleichbehandlung beider Geschlechter gibt. Bislang ist eine solche Begründung nicht erfolgt.[40] Nicht hinreichend thematisiert wurde auch, dass Beschneidungen bei Jungen ebenfalls eine so zerstörerische Wirkung haben können, dass sie als Verstümmelung zu werten sind. Deshalb ist zu fordern, § 1631d BGB für weibliche Beschneidungen, die in allen relevanten Hinsichten einer gerechtfertigten Jungenbeschneidung gleichzusetzen sind, analog anzuwenden. Dies dürfte bereits de lege lata möglich sein. Zum anderen sollte de lege ferenda § 226a StGB geschlechtsneutral gefasst werden, sodass auch männliche Opfer von Genitalverstümmelungen von der Norm erfasst werden.[41]

Übersicht 3: Beschneidung von Säuglingen und Kleinkindern 34

Beschneidung von Jungen	**Beschneidung von Mädchen**
1. Tatbestand der Körperverletzung erfüllt. 2. Beschneidung durch Einwilligung der Personensorgeberechtigten gerechtfertigt, unabhängig davon, ob sie sich auf religiöse, kulturelle, soziale oder hygienische Gründe stützt.	1. Tatbestand der Körperverletzung erfüllt. 2. Nicht durch Einwilligung rechtfertigbar. (verfassungsrechtlich fragwürdig)
Genitalverstümmelung bei männlichen Personen	**Genitalverstümmelung bei weiblichen Personen**
Keine dem § 226a StGB entsprechende Vorschrift. (verfassungsrechtlich fragwürdig)	Als qualifizierter Sondertatbestand in § 226a StGB ausdrücklich unter Strafe gestellt.

Kritik: Kein sachlicher Grund für die rechtfertigungsbedürftige Ungleichbehandlung beider Geschlechter im Hinblick auf Art. 3 Abs. 3 GG gegeben.

Mögliche Lösung: Analoge Anwendung des § 1631d BGB für weibliche Beschneidungen und geschlechtsneutrale Fassung des § 226a StGB.

---

37 BT-Drs. 17/13707, 1.

38 *Fischer* StGB § 226a Rn. 2a.

39 *Hörnle* Gutachten C zum DJT 2014 56ff.

40 Zu Recht kritisch *Walter* JZ 2012, 1110ff.

41 *Hörnle* Gutachten C zum DJT 2014 58; dem folgend *Hilgendorf* StV 2014, 555 (560).

5. Sittenwidrigkeit des Eingriffs

35 Eine Rechtfertigung durch Einwilligung ist nur möglich, wenn der Eingriff nicht sittenwidrig ist (§ 228 StGB). Sittenwidrig ist die Tat nach allgemeiner Definition, wenn sie dem „Anstandsgefühl aller billig und gerecht Denkenden" widerspricht.[42] Maßstab ist nicht die Privatmoral des Richters oder ein überzeitliches „Sittengesetz" im philosophischen Sinne, sondern die empirisch nachprüfbare Ansicht der Rechtsgemeinschaft. Da die Formel sehr unpräzise ist, ist eine klare Abgrenzung oft problematisch. Bedeutsam sind zum einen die mit dem Eingriff verbundenen Ziele und der Zweck des ärztlichen Handelns, zum anderen die Intensität der Rechtsgutsbeeinträchtigung[43].

36 Sittenwidrig sind beispielsweise objektiv schädigende Eingriffe, mit denen kein sinnvoller oder sogar ein objektiv verwerflicher Zweck verfolgt wird, wie zB eine Verstümmelung oder ein Versicherungsbetrug.[44] Sittenwidrig wären aber auch eine extreme, gesundheitsschädliche Brustvergrößerung oder erhebliche Gesichtsveränderungen mit schlechter Langzeitprognose.

37 Im sog. **„Fesselungs-Fall"** befasste sich der BGH mit den Grenzen der Einwilligung. Der Entscheidung, die von grundlegender Bedeutung ist, lag folgender Sachverhalt zugrunde (gekürzt):

Die Lebensgefährtin des Angeklagten zeigte großes Interesse an der Ausübung außergewöhnlicher sexueller Praktiken, vor allem sog. „Fesselspiele". Hierzu gehörte unter anderem, dass der Angeklagte mit einem Gegenstand Druck auf ihren Kehlkopf, ihr Zungenbein und ihre Luftröhre ausüben musste, um auf diese Weise den von ihr erstrebten vorübergehenden Sauerstoffmangel hervorzurufen, der für sie eine erregende Wirkung hatte. Wegen der Leibesfülle von Frau R., die in letzter Zeit deutlich an Körperumfang zugenommen hatte, äußerte er Bedenken, da er aufgrund der Fixierung der Beine über den Bauch hinweg zum Kopf befürchtete, diese könnte keine Luft mehr bekommen. Sie zerstreute seine Bedenken jedoch und verlangte, er solle dieses Mal statt des bisher verwendeten Stricks das Metallrohr benutzen. – Bei diesem Würgevorgang kam die Lebensgefährtin zu Tode.

38 Nach der Ansicht des BGH kann bei der Vornahme einverständlich vorgenommener sadomasochistischer Praktiken nicht per se von einem Verstoß gegen die guten Sitten ausgegangen werden. Vielmehr ist die Tat nur dann sittenwidrig, wenn bei vorausschauender objektiver Betrachtung aller maßgeblichen Umstände der Tat der Einwilligende durch die Körperverletzungshandlung in konkrete Todesgefahr gebracht wird.[45]

VI. Die ärztliche Aufklärung

1. Die Voraussetzungen einer wirksamen Aufklärung im Überblick

39 Eine wirksame Einwilligung liegt nur vor, wenn der Patient hinreichend aufgeklärt wurde. Ziel der Aufklärung muss es sein, dem Patienten eine hinreichende Informationsgrundlage zu vermitteln, auf deren Basis er eine selbstbestimmte Entscheidung treffen kann. Inhaltlich muss sich die Aufklärung vor allem auf mögliche Auswirkungen des Eingriffs erstrecken (Näheres dazu → Kap. 2 Rn. 54 ff.). Es muss so rechtzeitig aufgeklärt werden, dass der Patient noch die Möglichkeit hat, das Für und Wider des Eingriffs gründlich abzuwägen. Eine bestimmte Form der Aufklärung ist nicht vorgeschrieben. Sie muss insbesondere nicht schriftlich erfolgen, Schriftlichkeit erleichtert allerdings den Beweis darüber, dass und wie

---

[42] *Hilgendorf/Valerius* StrafR AT § 5 Rn. 128.
[43] BGH NJW 2015, 1540.
[44] OLG Düsseldorf NStZ-RR 1997, 325 (327).
[45] BGHSt 49, 166.

weit die Aufklärung stattgefunden hat. Aufklärungspflichtig ist grundsätzlich der behandelnde Arzt.

Übersicht 4: Voraussetzungen einer wirksamen Aufklärung 40

1. Verschaffung einer hinreichenden Informationsgrundlage zur selbstbestimmten Entscheidung
2. Inhaltlich zutreffende Aufklärung mit Nennung möglicher Auswirkungen des Eingriffs
3. Rechtzeitige Aufklärung
4. Kein Formerfordernis
5. Aufklärung durch den Aufklärungspflichtigen

2. Arten der Aufklärung

Vielfach wird zwischen der Selbstbestimmungsaufklärung, die sich in Diagnose-, Verlaufs- und Risikoaufklärung unterteilt, und der Therapieaufklärung unterschieden.[46] Die einzelnen Arten der Aufklärung können sich allerdings in der Praxis überschneiden. 41

Dem Begriff der Selbstbestimmungsaufklärung liegt die Funktion der Aufklärung, eine selbstbestimmte Entscheidung des Patienten zu ermöglichen, zugrunde: Mit der Diagnoseaufklärung wird der Patient über den ärztlichen Befund informiert. Dies ist allerdings strafrechtlich[47] nur dann erforderlich, wenn der Diagnose ein weiterer Eingriff oder eine Therapie folgen soll, mit der sich der Arzt wegen Körperverletzung strafbar machen könnte. Problematisch ist im Rahmen der Diagnoseaufklärung insbesondere die Mitteilung einer tödlichen Erkrankung: Hier gebietet das Selbstbestimmungsrecht des Patienten eine wahrheitsgemäße Aufklärung, allerdings in vorsichtiger und schonender Form, selbst wenn zu befürchten ist, dass der Patient die Mitteilung nur schwer verkraften wird. Eine Grenze liegt bei der medizinischen Kontraindikation (→ Kap. 2 Rn. 63). 42

Mit der Verlaufsaufklärung soll der Patient über die wahrscheinliche Weiterentwicklung seines Gesundheitszustandes und über die vorgeschlagene Therapie unterrichtet werden. Dazu gehören die Aufklärung über die verschiedenen Behandlungsmethoden und über Art, Schwere, Umfang, Durchführung und Schmerzhaftigkeit eines beabsichtigten Eingriffs sowie die Aufklärung über die sicher zu erwartenden Folgen des Eingriffs. 43

Die Risikoaufklärung bezieht sich auf die mit einem Eingriff oder einer Behandlung verbundenen Risiken. Hier entstehen in der Praxis die häufigsten Probleme, da oft unklar ist, in welchem Umfang der Patient über Risiken aufgeklärt werden muss und welche, ggf. weit entfernte Risiken genannt werden müssen (vgl. dazu → Kap. 2 Rn. 54 ff.). 44

Die (auch als Sicherungsaufklärung bezeichnete) Therapieaufklärung informiert den Patienten über die notwendigen Therapien und schadensvermeidendes Patientenverhalten. Sie dient, anders als die Selbstbestimmungsaufklärung, nicht vorrangig der Verwirklichung des Selbstbestimmungsrechts des Patienten, sondern der Schadensabwehr. Die fehlende Aufklärung führt hier zum Vorliegen eines Behandlungsfehlers, aufgrund dessen sich der Arzt wegen fahrlässiger Körper- 45

[46] Roxin/Schroth MedStrafR-HdB/*Schöch* 57 ff.

[47] Anders zivilrechtlich: Die Aufklärung über die Diagnose ist eine der Hauptpflichten des Arztes aus dem Behandlungsvertrag.

verletzung bzw. uU sogar fahrlässiger Tötung strafbar machen kann. Zur Sicherungsaufklärung gehören zB der Hinweis auf noch erforderliche Kontrollen und Untersuchungen und Hinweise zu Wirkungen von Medikamenten.

46 **Übersicht 5: Arten der Aufklärung**

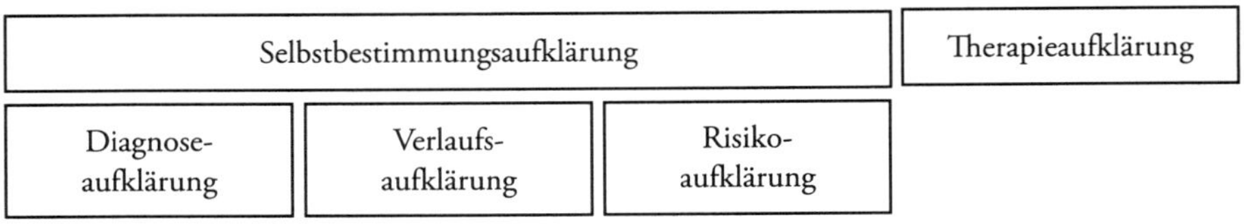

3. Der Zeitpunkt der Aufklärung

47 Die Aufklärung muss vor dem Eingriff erfolgen und zwar so rechtzeitig, dass der Patient die Möglichkeit hat, das Für und Wider des Eingriffs in Ruhe abzuwägen und ggf. mit seinen Angehörigen zu besprechen. Dabei ist ein Zeitpunkt zu wählen, in dem der Patient nicht durch Medikamente in seiner Entscheidungsfähigkeit beeinträchtigt ist. Im Einzelfall ist der Zeitpunkt der Aufklärung abhängig von Art und Schwere des Eingriffs und seiner Dringlichkeit.

48 Die Rechtsprechung hat dazu folgende Vorgaben formuliert: Bei weniger schweren Eingriffen mit geringen Risiken genügt die Aufklärung am Tag vor dem Eingriff.[48] Gleiches gilt für die Aufklärung hinsichtlich des Narkoserisikos.[49] Bei ambulanten Eingriffen, die nur wenige Risiken bergen, kann die Aufklärung am Tag des Eingriffs genügen.[50] Bei sehr schweren Eingriffen, die beträchtliche Risiken mit sich bringen, muss dagegen die Aufklärung zu einem gesonderten Termin vor der Vereinbarung eines festen Operationstermins erfolgen.[51] Eine Aufklärung erst am Vorabend der Operation ist hier zu spät, da dem Patienten nicht genügend Zeit verbleibt, die Nutzen und Risiken der Operation gegeneinander abzuwägen. Ein späterer Zeitpunkt reicht nur bei entsprechender Dringlichkeit des Eingriffs. Bei akuter Lebensgefahr kann sogar eine Aufklärung wenige Minuten oder sogar Sekunden vor dem Eingriff genügen.[52]

49 Zu beachten ist, dass eine verspätete Aufklärung die Einwilligung nicht zwingend unwirksam macht. Hätte der Patient auch bei rechtzeitiger Aufklärung in den Eingriff eingewilligt, so ist die Einwilligung nach einer verbreiteten Ansicht wirksam (→ Kap. 2 Rn. 71 f.).

---

[48] BGH NJW 1992, 2351 (2352).
[49] BGH NJW 1992, 2351 (2352).
[50] BGH NJW 1994, 3010 (3011).
[51] BGH NJW 1992, 2351 (2352).
[52] Roxin/Schroth/MedStrafR-HdB/*Schöch* 66.

Übersicht 6: Rechtzeitige Aufklärung

Grundregel: Die Aufklärung muss vor dem Eingriff erfolgen und dem Patienten die Möglichkeit geben, das Für und Wider des Eingriffs in Ruhe abzuwägen.

Einzelfall: Zeitpunkt der Aufklärung ist abhängig von Art und Schwere des Eingriffs und seiner Dringlichkeit zu ermitteln.

Bei weniger schweren Eingriffen mit geringen Risiken →	Aufklärung am Tag vor dem Eingriff ausreichend
Bei ambulanten Eingriffen mit wenigen Risiken →	Aufklärung am Tag des Eingriffs ausreichend
Bei sehr schweren Eingriffen mit beträchtlichen Risiken →	Aufklärung in einem gesonderten Termin vor der Vereinbarung eines festen Operationstermins notwendig
Bei akuter Lebensgefahr →	Aufklärung wenige Minuten oder sogar Sekunden vor dem Eingriff kann genügen

Bei nicht rechtzeitiger Aufklärung: Möglichkeit der Rechtfertigung über die Rechtsfigur der hypothetischen Einwilligung?

4. Form der Aufklärung

Die Aufklärung muss nicht schriftlich erfolgen. Insbesondere ist nicht die Un- 50
terschrift des Patienten erforderlich. In der klinischen Praxis werden allerdings idR Aufklärungsformulare verwendet. Diese dienen, ebenso wie Aufzeichnungen im Krankenblatt, der Beweiserleichterung für den Arzt.

Zu beachten ist allerdings, dass Formulare ein Aufklärungsgespräch nicht er- 51
setzen können. Dass die Aufklärung mündlich erfolgen muss, schreibt § 630e Abs. 2 S. 1 Nr. 1 BGB fest. Formulare können das erforderliche „vertrauensvolle Gespräch“ zwischen Arzt und Patienten lediglich vorbereiten und unterstützen, dürfen aber nicht dazu führen, dass das Arzt-Patienten-Verhältnis durch zu viel Bürokratie gestört wird.

Empfohlen wird eine Stufenaufklärung, in der der Patient zunächst durch Merkblät- 52
ter informiert und danach im ausführlichen Gespräch mit dem Arzt aufgeklärt wird.

5. Die Person des Aufklärungspflichtigen

Aufklärungspflichtig ist grundsätzlich der behandelnde Arzt, dh grundsätzlich 53
muss der Arzt, der den Eingriff vornimmt, den Patienten selbst aufklären. Eine Delegation auf andere Ärzte (nicht auf Hilfspersonal) ist allerdings zulässig. Voraussetzung ist jedoch, dass die Delegation so organisiert ist, dass eine gründliche Aufklärung gewährleistet bleibt und nicht durch mangelnde Qualifikation des aufklärenden Arztes oder durch fehlende Weitergabe des Aufklärungsauftrags gestört wird.[53] Insoweit normiert § 630e Abs. 2 S. 1 Nr. 1 BGB, dass die aufklärende Person

[53] *Ulsenheimer* ArztStrafR Rn. 409 f.

über die zur Durchführung der Maßnahme notwendige Ausbildung verfügen muss. Erfolgt die Aufklärung durch einen Arzt einer anderen Fachrichtung, so darf sich der behandelnde Arzt darauf verlassen, dass der andere Arzt jedenfalls hinsichtlich der sein Fachgebiet betreffenden Fragen ordnungsgemäß aufgeklärt hat.

6. Reichweite der Aufklärungspflicht

54 Im Hinblick auf die Reichweite der Aufklärungspflicht bestehen in der medizinischen Praxis große Unsicherheiten. Sinnvoller Ausgangspunkt für Überlegungen über die Reichweite der Aufklärung ist zunächst ihr Zweck: Der Patient soll in die Lage versetzt werden, eigenständig Nutzen und Risiken eines Eingriffs gegeneinander abzuwägen und auf Grundlage der ihm gebotenen Informationen eine selbstbestimmte Entscheidung zu treffen. Vor allem die Zivilgerichte verlangen eine sehr umfangreiche Aufklärung des Patienten über alle mit dem Eingriff verbundenen typischen Risiken. Die Strafrechtsprechung hat diese hohen Anforderungen weitgehend übernommen. Insbesondere bei schwerwiegenden und/oder medizinisch nicht indizierten Eingriffen sind die Anforderungen an die Aufklärung deshalb sehr hoch.

55 Die Rechtsprechung hat folgende Grundformel entwickelt: „Der Patient ist über den Befund sowie über Art, Chancen und Risiken des Eingriffs insoweit aufzuklären, als ein verständiger Mensch in der Lage des Patienten für seine Entscheidung über die Einwilligung darauf angewiesen ist."[54] Im Einzelnen gilt Folgendes:

56 Zunächst muss der Patient über die Vornahme des Eingriffs sowie Art, Ziel und Alternativen der Behandlung informiert werden. Zum Beispiel ist der Patient darüber aufzuklären, ob der Eingriff zu diagnostischen oder therapeutischen Zwecken erfolgt oder aber lediglich zu wissenschaftlichen oder experimentellen Zwecken.[55] Dem Patienten dürfen nicht nur die Standardmaßnahmen, sondern müssen auch alternative Behandlungsmethoden als Option unterbreitet werden, zB eine, wenn auch langjährige, medikamentöse Behandlung statt der Standardoperation. Außenseitermethoden müssen dagegen nicht angeboten werden.[56]

57 Der Patient muss weiterhin jedenfalls über die höchstwahrscheinlichen bzw. sicheren Folgen des Eingriffs, wie zB das Auftreten erheblicher Schmerzen und den postoperativen Zustand, aufgeklärt werden. Problematisch ist, inwieweit der Patient über weitergehende Risiken des Eingriffs aufzuklären ist, insbesondere über solche Risiken, die statistisch gesehen eher unwahrscheinlich sind. Die frühere Rechtsprechung verlangte hier, dass über alle „typischen" Folgen der Operation informiert wird, und zwar sowohl über häufig eintretende Risiken als auch über die sonstigen, der Behandlung „eigentümlichen" Risiken.[57]

58 Angesichts massiver Kritik ist die Rechtsprechung davon teilweise wieder abgerückt. Entscheidend ist heute, ob und inwieweit unter Berücksichtigung der Dringlichkeit des Eingriffs und der bei seinem Unterbleiben drohenden Gefahren das fragliche Eingriffsrisiko nach seiner Art, Schwere und Kalkulierbarkeit für einen verständigen Menschen ernsthaft ins Gewicht fallen kann.[58] So muss auch über statistisch seltene Risiken aufgeklärt werden, wenn deren Eintritt die körperliche Befindlichkeit oder die weitere Lebensführung des Patienten belasten würde.[59]

---

[54] BVerfG NJW 1979, 1925 (1929); BGHSt 11, 111.
[55] Eingehend Schönke/Schröder/*Sternberg-Lieben* StGB § 223 Rn. 41 ff.
[56] BGH NStZ 1996, 34; MüKoStGB/*Joecks (Hardtung)* § 223 Rn. 87.
[57] BGH VersR 1959, 391; MDR 1962, 45.
[58] BGH NJW 1963, 393 (394); 1972, 335 (337); 1977, 337 (338); 1980, 1905 (1907); 1994, 793 (794).
[59] BGH NJW 1985, 2192; 1991, 2344 (2345); 1994, 2414.

Im Übrigen müssen die in Betracht kommenden Risiken nicht exakt medizinisch beschrieben werden. Es genügt, den Patienten „im Großen und Ganzen“ über Chancen und Risiken der Behandlung aufzuklären und ihm dadurch eine allgemeine Vorstellung vom Ausmaß der mit dem Eingriff verbundenen Gefahren zu vermitteln, ohne diese zu beschönigen oder zu verschlimmern. Dabei ist es nicht erforderlich, dem Patienten annähernd genaue Prozentzahlen über die Möglichkeit der Verwirklichung eines Behandlungsrisikos mitzuteilen. Die Grenze ist erreicht, wenn der Arzt beim Patienten durch eine unzutreffende Darstellung der Risikohöhe das Operationsrisiko verharmlost.[60] Im Übrigen sind bei der Beurteilung des Risikogrades die Verhältnisse an der Klinik und die individuellen Fähigkeiten und Erfahrungen des Arztes maßgeblich zu berücksichtigen.[61] Bei medizinisch nicht indizierten Eingriffen, wie kosmetischen Operationen, sind die Anforderungen besonders hoch.

Weiterhin gilt, dass die Anforderungen an die Aufklärung umso geringer sind, je eiliger der Eingriff erfolgen muss und je größer die bei Nichtvornahme des Eingriffs drohenden Gefahren sind. Ein Extremfall ist die akute Lebensgefahr: Hier ist die Grenzziehung zur mutmaßlichen Einwilligung (→ Kap. 2 Rn. 67 ff.) nicht immer möglich. Die Rechtsprechung setzt die Anforderungen an die Aufklärung in derartigen Fällen stark herab: Ist ein sofortiger lebensrettender Eingriff notwendig, so braucht der Arzt mit der Einwilligung „nicht viel Umstände zu machen“.[62] **59**

7. Wegfall der Aufklärungspflicht

Ist der Patient bereits hinreichend informiert und damit nicht mehr aufklärungsbedürftig, so ist der Arzt bezüglich dieser Tatsachen nicht mehr aufklärungspflichtig. So müssen allgemein bekannte Risiken, wie die Gefahr einer Embolie oder einer Wundinfektion, bei einer Operation nur dann angesprochen werden, wenn derartige Kenntnisse bei dem Patienten nicht erwartet werden können.[63] **60**

Aus dem Selbstbestimmungsrecht des Patienten ergibt sich, dass dieser auf die Aufklärung ganz oder teilweise verzichten kann. Allerdings bedeutet dies nicht, dass überhaupt kein Aufklärungsgespräch zwischen Arzt und Patient stattfinden muss. Der Patient muss zur wirksamen Ausübung seines Selbstbestimmungsrechts zumindest wissen, worauf er verzichtet, er muss also Kenntnis darüber haben, dass ein Eingriff erforderlich und dass dieser mit Risiken verbunden ist. Nur dann kann er wirksam auf weitere Aufklärung verzichten. Ein Blankoverzicht ist also unwirksam. **61**

Umstritten ist, ob ein Aufklärungsverzicht nur bei ausdrücklicher Erklärung wirksam ist oder ob auch konkludentes Verhalten ausreicht. Die Rechtsprechung lässt es genügen, wenn der Patient durch sein Verhalten zu erkennen gibt, dass er eine (weitere) Aufklärung nicht wünscht.[64] Nach aA ist aus Gründen der Rechtsklarheit eine ausdrückliche Verzichtserklärung notwendig.[65] **62**

Ärzte weisen vielfach darauf hin, dass die Aufklärung in bestimmten Situationen unangebracht oder sogar gefährlich ist. Führt die Aufklärung im Einzelfall dazu, dass sich der Gesundheitszustand des Patienten verschlechtert, so ist sogar eine **63**

---

[60] BGH NJW 2019, 1283.

[61] LG Bremen MedR 1983, 73 (75); Schönke/Schröder/*Sternberg-Lieben* StGB § 223 Rn. 41d.

[62] BGHSt 12, 379 (382).

[63] MüKoStGB/*Joecks (Hardtung)* § 223 Rn. 91 f.; aA Schönke/Schröder/*Sternberg-Lieben* StGB § 223 Rn. 42b (keine Aufklärung).

[64] BGHZ 29, 46 (57); *Roßner* NJW 1990, 2291.

[65] Roxin/Schroth MedStrafR-HdB/*Schöch* 72; NK-StGB/*Paeffgen*/*Zabel* § 228 Rn. 81.

Strafbarkeit des Arztes wegen Körperverletzung denkbar. Der Arzt befindet sich in derartigen Fällen auf einer Gratwanderung, da er einerseits das Selbstbestimmungsrecht des Patienten wahren muss, ihn aber andererseits nicht mit der – manchmal „brutalen" – Wahrheit belasten will und darf. Jedoch kann die gebotene Aufklärung nur in Ausnahmefällen aus medizinischen Gründen entfallen. Die Rechtsprechung verlangt, dass nicht nur eine Störung der psychischen Befindlichkeit zu erwarten ist, sondern ernste und nicht behebbare Gesundheitsschäden oder die Gefährdung des Heilerfolgs drohen.[66] Unbestritten ist die medizinische Kontraindikation im Fall des sog. Basedow-Syndroms, da hier schon die geringste psychische Erregung tödlich sein kann. In diesem Fall erfolgt die Rechtfertigung nach den Regeln der mutmaßlichen Einwilligung.[67]

64 Ist ein Patient nicht urteilsfähig oder bewusstlos und ist der Eingriff nicht aufschiebbar, kann der Eingriff ohne Einwilligung stattfinden. Es gelten dann ebenfalls die Regeln der mutmaßlichen Einwilligung (→ Kap. 2 Rn. 67 ff.).

8. Praktische Probleme mit der Aufklärung

65 Praktisch ist die Aufklärung nicht immer leicht zu leisten. Oft ist der Umfang der im Einzelfall erforderlichen Aufklärung unklar. Die Ärzte haben idR weder die Zeit noch die Möglichkeit, sich im Einzelfall über die erforderliche Reichweite der jeweiligen Aufklärung zu informieren. Auch führt die Aufklärungspflicht oft zu viel Bürokratismus und Formalismus, so dass die Gefahr besteht, dass das eigentliche Aufklärungsgespräch in den Hintergrund gerät oder schwerwiegend gestört wird.

66 Im Übrigen ist der freie, selbstverantwortlich entscheidende Patient ein Idealbild. In der Praxis haben viele verschiedene Faktoren Einfluss auf die Entscheidung des Patienten. So wird zB der Arzt oft unbewusst dazu neigen, die von ihm favorisierte Lösung mit ihren Vorteilen besser und ausführlicher darzustellen als solche Methoden, von denen er persönlich nicht überzeugt ist. Auch hat vielfach der Patient ohnehin keine echte Wahl. Was nützt es ihm, auch höchst unwahrscheinliche, ihn aber psychisch sehr belastende Risiken einer Operation zu kennen, wenn diese unumgänglich ist? Weiterhin gibt es auch den intellektuell schwachen Patienten, der gar nicht in der Lage ist, den Ausführungen des Arztes zu folgen und eine selbstbestimmte Entscheidung zu treffen. Probleme wie diese zeigen, dass die Diskussion um die juristische Konstruktion der Aufklärungspflicht zum Schutz der Patientenautonomie noch nicht am Ende ist.

VII. Rechtfertigung durch mutmaßliche Einwilligung

67 Ist der Patient nicht einwilligungsfähig, weil er beispielsweise bewusstlos ist oder unter dem Einfluss von Medikamenten steht, so kommt eine Rechtfertigung aufgrund einer mutmaßlichen Einwilligung in Betracht.

68 Die Rechtfertigung aufgrund mutmaßlicher Einwilligung setzt voraus, dass die Einwilligung des Patienten nicht oder nicht rechtzeitig eingeholt werden kann. Weiterhin muss der Eingriff dem vermutlichen Willen des Patienten entsprechen. Dabei kommt es nicht auf eine an objektiven Grundsätzen orientierte Güter- und Interessenabwägung an (wie beim rechtfertigenden Notstand[68]), sondern es ist ein Wahrscheinlichkeitsurteil über den wahren Willen des Patienten zu fällen. In dieses Wahrscheinlichkeitsurteil sind alle dem Arzt bekannten Interessen, Bedürf-

---

[66] BGHZ 29, 176 (183 ff.); 29, 46, (57); BGH NJW 1972, 335 (337); BGHSt 11, 111 (116).

[67] Roxin/Schroth MedStrafR-HdB/*Schöch* 73.

[68] *Hilgendorf/Valerius* StrafR AT § 5 Rn. 70 ff.; *Kühl* StrafR AT § 9 Rn. 46 f.

nisse, Wünsche und Wertvorstellungen des Patienten einzubeziehen. Objektive Kriterien, wie zB die Maßstäbe eines vernünftig handelnden Patienten, sind nur zu berücksichtigen, wenn sich kein anderer Anhaltspunkt für den wirklichen Willen des Patienten ergibt. Der Arzt darf seine Vorstellung dessen, was medizinisch am sinnvollsten ist, nicht an die Stelle des Patientenwillens setzen.

Eine besondere Bedeutung bei der Ermittlung des Patientenwillens hat die Pati- **69**
entenverfügung: Der darin festgelegte Wille ist vom Arzt zu beachten, es sei denn, der Patient hat sich zwischenzeitlich erkennbar davon distanziert, vgl. dazu den gesonderten Abschnitt zur Patientenverfügung (→ Kap. 4 Rn. 1 ff.).

Übersicht 7: Voraussetzungen der mutmaßlichen Einwilligung **70**

1. Disponibilität des Rechtsguts
2. Verfügungsberechtigung des Einwilligenden
3. Einsichts- und Urteilsfähigkeit des Einwilligenden
4. Keine Einwilligungserklärung des Patienten
5. Eingriff entspricht dem mutmaßlichen Willen des Patienten
6. Subjektives Rechtfertigungselement

VIII. Hypothetische Einwilligung

In der jüngeren Literatur wird die Möglichkeit einer sog. „hypothetischen Ein- **71**
willigung“ diskutiert.[69] Danach soll die Rechtswidrigkeit dann entfallen, wenn der Patient bei pflichtgemäßer Aufklärung in den Heileingriff eingewilligt hätte. Auch der BGH stellt auf diese Rechtsfigur ab (s. ferner § 630h Abs. 2 S. 2 BGB).[70]

Ein Aufklärungsmangel soll folglich nur dann zur Rechtswidrigkeit des Eingriffs **72**
führen, wenn bei ordnungsgemäßer Aufklärung die Einwilligung des Patienten unterblieben wäre. Kritik in der Literatur zielt vor allem auf die Beweisschwierigkeiten einer nachträglichen Feststellung: Wie soll man sicher feststellen, ob der Patient bei pflichtgemäßer Aufklärung eingewilligt hätte? Es droht eine Einschränkung des Rechtsgüterschutzes durch die irrtümliche Annahme hypothetischer Einwilligungen. Damit würde das Rechtsinstitut der mutmaßlichen Einwilligung unterlaufen und das Selbstbestimmungsrecht der Patienten gefährdet.[71]

IX. Rechtfertigung durch rechtfertigenden Notstand, § 34 StGB

Darüber hinaus kommt eine Rechtfertigung durch den rechtfertigenden Not- **73**
stand (§ 34 StGB) in Betracht. Dies setzt zunächst eine Notstandslage, nämlich eine gegenwärtige Gefahr für Leib oder Leben des Patienten (oder ein anderes Rechtsgut, was im vorliegenden Kontext allerdings kaum je relevant werden dürfte), voraus. Der Eingriff muss dringlich sein. Weiterhin muss eine taugliche Notstandshandlung iSd § 34 StGB vorliegen, dh der Eingriff muss objektiv erforderlich sein. Es darf also keine den Patienten weniger belastende, aber ebenso wirksame Methode existieren, um die Gefahr abzuwehren. Im Rahmen einer Güter- und Interessenabwägung ist sodann festzustellen, ob das geschützte Interesse (Leben und/oder Gesundheit

[69] *Hilgendorf/Valerius* StrafR AT § 5 Rn. 138 ff.
[70] BGH NStZ-RR 2004, 16; NJW 2013, 1688.
[71] *Fischer* StGB § 223 Rn. 34; *Jäger* StrafR AT Rn. 146c; für die Lebendorganspende wurde das Institut der hypothetischen Einwilligung jüngst auch vom BGH abgelehnt, s. BGH Urt. v. 29.1.2019 – VI ZR 495/16, NJW 2019, 1076; → Kap. 8 Rn. 72.

des Patienten) das beeinträchtigte Interesse, nämlich das Selbstbestimmungsrecht, wesentlich überwiegt.

74 Eine Rechtfertigung des Arztes über den rechtfertigenden Notstand (§ 34 StGB) kommt etwa in Betracht, wenn ein Notfallpatient eingeliefert wird und weder eine ausdrückliche Einwilligung in die Notoperation vorliegt noch in der Eile ein mutmaßlicher Wille des Patienten eruiert werden kann.

75 **Prüfungsschema rechtfertigender Notstand (§ 34 StGB)**

1. Notstandslage des § 34 StGB
   a) Notstandsfähiges Rechtsgut
   b) Gegenwärtige Gefahr für das Rechtsgut
2. Notstandshandlung
   a) Erforderlichkeit
   b) Güter- und Interessenabwägung
3. Subjektives Rechtfertigungselement

X. Die Operationserweiterung

1. Die Problematik der Operationserweiterung

76 Ein gesondertes Problemfeld stellt die sog. Operationserweiterung dar. Dabei geht der Arzt während der Operation über denjenigen Eingriff hinaus, der zunächst geplant war. Ist die Möglichkeit der Operationserweiterung bereits vor der Operation mit dem Patienten besprochen worden und hat dieser eingewilligt, so ergeben sich keine weiteren Besonderheiten. Anders liegt der Fall jedoch, wenn der Patient über die Operationserweiterung nicht aufgeklärt worden ist. In diesem Fall liegt nach der Rechtsprechung eine nicht durch die Einwilligung legitimierte tatbestandliche Körperverletzung vor.[72] Um den Arzt vor Strafe zu bewahren, müssen andere Rechtfertigungsgründe gesucht werden.

2. Rechtfertigungsgründe bei der Operationserweiterung

77 Die Rechtfertigung einer Operationserweiterung während der Operation durch Einwilligung kommt nur in Ausnahmefällen in Betracht, nämlich dann, wenn der Patient während der Operation bei Bewusstsein und urteilsfähig ist.

78 In vielen Fällen kommt eine Rechtfertigung durch eine mutmaßliche Einwilligung in Betracht. Voraussetzung ist dabei, dass die Operationserweiterung im Interesse des Patienten vorgenommen wird, eine Einwilligung nicht eingeholt werden kann und die Operationserweiterung dem wahren Patientenwillen entspricht. Der „wahre Wille" ist im Wege eines Wahrscheinlichkeitsurteils zu ermitteln (→ Kap. 2 Rn. 68).

79 Soll durch die Operationserweiterung eine unmittelbare Gefahr irreparabler Schäden oder des Todes abgewendet werden, so reicht nach der Rechtsprechung aus, dass objektivierte Kriterien dafür sprechen, dass die Entscheidung für die Operationserweiterung aus der Perspektive des Patienten betrachtet vernünftig erscheint.[73] Ist dagegen eine Erweiterung der Operation zwar medizinisch vernünftig, besteht aber keine akute Lebensgefahr und keine erhebliche Gesundheitsgefahr für den

[72] BGHSt 45, 219.

[73] BGHSt 11, 111 (115); 35, 246; 45, 219; Schönke/Schröder/*Sternberg-Lieben* StGB § 223 Rn. 44b; Roxin/Schroth MedStrafR-HdB/*Schroth* 41.

Patienten, so muss der Arzt idR die Einwilligung des Patienten einholen. So darf zB der Gynäkologe während des Kaiserschnitts keine Sterilisation vornehmen, nur weil sich während der Operation herausstellt, dass eine weitere Schwangerschaft für die Frau lebensgefährlich sein könnte.[74]

Die mutmaßliche Einwilligung vermag eine fehlerhafte Aufklärung nicht zu heilen. Hat der Arzt bei der Aufklärung die Möglichkeit der Operationserweiterung bereits vorhergesehen, aber nicht über sie aufgeklärt, so ist er nicht durch die mutmaßliche Einwilligung gerechtfertigt, auch wenn die Operationserweiterung im objektiven Interesse des Patienten lag.[75] **80**

Darüber hinaus kommt eine Rechtfertigung durch den rechtfertigenden Notstand (§ 34 StGB) in Betracht (vgl. dazu bereits → Kap. 2 Rn. 73 ff.). Eine Notstandslage liegt vor, wenn die Operationserweiterung dringlich ist. Weiterhin muss die Operationserweiterung objektiv erforderlich sein, es darf also keine den Patienten weniger belastende, aber ebenso wirksame Methode bestehen. Im Rahmen einer Güter- und Interessenabwägung ist sodann festzustellen, ob das geschützte Interesse (Leben und Gesundheit des Patienten) das beeinträchtigte Interesse, nämlich das Selbstbestimmungsrecht, wesentlich überwiegt. **81**

Übersicht 8: Mögliche Rechtfertigungsgründe bei der Operationserweiterung **82**

1. Einwilligung: In Ausnahmefällen, wenn der Patient während der Operation bei Bewusstsein und urteilsfähig ist.
2. Mutmaßliche Einwilligung: Operationserweiterung wird im Interesse des Patienten vorgenommen, eine Einwilligung kann nicht eingeholt werden und die Operationserweiterung entspricht dem wahren Patientenwillen.
3. Rechtfertigender Notstand (§ 34 StGB)

XI. Sonderformen des Eingriffs

Folgende Varianten des ärztlichen Eingriffs sind aufgrund ihrer schwerwiegenden Konsequenzen für den Patienten gesetzlich eigenständig geregelt: die Organtransplantation durch das Transplantationsgesetz (TPG) von 1997[76], die Geschlechtsumwandlung durch das Transsexuellengesetz von 1980 und die Kastration durch das Kastrationsgesetz von 1969. **83**

---

[74] BGHSt 45, 219; Roxin/Schroth MedStrafR-HdB/*Schroth* 39 f.
[75] Roxin/Schroth MedStrafR-HdB/*Schroth* 41 f.
[76] → Kap. 8 Rn. 1 ff.

3. Kapitel. Exkurs: Zur Geschichte der Euthanasie

I. Zum Begriff „Euthanasie“

Der Begriff „Euthanasie“ stammt aus dem Griechischen und bezeichnet Sterbehilfe für unheilbar Kranke und Schwerstverletzte, mit dem Ziel, ihnen qualvolles Leiden zu ersparen. Im Lauf der Jahrhunderte wurde er unterschiedlich interpretiert, von der Bezeichnung eines „guten Todes“ in der Antike bis hin zur ideologisch motivierten Vernichtung „lebensunwerten Lebens“ im Dritten Reich, wo der Begriff mit „rassehygienischen“ (eugenischen) Gesichtspunkten verschmolzen und zur Legitimation von Massenmorden an körperlich und geistig Behinderten missbraucht wurde. 1

In der heutigen Diskussion wird der Terminus „Euthanasie“ trotz seiner historischen Belastung häufig in Zusammenhang mit der Diskussion um die Sterbehilfe und den assistierten Suizid verwendet. Dies entspricht dem internationalen Sprachgebrauch, vor allem in den angelsächsisch geprägten Ländern („euthanasia“). Zum besseren Verständnis der heutigen Diskussion und ihrer historischen Wurzeln ist ein Rückblick auf die Geschichte der Euthanasie und ihre geistesgeschichtlichen Wurzeln hilfreich. 2

II. Euthanasie in der Antike

Der griechische Begriff der Euthanasie bezeichnet ursprünglich den „guten, glücklichen und schönen Tod“. In der Antike wurden der Suizid und die Hilfe weithin als zulässig angesehen.[1] Ob der aus dem 4./5. Jahrhundert vuZ stammende Eid des Hippokrates[2] davon abwich, ist fraglich.[3] 3

Im Übergang zum Mittelalter gewann die christliche Lehre an Einfluss, die Euthanasie in jeder Form generell ablehnte. Nach christlicher Vorstellung hat Gott die alleinige Verfügungsgewalt über das menschliche Leben. Demnach war nach mittelalterlicher Vorstellung die Euthanasie verboten.[4] Ob dies der Wirklichkeit des Sterbens im Mittelalter entsprach, ist allerdings mehr als zweifelhaft. 4

III. Euthanasie in der frühen Neuzeit

In der Renaissance wurden die Vorstellungen der Antike zur Euthanasie wieder entdeckt. *Thomas Morus* (1478–1535) führt dazu aus: 5

> „Ist indessen die Krankheit nicht nur unheilbar, sondern dazu noch dauernd qualvoll und schmerzhaft, dann reden Priester und Behörden dem Kranken zu, da er doch allen Anforderungen des Lebens nicht mehr gewachsen, den Mitmenschen zur Last, sich selber unerträglich, seinen eigenen Tod bereits überlebe, solle er nicht darauf bestehen, die unheilvolle Seuche noch länger zu nähren, und nicht zögern zu sterben, zumal das Leben doch nur eine Qual für ihn sei; er solle sich also getrost und hoffnungsvoll aus diesem bitteren Leben wie aus einem Kerker oder aus der Folterkammer befreien oder sich willig von anderen herausreißen lassen; daran werde er klug tun, da ja der Tod keinen Freuden, sondern nur Martern ein Ende mache, und zudem werde er fromm und gottesfürchtig handeln, da er damit dem Rat der Priester, das

---

[1] *Decher* Signatur der Freiheit 41 ff.

[2] → Kap. 1 Rn. 8 ff.

[3] → Kap. 1 Rn. 10 mit Fn. 10.

[4] Auch der Suizid wurde von maßgeblichen christlichen Autoren des Mittelalters scharf abgelehnt, dazu *Decher* Signatur der Freiheit 21 ff. (29 ff.).

heißt der Deuter des göttlichen Willens gehorche. Wen sie damit überzeugt haben, der endigt sein Leben entweder freiwillig durch Enthaltung von Nahrung oder wird eingeschläfert und findet Erlösung, ohne vom Tode etwas zu merken. Gegen seinen Willen aber töten sie niemanden, und sie pflegen ihn deshalb auch nicht weniger sorgfältig. Auf einen solchen Rat hin sein Leben zu enden, gilt als ehrenvoll."[5]

6 Mit diesen Ausführungen wurden die antiken Vorstellungen zur Euthanasie wieder aufgenommen. Neu ist allerdings die Betonung der Selbstbestimmung: Die Sterbehilfe darf nur mit dem Einverständnis des Patienten vorgenommen werden.

IV. Zur Debatte um die Euthanasie im 19. und 20. Jahrhundert

7 Im 19. und 20. Jahrhundert erfuhr der Begriff der Euthanasie einen wesentlichen Wandel. Der Terminus umfasst nunmehr die „Sterbehilfe" mit Lebensverkürzung auch gegen den Willen des Betroffenen. „Euthanasie" wird zunehmend mit dem Gedanken der Vernichtung „lebensunwerten Lebens" in Verbindung gebracht.

1. Sozialdarwinismus

8 Im sog. „Sozialdarwinismus" wurde der Darwinismus (nach dem Begründer der Evolutionstheorie Charles Darwin, 1809–1882) in stark vergröberter Form auf die Analyse der menschlichen Gesellschaft übertragen. Ausgangspunkt der Theorie ist die Ungleichheit von Menschen und Rassen. Aus dieser Ungleichheit entsteht nach sozialdarwinistischer Vorstellung ein Kampf ums Dasein, in dem sich nur der Tüchtigste durchsetzen kann und soll. Allerdings lässt sich der Sozialdarwinismus nur mittelbar mit Darwin in Verbindung bringen, da die wesentlichen Grundlagen von anderen Theoretikern bereits vor Erscheinen von Darwins Theorien gelegt wurden. Zu erwähnen ist hier insbesondere der britische Sozialtheoretiker *Herbert Spencer* (1820–1903), auf den sich auch Darwin beruft.[6] Er und nicht Darwin ist der eigentliche Ahnherr des Sozialdarwinismus.

9 Eine Leitidee des Sozialdarwinismus war die Überzeugung, dass das soziale Leben ein „Kampf ums Dasein" sei, in dem sich nur die Tüchtigsten durchsetzen können und auch sollen, denn ihnen stehe das „Recht des Stärkeren" zu. Damit wurde der Grundstein für die Eugenik und Rassenhygiene gelegt.

10 Der Sozialdarwinismus trat in verschiedenen Varianten auf: Zum einen als forcierter Wirtschaftsliberalismus („ökonomischer Arbeitskampf") in den USA, wo er eine enge Verbindung mit bestimmten Spielarten des Protestantismus einging (Hauptvertreter waren *Carnegie* und *Rockefeller*). In Großbritannien diente er ua der Legitimation des Imperialismus. Ein Hauptvertreter eines modifizierten Sozialdarwinismus in Deutschland war der Zoologe und Naturphilosoph *Ernst Haeckel* (1834–1919), der eine von ihm als „Monismus" bezeichnete Einheitstheorie des Lebens formulierte, worin Mensch, Geschichte und Moral auf ein einziges Grundprinzip, nämlich die Deszendenztheorie Darwins, bezogen wurden.

11 Gegen Ende des 19. Jahrhunderts verband sich der Sozialdarwinismus mit dem Rassenglauben.[7] *Graf Gobineau* (1816–1882) legte in seinem Werk „Versuch über die Ungleichheit der Menschenrassen" dar, dass Subjekt des Daseinskampfes nicht der Einzelne, sondern die Rasse sei, wobei es eine gegenüber anderen Rassen hö-

[5] *Morus* Utopia 81.

[6] *Darwin* Die Entstehung der Arten 676: „In einer fernen Zukunft sehe ich ein weites Feld für noch bedeutsamere Forschungen. Die Psychologie wird sicher auf der von *Herbert Spencer* geschaffenen Grundlage weiterbauen: dass jedes geistige Vermögen und jede Fähigkeit nur allmählich und stufenweise erlangt werden kann."

[7] *Mann* Biologismus im 19. Jahrhundert 73 (80).

herstehende arische Rasse gebe. Durch Vermischung der Rassen gehe ihr ursprünglicher Charakter verloren. *Gobineau* deutete dies als zivilisatorischen Niedergang. Als 1898 bis 1901 sein Werk in deutscher Fassung erschien und schon bald vor allem im populärwissenschaftlichen Schrifttum viel diskutiert wurde, verbanden sich Rassenwahn und Rassenforschung mit der bis in das frühe Christentum zurückgehenden Judenfeindschaft[8] zu einer hochbrisanten Mischung.

2. Eugenik

Unter Eugenik versteht man die von *Francis Galton* (1822–1911), einem Vetter Darwins, begründete Lehre von der Menschenzüchtung (Eugenik). Sie ist vor dem Hintergrund der oben dargestellten Lehre des Sozialdarwinismus zu sehen. In einem 1865 veröffentlichten Artikel „Hereditary Talent and Character" sprach sich Galton dafür aus, das sittliche und intellektuelle Niveau der Menschheit dadurch zu heben, dass die Fortpflanzung der Tüchtigsten gefördert und gleichzeitig die der Minderwertigen begrenzt werde.[9] Seine Vorstellungen von Tüchtigkeit entsprachen den viktorianischen Vorbildern, bei Männern wurde das Idealbild geprägt durch Begabung, Charakter und körperliche Kraft, bei Frauen durch Anmut, Schönheit, gute Gesundheit, gutmütiges Naturell und hausfrauliche Kompetenz.[10] 12

Die Eugenik befasste sich mit den Einflüssen, die die menschliche Rasse verändern, und vor allem verbessern können. Dabei wurden eine positive und eine negative Eugenik unterschieden. Die negative Eugenik zielte darauf ab, einer Verschlechterung der menschlichen Erbanlagen durch Degeneration oder „Entartung" vorzubeugen. Als geeignete Maßnahmen erschienen Eheverbote, freiwillige oder zwangsweise Sterilisation bzw. Kastration sowie die Tötung „Erbkranker", also Maßnahmen, mit welchen die Fortpflanzung von Menschen, die als genetisch belastet betrachtet wurden, verhindert werden sollte.[11] Positive Eugenik bedeutete dagegen die Verbesserung der Erbanlagen durch aktive Maßnahmen wie ehefördernde Regelungen und spezielle „Zuchtprogramme", welche oft mit Warnungen vor „Kontraselektion" durch sozialpolitische Maßnahmen verbunden waren. 13

Um 1900 begann in den wichtigsten Industrieländern ein Prozess der Institutionalisierung der Eugenik. Führend waren die USA, wo die eugenischen Forderungen in vielen Bundesstaaten gesetzlich verankert wurden, zB 1907 im Gesetz über die Zwangssterilisation in Louisiana, welchem bis 1917 weitere 16 Staaten folgten. Darin war die zwangsweise Unfruchtbarmachung von Verbrechern vorgesehen, in den meisten Gesetzen außerdem die Sterilisation von Epileptikern, Geisteskranken und Schwachsinnigen, welche sich in staatlichen Institutionen aufhielten.[12] Einen großen Einfluss hatte das eugenische Gedankengut auch auf den US Immigration Restriction Act von 1924, mit welchem die Einwanderung „rassisch minderwertiger" Menschen aus Ost- und Südeuropa und außereuropäischen Ländern beschränkt wurde.[13] 14

---

[8] Im Christentum wurden Juden schon in der ausgehenden Antike als „Mörder Gottes" gebrandmarkt. Im Mittelalter wechselten sich Phasen der Duldung mit Phasen religiös motivierter Verfolgung und Tötung ab.

[9] *Hilgendorf* FS Horn, 2006, 1131 (1148).

[10] *Hilgendorf* FS Horn, 2006, 1131 (1136).

[11] *Kröner* „Eugenik" in Korff/Beck/Mikat Lexikon der Bioethik 694.

[12] *Kröner* „Eugenik" in Korff/Beck/Mikat Lexikon der Bioethik 695.

[13] *Kröner* „Eugenik" in Korff/Beck/Mikat Lexikon der Bioethik 696.

3. Rassenhygiene

15 Die deutsche Spielart der Eugenik war die Rassenhygiene. Sie wurde begründet durch den Breslauer Arzt *Alfred Ploetz* (1860–1940), der im Jahr 1895 sein Werk „Grundlinien einer Rassenhygiene, 1. Teil. Die Tüchtigkeit unserer Rasse und der Schutz der Schwachen. Ein Versuch über Rassenhygiene und ihr Verhältnis zu den humanen Idealen, besonders zum Sozialismus" veröffentlichte. Ein zweiter Teil ist nie erschienen. Im Jahr 1904 gründete er das „Archiv für Rassen- und Gesellschaftsbiologie" und im Jahr darauf die Gesellschaft für Rassenhygiene. Beides trug wesentlich zur Institutionalisierung der Eugenik in Deutschland bei. Weitere wichtige Vertreter der Rassenhygiene waren der Münchner Arzt *Friedrich Wilhelm Schallmayer* (1857–1919) und die Freiburger Ärzte *Eugen Fischer* (1874–1967) und *Fritz Lenz* (1887–1976) sowie *Othmar Freiherr von Verschuer* (1896–1969).

16 Vor allem nach dem Ersten Weltkrieg fand die Rassenhygiene viele Anhänger. Dies lag nicht zuletzt an den Auswirkungen des Krieges, die nun die Gesellschaft prägten. Im Krieg waren viele gesunde junge Männer umgekommen, was zu einem Geburtenrückgang führte. Allgemein war die Stimmung aufgrund der Kriegsniederlage und der wirtschaftlichen Krise gedrückt, Krankheiten wie Tuberkulose und Syphilis waren weit verbreitet, ebenso der Alkoholismus. Ein großer Teil der Bevölkerung verelendete.

17 Diese Zustände führten dazu, dass die Ideen der Rassenhygiene in breiten Bevölkerungsschichten bereitwillig aufgenommen wurden. In vielen deutschen Städten wurden eugenische Gesellschaften gegründet. Auch an deutschen Universitäten war die Rassenhygiene schon lange vor 1933 fest institutionalisiert. Im Jahr 1927 wurde das Kaiser-Wilhelm-Institut für Anthropologie, menschliche Erblehre und Eugenik in Berlin-Dahlem eröffnet, welches in der Zeit des Nationalsozialismus eine besondere Rolle bei den Forschungen zur Rassentheorie spielen sollte.

18 In der Weimarer Republik zeigten fast alle Parteien ein starkes Interesse an einer eugenisch begründeten Sozialpolitik. In der deutschen Rechtswissenschaft wurden die eugenischen Forderungen dagegen bis 1933 kaum aufgenommen, was ua auf die rechtspositivistische Beschränkung auf Rechtsdogmatik und die Abwehr aller außerjuristischen politischen Einflüsse zurückzuführen sein dürfte.[14]

19 Inhaltlich war die Rassenhygiene vor allem auf negative Eugenik[15] ausgerichtet, also auf Verhinderung der Fortpflanzung „genetisch Minderwertiger". Hauptforderung war die freiwillige, teilweise auch zwangsweise Unfruchtbarmachung krankhaft veranlagter Personen.

4. Euthanasie in der Zeit des Nationalsozialismus

20 Für den Nationalsozialismus, insbesondere auch für das Denken *Hitlers*, ist die Verknüpfung der Rassentheorie mit dem Sozialdarwinismus kennzeichnend. Zwar gab es bereits vor 1933 Verbindungen von Eugenikern und Rassenhygienikern zu den Nationalsozialisten, allerdings waren diese nicht sehr eng. Dies änderte sich in der Zeit des Nationalsozialismus. Die wissenschaftlichen Vertreter der Rassenhygiene versprachen sich von Hitler eine Förderung ihrer Stellung an den Universitäten. Umgekehrt konnte Hitler die „Wissenschaft von der Rassenhygiene" dazu nutzen, sein politisches Programm zu legitimieren.

---

[14] *Hilgendorf* FS Horn, 2006, 1137.

[15] *Kröner* „Eugenik" in Korff/Beck/Mikat Lexikon der Bioethik 696.

Eine erste rechtliche Umsetzung des NS-Eugenik-Programms erfolgte durch das am 14. Juli 1933 beschlossene Gesetz zur Verhütung erbkranken Nachwuchses.[16] Dieses Gesetz ermöglichte die Zwangssterilisation von Menschen, die unter bestimmten Krankheiten litten, welche man für vererbbar hielt, wie angeborener Schwachsinn, Schizophrenie, zirkuläres (manisch-depressives) Irresein, erbliche Blindheit und Taubheit, aber auch schwerer Alkoholismus. Um den Sterilisationen den Anschein von Rechtsstaatlichkeit zu geben, wurde in mit Juristen und Ärzten besetzten Erbgesundheitsgerichten über die Zwangssterilisation entschieden. Bis 1945 wurden auf Grundlage dieses Gesetzes über 300.000 Menschen sterilisiert, bei etwa 6.000 von ihnen verursachte die Sterilisation den Tod oder schwere Gesundheitsschäden. 21

Dabei blieb es jedoch nicht. Ab Herbst 1939 wurden auf Befehl *Hitlers* über 22
70.000 Menschen in psychiatrischen Kliniken ermordet. Der Befehl wurde erst im Oktober 1939 erteilt, jedoch auf den 1. September 1939 rückdatiert, wohl unter der Annahme, dass der zeitliche Zusammenfall mit dem Kriegsbeginn eine gewisse moralische Rechtfertigung bringen würde und so Widerstände gegen den Tabubruch überwunden werden könnten. Eine gesetzliche Grundlage gab es nicht. Da die Aktion von der Berliner Tiergartenstraße 4 aus organisiert wurde, spricht man auch von der „Aktion T4". Von dort wurden Fragebögen an die psychiatrischen Anstalten Deutschlands verschickt, in denen die Anstaltsärzte Angaben über den Gesundheitszustand ihrer Patienten machen mussten.

Nennenswerte Proteste der leitenden Ärzte und der Universitätspsychiatrien 23
blieben aus. Erst auf die öffentliche Predigt des Münsteraner Bischofs *Clemens Graf von Galen* im Sommer 1941 hin wurden die Morde an psychisch Kranken und Behinderten offiziell eingestellt.[17] Allerdings kamen Schätzungen zufolge danach noch weitere 30.000 Menschen bei heimlichen Euthanasie-Aktionen, der sog. wilden Euthanasie, um. Die schlimmsten Exzesse fanden in den Konzentrationslagern, insbesondere in Auschwitz, statt. Dort wurden unter Leitung des Arztes *Josef Mengele*, der sich auf die Zwillingsforschung spezialisiert hatte, qualvolle medizinische Untersuchungen an Gefangenen vorgenommen, die bis hin zur ohne jede Schmerzbetäubung vorgenommenen Vivisektion reichten.[18] Mengeles Ergebnisse wurden in Zusammenarbeit mit dem renommierten Berliner Kaiser-Wilhelm-Institut für Anthropologie ausgewertet und wissenschaftlich genutzt.

5. Die Wegbereiter der NS-Euthanasie

Unfreiwillige geistige Wegbereiter der Ermordung vermeintlich „lebensunwer- 24
ter" Menschen unter dem NS-Regime waren der Strafrechtslehrer *Karl Binding* und der Psychiater *Alfred Hoche*. In ihrer im Jahr 1920 erschienenen Schrift über „Die Freigabe der Vernichtung lebensunwerten Lebens. Ihr Maß und ihre Form"[19] legten sie die argumentative Grundlage zur Rechtfertigung der späteren Morde. Während Binding, einer der führenden Strafrechtslehrer seiner Zeit, die Thematik aus strafrechtlicher Sicht darstellt, geht *Hoche* auf die medizinische Sichtweise ein. Im Ergebnis sind sie sich weitgehend einig; ihre Texte unterscheiden sich jedoch in Argumentationsgang und Diktion erheblich.

---

[16] Dazu näher *Czeguhn* in Czeguhn/Hilgendorf/Weitzel Eugenik und Euthanasie 147.

[17] Die Predigt ist auszugsweise abgedruckt bei *Wiesing* Ethik in der Medizin 64 ff.

[18] Zu Mengele siehe *Lifton* Ärzte im Dritten Reich 386 ff.

[19] Die 2. (1922 erschienene) Auflage wurde, mit einem Vorwort versehen, 2006 von Wolfgang Naucke neu herausgegeben.

25 *Binding* nähert sich dem Thema in mehreren Schritten: Er diskutiert zunächst die Straflosigkeit des Suizids. Anschließend untersucht er die „reine Wirkung der Euthanasie", dh die „Verdrängung der schmerzhaften, vielleicht auch noch länger dauernden, in der Krankheit wurzelnden Todesursache durch eine schmerzlose andere."[20] Binding sieht darin keine Tötungshandlung im Rechtssinne, sondern vielmehr eine Heilbehandlung, die einer Einwilligung nicht bedarf.[21]

26 Es folgt die Diskussion der Tötung auf Verlangen, in der er einerseits das Selbstbestimmungsrecht des Menschen betont und das Individuum zum Souverän seines Lebens erklärt, andererseits aber auf der Notwendigkeit eines umfassenden Lebensschutzes beharrt. Dabei betont Binding, dass dem Verlangen nach der „Vernichtung" des eigenen Lebens durch einen Todkranken oder tödlich Verwundeten mehr Gewicht zukomme als dem „Verlangen der Vernichtung robusten Lebens".[22] Insgesamt bleibt seine Argumentation im Rahmen dessen, was in der strafrechtlichen Diskussion seiner Zeit erörtert wird.

27 Zur „Vernichtung lebensunwerten Lebens" formuliert *Binding* folgende Leitfrage:

> „Gibt es Menschenleben, die so stark die Eigenschaft des Rechtsgutes eingebüßt haben, dass ihre Fortdauer für die Lebensträger wie für die Gesellschaft dauernd allen Wert verloren hat?"[23]

Binding bejaht dies für drei Gruppen von Personen:

> (1) „Die zufolge Krankheit oder Verwundung unrettbar Verlorenen, die im vollen Verständnis ihrer Lage den dringenden Wunsch nach Erlösung besitzen und ihn in irgendeiner Weise zu erkennen gegeben haben."[24]
>
> (2) „Die zweite Gruppe besteht aus den unheilbar Blödsinnigen – einerlei ob sie so geboren oder etwa wie die Paralytiker im letzten Stadium ihres Leidens so geworden sind. Sie haben weder den Willen zu leben, noch zu sterben. So gibt es ihrerseits keine beachtliche Einwilligung in die Tötung, andererseits stößt diese auf keinen Lebenswillen, der gebrochen werden müsste."[25]
>
> (3) Und schließlich nennt er die „geistig gesunden Persönlichkeiten, die durch irgendein Ereignis, etwa sehr schwere, zweifellos tödliche Verwundung, bewusstlos geworden sind, und die, wenn sie aus ihrer Bewusstlosigkeit noch einmal erwachen sollten, zu einem namenlosen Elend erwachen würden."[26]

28 Dabei hält *Binding* allerdings am Selbstbestimmungsrecht fest und betont, dass die „Freigabe der Vernichtung lebensunwerten Lebens" nicht gelte, wenn keine Einwilligung oder zu vermutende Einwilligung vorliegt:

> „Die Personen also, die für die Freigabe ihrer Tötung allein in Betracht kommen, sind stets nur die unrettbar Kranken, und zu der Unrettbarkeit gesellt sich stets das Verlangen des Todes oder die Einwilligung, oder sie würde sich dazu gesellen, wenn der Kranke nicht in dem kritischen Zeitpunkt der Bewusstlosigkeit verfallen wäre oder wenn der Kranke je zum Bewusstsein seines Zustandes hätte gelangen können. Wie schon oben ausgeführt, ist jede Freigabe der Tötung mit Brechung des Lebenswillens des zu Tötenden oder des Getöteten ausgeschlossen."[27]

29 *Hoche* erweitert die Ausführungen *Bindings* um ökonomische Aspekte. Auch sprachlich formuliert er wesentlich drastischer als Binding:

---

[20] *Binding/Hoche* Freigabe der Vernichtung lebensunwerten Lebens 17.
[21] *Binding/Hoche* Freigabe der Vernichtung lebensunwerten Lebens 18.
[22] *Binding/Hoche* Freigabe der Vernichtung lebensunwerten Lebens 24.
[23] *Binding/Hoche* Freigabe der Vernichtung lebensunwerten Lebens 26.
[24] *Binding/Hoche* Freigabe der Vernichtung lebensunwerten Lebens 28.
[25] *Binding/Hoche* Freigabe der Vernichtung lebensunwerten Lebens 30.
[26] *Binding/Hoche* Freigabe der Vernichtung lebensunwerten Lebens 31.
[27] *Binding/Hoche* Freigabe der Vernichtung lebensunwerten Lebens 32.

„Die Frage, ob der für diese Kategorie von Ballastexistenzen notwendige Aufwand nach allen Richtungen hin gerechtfertigt sei, war in den verflossenen Zeiten des Wohlstandes nicht dringend; jetzt ist es anders geworden, und wir müssen uns ernstlich mit ihr beschäftigen. [...] Unsere deutsche Aufgabe wird für lange Zeit sein: Eine bis zum höchsten gesteigerte Zusammenfassung aller Möglichkeiten, ein Freimachen jeder verfügbaren Leistungsfähigkeit für fordernde Zwecke. Der Erfüllung dieser Aufgabe steht das moderne Bestreben entgegen, möglichst auch die Schwächlinge aller Sorten zu erhalten, allen, auch den zwar nicht geistig toten, aber doch ihrer Organisation nach minderwertigen Elementen Pflege und Schutz angedeihen zu lassen – Bemühungen, die dadurch ihre besondere Tragweite erhalten, dass es bisher nicht möglich gewesen, auch nicht im Ernst versucht worden ist, diese Defektmenschen von der Fortpflanzung auszuschließen. [...] Von dem Standpunkte einer höheren staatlichen Sittlichkeit aus gesehen kann nicht wohl bezweifelt werden, dass in dem Streben nach unbedingter Erhaltung lebensunwerter Leben Übertreibungen geübt worden sind. Wir haben es, von fremden Gesichtspunkten aus, verlernt, in dieser Beziehung den staatlichen Organismus im selben Sinne wie ein Ganzes mit eigenen Gesetzen und Rechten zu betrachten, wie ihn etwa ein in sich geschlossener menschlicher Organismus darstellt, der, wie wir Ärzte wissen, im Interesse der Wohlfahrt des Ganzen auch einzelne wertlos gewordene oder schädliche Teile oder Teilchen preisgibt und abstößt."[28]

Entscheidendes Kriterium für das „lebensunwerte Leben" ist nach *Hoche* das Fehlen von eigenen Interessen. Seiner Auffassung nach war derjenige, der nicht in der Lage war, Bedürfnisse oder Interessen zu empfinden, geistig tot, so dass durch seine körperliche Tötung kein Unrecht geschehe: 30

„Im Falle der Tötung eines geistig Toten, der nach Lage der Dinge, vermöge seines Hirnzustandes, nicht imstande ist, subjektiven Anspruch auf irgendetwas, ua also auch auf das Leben zu erheben, wird [...] kein subjektiver Anspruch verletzt. [...] „Mitleid" ist den geistig Toten gegenüber im Leben und im Sterbensfall die an letzter Stelle angebrachte Gefühlsregung; wo kein Leid ist, ist auch kein Mit-Leiden."[29]

Die Schrift von *Binding* und *Hoche* wurde zwar intensiv diskutiert, traf jedoch überwiegend auf Ablehnung, insbesondere in der Rechtswissenschaft.[30] Allerdings bestand spätestens seit der Jahrhundertwende eine ausgeprägte Furcht vor der biologischen „Entartung", aus der *Binding* und *Hoche* einen, wenn auch moralisch höchst zweifelhaften, Ausweg aufzeigten. 31

Im Jahr 1933 griffen die Nationalsozialisten diese Vorschläge zur „wissenschaftlichen" Untermauerung ihrer eigenen rassistischen und antisemitischen Vorstellungen auf. Der Psychiater *Ernst Rüdin*, der maßgeblich an dem „Gesetz zur Verhütung erbkranken Nachwuchses" beteiligt war, verteidigt das Gesetz mit folgenden Worten: 32

„Die Rassenhygiene ist notwendig, um der bei allen Kulturvölkern die durchschnittliche Erbgesundheit bedrohenden Gegenauslese entgegenzuarbeiten. Sie hat mit Politik im Grunde gar nichts zu tun. Denn jedes Kulturvolk wird auf sie angewiesen sein. Neben dem lebenswichtigen Bestreben, eine ausreichende Geburtenrate der Erbgesunden und Begabten zu erzielen, sind auch Maßnahmen notwendig zu einer möglichst schonenden Ausmerze des Erbuntüchtigen. Die Natur merzt alles Unangepasste mit größter Grausamkeit schonungslos aus, indem sie die Träger mangelhafter Erbanlagen, bevor diese sich genügend fortgepflanzt haben, durch Tötung aus dem Wege räumt. Der Mensch verlegt durch Rassenhygiene die schmerzvolle Personenausmerze auf die schmerzlose Keimzellen-Ausmerze, lediglich durch Verhinderung der Befruchtung erbschlechter Sexualzellen. Die Rassenhygiene löst und überbrückt dadurch in humanster Weise die Gegensätze, welche bisher zwischen den grausamen Forderungen der freien Natur und den humanitären Forderungen der Kulturmenschheit klaffen."[31]

---

[28] *Binding/Hoche* Freigabe der Vernichtung lebensunwerten Lebens 51 ff.

[29] *Binding/Hoche* Freigabe der Vernichtung lebensunwerten Lebens 55.

[30] S. etwa *Meltzer* Das Problem der Abkürzung „lebensunwerten Lebens", aber auch die Beiträge von *Elster/Pelckmann* in Eser Recht und Medizin 85 ff. (102 ff.).

[31] Zitiert nach *Wiesing* Ethik in der Medizin 61 f.

33 Nach Beendigung des NS-Regimes war der Begriff "Eugenik" weltweit diskreditiert. Ein Teil der für die Euthanasiemorde verantwortlichen Ärzte wurde im Nürnberger Ärzteprozess in den Jahren 1946/1947 verurteilt.[32]

V. Unterschiede zur heutigen Diskussion

34 Die Notwendigkeit der Vernichtung „lebensunwerten Lebens“ wurde zum einen biologisch, zum anderen ökonomisch begründet. Kennzeichnend für die biologistische Argumentationsweise war, wie aus dem oben dargestellten Beispiel *Rüdins* hervorgeht, die Übertragung biologischer oder pseudobiologischer Vorstellungen auf die menschliche Gesellschaft, ohne dass deren Besonderheiten berücksichtigt werden. Deskriptive Begriffe (wie „natürlich“) werden unreflektiert mit normativen Begriffen (zB „gut“) gleichgesetzt, politische Bestrebungen werden unter Heranziehung biologisch-wissenschaftlicher Terminologie als biologisch notwendig dargestellt.[33]

35 Der eher ökonomisch orientierte Begründungsansatz ging davon aus, dass „genetisch minderwertige Ballastexistenzen“ die Gesellschaft wirtschaftlich ruinierten und die für den Aufbau Deutschlands dringend benötigten gesunden Kräfte unnötig banden. Typisch hierfür sind die oben dargestellten Ausführungen *Hoches.*

36 In der heutigen Diskussion steht das Lebensrecht Kranker und Behinderter völlig außer Frage. Dasselbe gilt für den rechtlichen Schutz Sterbender, ohne oder gegen deren Willen Sterbehilfe ausscheidet (→ Kap. 4 Rn. 5 ff.). Gegenstand der heutigen Diskussion sind deshalb nur die Fälle, in denen die Betroffenen selbst Hilfe wünschen. Die Diskussion leidet bisweilen unter ihrer erheblichen Emotionalität und einer sich daraus oft ergebenden sprachlichen Konfusion; nicht immer werden die weltanschaulichen und religiösen Prämissen der eigenen Position hinreichend deutlich gemacht. Ausgangspunkt der Debatte sollten die Bedürfnisse des Einzelnen sein, der bis zu seinem Tod uneingeschränkt Träger von Menschenwürde bleibt und dessen Autonomie daher nur mit starken Argumenten einzuschränken ist.

---

32 *Mitscherlich/Mielke* Medizin ohne Menschlichkeit.

33 *Hilgendorf* FS Horn, 2006, 1131 (1142).

4. Kapitel. Das Recht der Sterbehilfe – Rechtslage und aktuelle Reformen

I. Einführung

1 Der Umgang mit dem Sterben gehört zu den größten bioethischen und medizinrechtlichen Herausforderungen der Gegenwart. Der medizinische Fortschritt hat unsere Handlungsmöglichkeiten am Lebensende erheblich erweitert. Heute ist es technisch möglich, einen sterbenden Menschen über Monate, wenn nicht über Jahre hinweg am Leben zu erhalten. Allerdings stellt sich nicht selten die Frage, ob die Verlängerung des biologischen Lebens den Wünschen und Interessen des Betroffenen entspricht. Ein bloßes Hinauszögern des Sterbezeitpunktes ohne erträgliche Lebensqualität wird von den meisten Menschen abgelehnt. Die Möglichkeiten einer technischen Lebensverlängerung und der Wille des Betroffenen stehen daher oft in einem Spannungsverhältnis.

2 Der deutsche Gesetzgeber hat es bisher versäumt, dieses Dilemma aufzulösen, und es den Gerichten überlassen, das Sterben und die Sterbehilfe rechtlich zu strukturieren. Diese Aufgabe ist alles andere als einfach. Der medizinisch-technische Fortschritt ist dabei, überkommene Überzeugungen im Zusammenhang mit dem Schutz des menschlichen Lebens am Ende seiner individuellen Entwicklung in Frage zu stellen. Dies führt zu erheblichen Problemen für die Rechtsordnung, die bis hin zu offenen Inkonsistenzen reichen. Eine Lösung der anstehenden Fragen kann nicht allein durch Interpretation existierender Rechtsnormen (zB Schutz der Menschenwürde, strafrechtlicher Lebensschutz) erreicht werden. Erforderlich sind vielmehr auch ethische Überlegungen, in die allerdings über die Fachphilosophen hinaus auch andere Fachvertreter, Politiker und letztendlich auch die breitere Öffentlichkeit einbezogen werden müssen.

3 Ein wichtiger Faktor in der Debatte um die Reichweite zulässiger Sterbehilfe ist die überkommene Ansicht, der Mensch dürfe über sein eigenes Leben nicht frei verfügen. Im Strafrecht hat sich diese Auffassung in § 216 StGB niedergeschlagen. Danach ist die Tötung eines anderen auch dann strafbar, wenn dieser der Tötung zugestimmt, ja sie sogar erbeten hat: „Ist jemand durch das ausdrückliche und ernstliche Verlangen des Getöteten zur Tötung bestimmt worden, so ist auf Freiheitsstrafe von sechs Monaten bis zu fünf Jahren zu erkennen."

4 Die Strafnorm § 216 StGB ist schon seit Längerem Gegenstand zahlreicher, oft sehr emotional geführter Auseinandersetzungen.[1] Grund dafür ist, dass diese rechtliche Regelung die aktive Sterbehilfe auch bei unheilbar kranken Menschen verbietet und somit uU ein als würdelos empfundenes, qualvolles Sterben erzwingen könnte. Um die Debatten über die Sterbehilfe rational führen zu können, ist zunächst eine Klärung der verwendeten Begrifflichkeiten erforderlich.

II. Begriff und Arten der Sterbehilfe

5 „Unter Sterbehilfe (Euthanasie) versteht man eine Hilfe, die einem schwer erkrankten Menschen auf seinen Wunsch oder doch mindestens im Hinblick auf

---

[1] NK-StGB/*Neumann* § 216 Rn. 1 ff.; vertiefend MüKoStGB/*Schneider* § 216 Rn. 1–8; *Sternberg-Lieben* Die objektiven Schranken der Einwilligung 103 ff.

seinen mutmaßlichen Willen geleistet wird, um ihm einen seinen Vorstellungen entsprechenden menschenwürdigen Tod zu ermöglichen."[2]

6 Generell fallen unter den Begriff „Sterbehilfe" also nur Handlungen, die aufgrund des tatsächlichen oder mutmaßlichen Willens des Patienten durch eine andere Person (idR einen Arzt) vorgenommen werden. Zentraler Anknüpfungspunkt für Sterbehilfe ist das Recht des Patienten, über sein eigenes Leben und damit auch über die Lebensbeendigung zu bestimmen.[3]

7 An die Voraussetzungen der Annahme einer mutmaßlichen Einwilligung werden strenge Anforderungen gestellt. Es ist der mutmaßliche Wille des Patienten zum Zeitpunkt der Behandlung unter sorgfältiger Berücksichtigung aller Umstände entscheidend. Darunter fallen neben früheren mündlichen oder schriftlichen Äußerungen des Patienten auch evtl. religiöse oder weltanschauliche Überzeugungen und seine sonstigen persönlichen Wertvorstellungen. Objektive Kriterien, was „vernünftig" oder „normal" wäre, haben dagegen keine eigenständige Bedeutung.[4]

8 Erst wenn trotz einer sorgfältigen Prüfung der individuelle mutmaßliche Wille nicht festzustellen ist, kann auf allgemeine Wertvorstellungen zurückgegriffen werden, wobei aber größte Zurückhaltung geboten ist. Im Zweifel sollte der Schutz des menschlichen Lebens Vorrang vor persönlichen Überlegungen des Arztes, des Angehörigen oder einer anderen beteiligten Person haben.

9 Liegt keine Patientenverfügung vor, aus der sich der tatsächliche Wille des Patienten ergibt[5], und kann trotz genauester Prüfung nicht von einem entsprechenden mutmaßlichen Willen des Patienten ausgegangen werden, handelt es sich nicht um Sterbehilfe. Vielmehr kommt ein Totschlag nach § 212 StGB oder (zB bei Vorliegen von Habgier) ein Mord nach § 211 StGB in Betracht.

10 Erster Unterfall der Sterbehilfe ist die reine Sterbebegleitung oder der Sterbebeistand, also die Pflege, schmerzlindernde Behandlung und menschliche Zuwendung während des Sterbeprozesses eines Menschen. Die Verabreichung von schmerzlindernden oder bewusstseinsdämmenden Medikamenten, die keinerlei Lebensverkürzung nach sich zieht und mit der ausdrücklichen oder mutmaßlichen Einwilligung des Patienten geschieht, ist nicht bloß straflos, sondern moralisch wie rechtlich sogar geboten.[6] Durch das Unterlassen gebotener Hilfeleistungen bei Schmerzen eines Patienten kann sich der Arzt oder das Pflegepersonal wegen unterlassener Hilfeleistung nach § 323c StGB oder einer Körperverletzung durch Unterlassen, §§ 223, 13 StGB strafbar machen.

11 Anders verhält es sich bei dem zweiten Unterfall von Sterbehilfe. Hierbei kommt es im Einklang mit dem Willen des Patienten zu einer Verkürzung der verbleibenden Lebenserwartung. Der damit umschriebene Bereich von Sterbehilfe ieS ist höchst umstritten.

12 Sterbehilfe kann sowohl in aktiver als auch in passiver Tätigkeitsform vorliegen. Aktive Sterbehilfe bedeutet Sterbehilfe durch (aktives) Tun, passive Sterbehilfe meint Sterbehilfe durch Unterlassen, dh durch „Sterbenlassen". In jüngerer Zeit spricht man oft auch von einem Behandlungsabbruch.[7] Bei der aktiven Form wird

---

[2] Roxin/Schroth MedStrafR-HdB/*Roxin*, 83.

[3] *Hilgendorf* JZ 2014, 545; s. auch *v. Zezschwitz* Ärztliche Suizidbeihilfe im Straf- und Standesrecht.

[4] BGHSt 35, 246 (249).

[5] Die Patientenverfügung wird ausführlich in → Kap. 4 Rn. 20 ff. behandelt.

[6] *Wessels/Hettinger/Engländer* StrafR BT 1 Rn. 38 ff.

[7] Dieser Sprachgebrauch verdient schon deshalb den Vorzug, weil er für juristisch nicht Vorgebildete (einschließlich der Ärzteschaft) besser verständlich ist. Die modifizierte Terminologie ändert jedoch nichts daran, dass es sich dogmatisch um ein Unterlassen handelt, so dass im Tötungsfall die Tatbestandsmerkmale eines (unechten) Unterlassungsdelikts, §§ 212, 13 StGB, vorliegen müssen.

weiterhin zwischen einer indirekten und einer direkten aktiven Sterbehilfe unterschieden. Als indirekte aktive Sterbehilfe werden Behandlungsmaßnahmen bezeichnet, die zur Linderung von schwerwiegenden gesundheitlichen Beschwerden[8] eingesetzt werden und bei denen eine Lebensverkürzung als Nebenwirkung in Kauf genommen wird. Ein Beispiel dafür ist die häufig vorkommende Verabreichung von starken Dosen Morphium im Endstadium von Krebserkrankungen. Solche lindernden Behandlungsmaßnahmen, die als Nebenwirkung eine unbeabsichtigte, aber unvermeidliche Verkürzung der Lebensdauer mit sich bringen, werden in Literatur und Rechtsprechung heute fast einhellig als straflos betrachtet.[9]

Allerdings ist die Begründung hierfür nicht einheitlich: Nach einer Minder- **13** meinung[10] stellt eine solche Behandlung nach ihrem „sozialen Gesamtsinn" schon keine Tötungshandlung im eigentlichen Sinn dar. Sie richte sich nicht gegen das Leben, sondern diene dem Leben und gestalte es für den Sterbenden in seinen letzten Stunden noch erträglich. Dieses Argument vermengt jedoch unzulässiger Weise moralische Erwägungen mit begrifflichen Fragen und entfernt sich zu sehr vom allgemeinen (und auch juristischen) Sprachgebrauch, wonach eine „Tötungshandlung" immer dann vorliegt, wenn ein Mensch durch eine Handlung eines anderen (oder auch durch eine eigene Handlung) getötet wird. Die Rechtssicherheit im Strafrecht würde erheblichen Schaden nehmen, wenn begrifflich klare Zuordnungen durch moralisch motivierte Einzelfallerwägungen konterkariert würden.

Nach zutreffender herrschender Ansicht liegt zwar eine Tötungshandlung vor, **14** diese ist jedoch durch einen rechtfertigenden Notstand nach § 34 StGB gerechtfertigt und somit nicht rechtswidrig. Dieser Ansicht folgt inzwischen auch der Bundesgerichtshof. Der BGH vertritt in seiner jüngeren Strafrechtsprechung, dass ein Tod in Würde und ohne unerträgliche Schmerzen ein höherwertiges Rechtsgut darstelle als eine kurzzeitige Lebensverlängerung.[11]

Weitaus schwieriger wird die juristische Wertung, wenn es sich um eine direkte **15** aktive Sterbehilfe handelt. Die direkte aktive Euthanasie ist die gezielte Tötung eines Schwerstkranken auf dessen Wunsch durch die Verabreichung einer Überdosis von Schmerz- oder Beruhigungsmitteln, Narkosemitteln, Kaliuminjektionen, Insulin etc. Eine solche Handlung erfüllt den Tatbestand des Totschlags bzw. der Tötung auf Verlangen, eine Rechtfertigung scheidet hier nach überwiegender Ansicht aus.[12]

Passive Sterbehilfe bezeichnet den Verzicht auf lebenserhaltende Maßnahmen **16** etwa bei irreversibel komatösen oder schwer kranken Menschen. Oft sind es Fälle, bei denen der Arzt die aussichtslose Situation eines schwerkranken Sterbenden mit dessen Einwilligung nicht „um jeden Preis" durch den Einsatz aller möglichen Maßnahmen verlängert.

Darunter fällt auch der Abbruch von Dialysen, künstlicher Ernährung, Beat- **17** mung oder Intubationen. Rechtlich gesehen wird der Handlungsschwerpunkt bei dem Abschalten der lebenserhaltenden Gerätschaften nicht auf das aktive Knopf-

---

[8] IdR wird es sich um starke Schmerzen handeln, erfasst sind aber auch andere schwerwiegende Beschwerden, wie zB Atemnot und Erstickungsangst, vgl. Roxin/Schroth MedStrafR-HdB/*Roxin* 89 f.

[9] BGHSt 42, 301; *Wessels/Hettinger/Engländer* StrafR BT 1 § 1 Rn. 36; *Ulsenheimer* ArztStrafR Rn. 697.

[10] *Wessels/Hettinger/Engländer* StrafR BT 1 § 1 Rn. 37.

[11] BGHSt 42, 301 (305). Demgegenüber meint der BGH (VI ZR 13/18, NJW 2019, 1741) ein auf eine sinnlose Verlängerung krankheitsbedingten Leidens gestützter Anspruch auf Schmerzensgeld scheidet per se aus, da das menschliche Leben als höchstrangiges Rechtsgut absolut erhaltungswürdig sei und sich eine Bewertung eines vom Patienten als lebensunwürdig erachteten Weiterlebens als Schaden verbiete. Mit der ärztlichen Standesethik dürfte diese Auffassung kaum vereinbar sein.

[12] *Ulsenheimer* ArztStrafR Rn. 696.

drücken gelegt, sondern es wird als ein „Unterlassen" weiterer lebensverlängernder Maßnahmen betrachtet, also als eine „passive" Sterbehilfe. Wie die Beispiele zeigen, ist der Ausdruck streng genommen irreführend, weil die „passive Sterbehilfe" regelmäßig auch Elemente aktiven Tuns enthält. Vorzugswürdig ist deshalb der Ausdruck „Behandlungsabbruch".[13]

18 Der Behandlungsabbruch ist straflos, wenn der Patient durch die Erklärung, nicht mehr weiter behandelt werden zu wollen, die Garantenstellung des Arztes aufgehoben hat. Der Arzt besitzt kein Behandlungsrecht mehr.[14] Ein eigenmächtiges Handeln des Arztes gegen den Willen des Patienten verletzt dessen Selbstbestimmungsrecht über seinen Körper und seine Würde.[15] Das Ende einer Behandlungspflicht des Arztes liegt unstrittig dann vor, wenn das Leiden des Kranken nach ärztlicher Überzeugung unheilbar ist, die Krankheit einen tödlichen Verlauf genommen hat und der Tod in kürzester Zeit eintreten wird.[16]

19 **Übersicht 9: Arten der Sterbehilfe**

<table>
<tr><td colspan="4">Sterbehilfe
Hilfe aufgrund des Wunsches oder mutmaßlichen Willens eines schwer erkrankten Menschen, einen menschenwürdigen Tod zu ermöglichen.</td></tr>
<tr><td>Keine lebensverkürzenden Maßnahmen</td><td colspan="3">Lebensverkürzende Maßnahmen</td></tr>
<tr><td rowspan="2">Sterbebegleitung/ Sterbebeistand
Pflege, schmerzlindernde Behandlung und menschliche Zuwendung während des Sterbeprozesses eines Menschen</td><td colspan="2">Aktive Sterbehilfe
Sterbehilfe durch (aktives) Tun</td><td rowspan="2">Passive Sterbehilfe
Sterbehilfe durch Unterlassen, dh Verzicht auf lebenserhaltende Maßnahmen</td></tr>
<tr><td>Indirekte aktive Sterbehilfe
Behandlungsmaßnahmen zur Linderung von Beschwerden, bei denen eine Lebensverkürzung als Nebenwirkung in Kauf genommen wird</td><td>Direkte aktive Sterbehilfe
gezielte Tötung eines Kranken auf dessen Wunsch durch die Verabreichung einer Überdosis von Schmerz- oder Beruhigungsmitteln etc.</td></tr>
<tr><td>Zweifellos straflos, sogar geboten</td><td>Straflos, da nach § 34 gerechtfertigt</td><td>Strafbar, da nach (noch?) hM nicht zu rechtfertigen</td><td>Straflos</td></tr>
</table>

[13] Vgl. → Rn. 12 mit Fn. 7.
[14] BGHSt 32, 367 (378); 55, 191 (198 f.); *Wessels/Hettinger/Engländer* StrafR BT 1 § 1 Rn. 39.
[15] BGHSt 37, 376 (378); 40, 257 (262).
[16] BGHSt 32, 367 (371).

III. Patientenverfügung

Der Bundestag hat am 18.6.2009 ein Gesetz über die Patientenverfügung beschlossen, das am 1.9.2009 in Kraft getreten ist.[17] Vorausgegangen war eine jahrelange Diskussion, in deren Verlauf drei verschiedene Gesetzentwürfe in den Bundestag eingebracht wurden, die sich insbesondere hinsichtlich der Verbindlichkeit der Patientenverfügung unterschieden. 20

Der neue **§ 1901a BGB** lautet wie folgt: 21

> „(1) Hat ein einwilligungsfähiger Volljähriger für den Fall seiner Einwilligungsunfähigkeit schriftlich festgelegt, ob er in bestimmte, zum Zeitpunkt der Festlegung noch nicht unmittelbar bevorstehende Untersuchungen seines Gesundheitszustandes, Heilbehandlungen oder ärztliche Eingriffe einwilligt oder sie untersagt (Patientenverfügung), prüft der Betreuer, ob diese Festlegungen auf die aktuelle Lebens- und Behandlungssituation zutreffen. Ist dies der Fall, hat der Betreuer dem Willen des Betreuten Ausdruck und Geltung zu verschaffen. Eine Patientenverfügung kann jederzeit formlos widerrufen werden.
>
> (2) Liegt keine Patientenverfügung vor oder treffen die Festlegungen einer Patientenverfügung nicht auf die aktuelle Lebens- und Behandlungssituation zu, hat der Betreuer die Behandlungswünsche oder den mutmaßlichen Willen des Betreuten festzustellen und auf dieser Grundlage zu entscheiden, ob er in eine ärztliche Maßnahme nach Absatz 1 einwilligt oder sie untersagt. Der mutmaßliche Wille ist aufgrund konkreter Anhaltspunkte zu ermitteln. Zu berücksichtigen sind insbesondere frühere mündliche oder schriftliche Äußerungen, ethische oder religiöse Überzeugungen und sonstige persönliche Wertvorstellungen des Betreuten.
>
> (3) Die Absätze 1 und 2 gelten unabhängig von Art und Stadium einer Erkrankung des Betreuten."

Nach § 1901a BGB ist somit die schriftliche Patientenverfügung für jedermann verpflichtend. Dies gilt auch dann, wenn der Patient nicht unter einer irreversibel zum Tode führenden Erkrankung leidet. Der subjektive Wille des Patienten ist bindend, er kann nicht durch Verweise auf sein objektiv bestimmtes Wohl umgangen werden. Schwerwiegende Entscheidungen über ärztliche Maßnahmen bedürfen bei Zweifeln über den Patientenwillen der Genehmigung des Betreuungsgerichts, § 1904 BGB. 22

Im Laufe des Gesetzgebungsverfahrens wurde von Seiten der Ärzteschaft insbesondere kritisiert, dass der letztendlich angenommene Gesetzesvorschlag kein vorangehendes Beratungsgespräch vorsieht, und dass ein „fragwürdiger Automatismus" in Gang gesetzt werde, der der „Individualität des Sterbens" nicht gerecht würde.[18] Es gebe Fälle, die das Gesetz nicht lösen könne. Mit diesen Argumenten wurde auch aus den Reihen des Bundestages gefordert, eine Regulierung der Patientenverfügung zu unterlassen.[19] 23

Auch mit der heutigen gesetzlichen Regelung der Patientenverfügung bleiben noch wichtige Fragen offen.[20] Insbesondere sind diejenigen Fälle problematisch, in denen der Wille des Patienten unklar ist. Wurde die Patientenverfügung zB schon mehrere Jahre zuvor abgefasst, stellt sich die Frage, ob der Patient aktuell noch genauso entscheiden würde. Auch stellt sich in der Praxis immer wieder die Frage, ob der Patient bei Abfassung der Patientenverfügung die konkrete Situation überhaupt vorhersehen konnte und ob sich sein Wille auch darauf erstreckt. Nachträgliche Fälschungen zB durch Verwandte sind ebenfalls nicht ausgeschlossen. In vielen Fällen spielt deshalb die Bewertung und Deutung der Verfügung durch Angehörige und Ärzte eine entscheidende Rolle. 24

---

[17] BGBl. 2009 I 2286.

[18] Pressemitteilung der Bundesärztekammer vom 6.3.2008, www.bundesaerztekammer.de.

[19] Antrag der Abgeordneten *Hüppe, Philipp* ua, BT-Drs. 16/13262.

[20] Vgl. dazu *Müller* MedR 2009, 309ff.; *Richter-Kuhlmann* DÄBl. 2009, A 1178.

24a Der 12. Zivilsenat des BGH hat jüngst recht hohe – nach Ansicht vieler: zu hohe – Anforderungen an den Konkretisierungsgrad einer Patientenverfügung gestellt.[21] Das Gericht betont zwar, dass die Anforderungen an die Bestimmtheit einer Patientenverfügung nicht überspannt werden dürften.[22] Der Betroffene müsse aber festlegen, was er in einer bestimmten Lebens- und Behandlungssituation will und was nicht.[23] Die erforderliche Konkretisierung könne zwar durch die Benennung bestimmter ärztlicher Maßnahmen oder die Bezugnahme auf ausreichend spezifizierte Krankheiten oder Behandlungssituationen erfolgen.[24] Im Einzelfall könne sie sich deshalb auch bei einer weniger detaillierten Benennung bestimmter ärztlicher Maßnahmen aus einer Bezugnahme auf ausreichend spezifizierte Krankheiten oder Behandlungssituationen ergeben.[25]

24b Die Äußerung, bei „schweren Dauerschäden des Gehirns“ „keine lebenserhaltenden Maßnahmen“ zu wünschen, enthalte insoweit aber keine für eine bindende Patientenverfügung notwendige konkrete Behandlungsentscheidung des Betroffenen.[26] Anderes könne hingegen für einen Wunsch nach Behandlungsabbruch gelten, wenn er für eine Behandlungssituation gelten soll, in der „keine Aussicht auf Wiedererlangung des Bewusstseins“ besteht und für diesen Fall konkretisierte, etwa auf bloße Schmerzlinderung bezogene Behandlungswünsche geäußert werden.[27] Eine Patientenverfügung, die nicht sicher auf die aktuelle Lebens- und Behandlungssituation des Betroffenen passt und deshalb keine unmittelbare Wirkung entfaltet, kann allerdings als Behandlungswunsch nach § 1901a Abs. 2 BGB Berücksichtigung finden und zuletzt der Ermittlung des mutmaßlichen Willens des Betroffenen dienen.[28]

25 Die Regelung der Patientenverfügung hat deutlich gemacht, dass die Gesellschaft dem Patientenwillen heute selbst dann eine entscheidende Bedeutung zuspricht, wenn es um Fragen von Leben und Tod geht. Das würdebegabte Individuum soll nicht bloß über sein Leben, sondern auch über sein Sterben grundsätzlich frei bestimmen können. Dies wirkt sich unmittelbar auch auf das Recht der Sterbehilfe aus.[29]

IV. Problemfälle

1. Beachtlichkeit des Patientenwillens

26 Grundsätzlich entscheidet allein der Patient über die Vornahme und die Art und Weise der Behandlung. Ein Arzt, der einen Patienten gegen dessen Willen behandelt, kann sich wegen Körperverletzung strafbar machen.[30] Fraglich ist jedoch, ob dies auch dann gilt, wenn ein Suizidwilliger jede Behandlung ablehnt.

27 Hier ist zunächst zwischen dem freiverantwortlichen und dem nicht freiverantwortlichen Suizid zu unterscheiden. Handelt der Patient nicht freiverantwortlich, etwa weil er aufgrund einer schweren Depression nicht in der Lage ist, die eigene Situation klar zu überdenken und zu einer freien Willensentscheidung zu gelangen,

---

[21] BGH NJW 2016, 3297 mzustAnm *Seibl* NJW 2016, 3277; abl. *Sternberg-Lieben* MedR 2017, 42.
[22] BGH NJW 2016, 3297 (3301); 2017, 1737 (1738).
[23] BGH NJW 2016, 3297 (3301); 2017, 1737 (1738).
[24] BGH NJW 2016, 3297 (3301).
[25] BGH NJW 2017, 1737 (1739).
[26] BGH NJW 2016, 3297 (3301 f.); 2017, 1737 (1739).
[27] BGH NJW 2017, 1737 (1739).
[28] BGH NJW 2016, 3297 (3302).
[29] Dies betonte der BGH va im sog. „Putz-Urteil“, BGH Urt. v. 25.6.2010 – 2 StR 454/09, NJW 2010, 2963.
[30] → Kap. 2 Rn. 1 ff.

so ist der Arzt zu einer Rettungshandlung auch gegen den Willen des Patienten verpflichtet. Andernfalls kann er sich wegen unterlassener Hilfeleistung, § 323c StGB, oder sogar wegen Totschlags, dh §§ 212, 13 StGB, strafbar machen.

Anders verhält es sich jedoch in den Fällen, in denen der Patient eine freiverantwortliche Entscheidung für den Suizid fällt, wie beispielsweise in folgendem Fall **(Fall Dr. Wittig):**[31] **28**

Eine 76-jährige Witwe, schwer herzkrank und mit großen Gehbeschwerden, sah nach dem Tod ihres Mannes keinen Sinn mehr in ihrem Leben und äußerte wiederholt den Wunsch zu sterben. Im Oktober 1980 erklärte sie schriftlich, nicht in ein Krankenhaus, Pflegeheim oder eine Intensivstation eingewiesen werden zu wollen, sprach sich gegen den Einsatz von Apparaten und Organentnahme aus und erklärte, einen würdigen Tod sterben zu wollen. Eine ähnliche Erklärung verfasste sie im Jahr darauf. Im November 1981 fand sie ihr Arzt Dr. W. bewusstlos auf der Couch. Unter ihren gefalteten Händen fand er einen Zettel mit dem handschriftlichen Vermerk „An meinen Arzt – bitte kein Krankenhaus – Erlösung". Dr. W. erkannte, dass die Frau in Suizidabsicht eine Überdosis Morphium und Schlaftabletten genommen hatte. Er ging davon aus, dass sie ohne schwere Dauerschäden nicht mehr zu retten war. Er blieb in der Wohnung, bis sie am nächsten Morgen gegen 7.00 Uhr verstarb.

Hier stellt sich die Frage, ob sich der Arzt wegen Totschlags durch Unterlassen und unterlassener Hilfeleistung strafbar gemacht hat, weil er nichts zur Rettung der Patientin unternahm. **29**

Für den Garanten[32] hat der BGH in seiner älteren Rechtsprechung eine Rettungspflicht ab dem Zeitpunkt bejaht, in dem die Tatherrschaft auf den Garanten übergeht, wenn also der Patient handlungs- und entscheidungsunfähig wird, zB aufgrund einer Bewusstlosigkeit. Ab diesem Zeitpunkt gehe die Herrschaft über das Tatgeschehen auf den Arzt über. Dieser sei als Garant dazu verpflichtet, das Leben seines Patienten zu retten.[33] Entsprechendes gelte für die unterlassene Hilfeleistung.[34] **30**

Im Fall Dr. Wittig verneinte der BGH deshalb eine Strafbarkeit wegen eines Tötungsdelikts nur wegen des besonderen Umstands, dass sich die Patientin bereits in einem weit fortgeschrittenen, vom Arzt als tödlich aufgefassten Vergiftungszustand befand und die Achtung des Selbstbestimmungsrechts der Patientin in diesem besonderen Fall nicht als rechtlich unvertretbar angesehen werden könne. Auch eine Strafbarkeit wegen unterlassener Hilfeleistung nach § 323c StGB lehnte der BGH ab.[35] Diese setzte nämlich voraus, dass die Hilfeleistung auch zumutbar ist. Der BGH ging von der Unzumutbarkeit der Hilfeleistung aus, da der Patientin im Fall ihrer Rettung irreversible und schwere Schädigungen geblieben wären. Grundsätzlich darf sich jedoch nach der Urteilsbegründung des BGH der Arzt dem Todeswunsch des Patienten nicht beugen.[36] Der BGH begründete dies damit, dass Suizidenten nach ihrer Rettung ihre Entscheidung oft bereuen und im Moment des Suizidversuchs gar nicht eigenverantwortlich handeln können. **31**

In der Literatur wird diese Rechtsprechung überwiegend kritisiert. Handele der Patient eindeutig freiverantwortlich, um wie im Fall Wittig Erlösung von einem schweren Leiden zu finden, so müsse dieser Wille respektiert werden.[37] Es reiche **32**

---

[31] BGHSt 32, 367.

[32] Die Garantenstellung des Arztes ergibt sich aus dem Behandlungsvertrag. Ist ein solcher Vertrag nicht zustande gekommen, so kann sich der Arzt nur wegen unterlassener Hilfeleistung strafbar machen. Dies gilt insbesondere dann, wenn der Suizident kein Patient des hinzukommenden Arztes ist und die Behandlung ablehnt.

[33] BGHSt 32, 367 (373 f.).

[34] BGHSt 6, 147; 13, 162 (169).

[35] BGHSt 32, 367.

[36] BGHSt 32, 367 (380 f.).

[37] Schönke/Schröder/*Eser* StGB Vor § 211 Rn. 41 ff.; *Lackner/Kühl* StGB Vor § 211 Rn. 15; *Fischer* StGB Vor §§ 211–216 Rn. 25; Roxin/Schroth MedStrafR-HdB/*Roxin* 94.

nicht aus, dem Arzt über das Kriterium der Zumutbarkeit ein Entscheidungsermessen einzuräumen. Ob die Entscheidung des BGH aus dem Jahr 1984 mit den gesellschaftlichen Wertvorstellungen heute noch vereinbar ist, ist nicht zuletzt aufgrund der Einfügung von § 1901a BGB zweifelhaft. In der instanzgerichtlichen Rechtsprechung wird auch deshalb zunehmend – auf das Selbstbestimmungsrecht des Patienten gestützt – Straflosigkeit des Arztes angenommen.[38] Eine diesbezügliche Stellungnahme des BGH bleibt abzuwarten.

2. Behandlungsabbruch bei Wachkomapatienten

33 Schwierigkeiten bereiten auch diejenigen Fälle, in denen der Sterbeprozess noch nicht eingesetzt hat, aber auch keine Aussicht auf Besserung des Zustandes besteht. Diese Problematik besteht insbesondere bei Wachkomapatienten, die durch lebenserhaltende Maßnahmen noch jahrelang dahinvegetieren können, ohne dass eine realistische Aussicht besteht, dass sie jemals aus dem Koma erwachen werden. Hier stellt sich die Frage, ob die lebenserhaltenden Maßnahmen auf Wunsch des Patienten oder der Angehörigen eingestellt werden dürfen.

34 Diese Problematik war Gegenstand im sog. **Kemptener Fall:**[39]

Eine 70-jährige Frau erlitt Anfang September 1990 einen Herzstillstand und blieb nach erfolgreicher Reanimation irreversibel hirngeschädigt. Sie wurde mittels einer Magensonde ernährt und war seit Ende 1990 nicht mehr ansprechbar. Auf optische oder akustische Reize reagierte sie aber noch mit einem Knurren und mit Gesichtszuckungen. 1993 wandte sich der behandelnde Arzt, Dr. T., an den Sohn der Patientin, der zum Pfleger seiner Mutter bestellt worden war. Der Arzt schlug eine Einstellung der Ernährung mittels Magensonde und die Beschränkung auf Gaben von Tee vor, weil eine Besserung des Zustands nicht zu erwarten sei. Der Sohn stimmte zu und unterschrieb folgenden Eintrag des Dr. T im Verordnungsblatt: „Im Einvernehmen mit Dr. T. möchte ich, dass meine Mutter... nur noch mit Tee ernährt wird. [...]“ Der Pflegedienstleiter verständigte daraufhin das Vormundschaftsgericht und die Staatsanwaltschaft.

35 Das Landgericht Kempten verurteilte den Arzt und den Sohn wegen versuchten Totschlags durch Unterlassen.[40] Der BGH entschied dagegen, dass in diesem Fall ein Behandlungsabbruch bei entsprechendem mutmaßlichem Willen des Patienten als Ausdruck seiner allgemeinen Entscheidungsfreiheit über seinen Körper zuzulassen sei. Zwar handle es sich nicht um einen typischen Fall von Sterbehilfe, der voraussetze, dass der Sterbeprozess bereits eingesetzt habe. Jedoch sei das Selbstbestimmungsrecht des Patienten zu beachten: Wenn das Sterbenlassen seinem mutmaßlichen Willen entspräche, so sei dies straflos. An die Feststellung des mutmaßlichen Willens müssten jedoch erhöhte Anforderungen gestellt werden.[41]

36 In eine ähnliche Richtung weist der **Fall des Peter K.:**[42]

Peter K. lag nach einem Selbsttötungsversuch seit Juli 1998 im Wachkoma. Noch in gesunden Zeiten hatte er in einer Patientenverfügung festgelegt, er wolle im Falle eines irreversiblen Komas nicht durch invasive Maßnahmen am Sterben gehindert werden. Dennoch wurde Peter K. über eine durch die Bauchdecke eingeführte Magensonde künstlich ernährt und so am Leben erhalten. Das Pflegepersonal des Heimes weigerte sich, die Ernährung einzustellen. Der Vater des Peter K. versuchte deshalb, die Einstellung der Ernährung gerichtlich zu erzwingen. Seine Klage wurde jedoch in den ersten beiden Instanzen abgewiesen. Am 26.3.2004 starb Peter K. an einem fieberhaften Infekt.

---

[38] LG Berlin NStZ-RR 2018, 246; LG Hamburg NStZ 2018, 281 (nicht rechtskräftig); anders noch OLG Hamburg NStZ 2016, 530.
[39] BGHSt 40, 257.
[40] BGHSt 40, 257.
[41] BGHSt 40, 257.
[42] BGHZ 163, 195.

37 Der BGH (Zivilsenat) hatte wegen der Erledigung der Hauptsache nur noch über die Kosten zu entscheiden. In seiner Begründung führt er jedoch aus, dass eine Zwangsbehandlung unzulässig ist und gegen das Selbstbestimmungsrecht des Patienten verstößt: „Die mit Hilfe einer Magensonde durchgeführte künstliche Ernährung ist ein Eingriff in die körperliche Integrität, der deshalb der Einwilligung des Patienten bedarf. ... Eine gegen den erklärten Willen des Patienten durchgeführte künstliche Ernährung ist folglich eine rechtswidrige Handlung, deren Unterlassung der Patient ... verlangen kann. Dies gilt auch dann, wenn die begehrte Unterlassung – wie hier – zum Tode des Patienten führen würde. Das Recht des Patienten zur Bestimmung über seinen Körper macht Zwangsbehandlungen, auch wenn sie lebenserhaltend wirken, unzulässig."[43]

38 Die Problematik ist nach nunmehr geltendem Recht zumindest dann entschärft, wenn eine Patientenverfügung vorliegt, aus der der Wille des Patienten zum Abbruch der Behandlung im konkreten Fall eindeutig hervorgeht, vgl. § 1901a BGB.[44] In diesem Fall ist der Wille des Patienten verbindlich und somit auch für die behandelnden Ärzte und Pfleger beachtlich. Fehlt eine schriftliche Äußerung, so gilt nach § 1901a BGB der mutmaßliche Wille. Die Norm enthält auch Vorgaben an die Art und Weise, wie der Wille zu ermitteln ist.

39 Für Aufsehen sorgte in diesem Zusammenhang der sog. **Fall Putz** (auch „Fuldaer Fall" genannt):[45]

Frau K. lag nach einer Hirnblutung seit Oktober 2002 im Wachkoma. Sie war nicht mehr ansprechbar und wurde in einem Altenheim über eine sog. PEG-Sonde in der Bauchdecke künstlich ernährt. Trotzdem war Frau K. bis Dezember 2007 stark abgemagert. Eine Besserung ihres Gesundheitszustandes war nicht mehr zu erwarten. Nach Angaben ihrer Kinder hatte Frau K. ihnen gegenüber bereits 2002 mündlich geäußert, im Falle ihrer Bewusstlosigkeit keine lebensverlängernden Maßnahmen in Form von künstlicher Ernährung und Beatmung zu wollen. Der später angeklagte Rechtsanwalt und die beiden Kinder der Frau K. bemühten sich deshalb wiederholt um die Einstellung der künstlichen Ernährung. Eine entsprechende Anordnung des behandelnden Hausarztes, der eine medizinische Indikation zur Fortsetzung der künstlichen Ernährung für nicht mehr gegeben hielt, wurde vom Pflegepersonal jedoch nicht befolgt. In Absprache mit der Heimleitung beendete schließlich Frau G., die Tochter von Frau K., die Nahrungszufuhr über die PEG-Sonde und reduzierte die Flüssigkeitszufuhr. Die Geschäftsführung des Gesamtunternehmens[46] wies die Heimleitung jedoch zur Wiederaufnahme der künstlichen Ernährung an und erteilte den Kindern der Frau K. ein Hausverbot für den Fall, dass sie sich damit nicht einverstanden erklären sollten. Der angeklagte Rechtsanwalt erteilte Frau G. daraufhin telefonisch den Rat, den Schlauch der PEG-Sonde zu durchtrennen, was diese auch tat. Nachdem das Pflegepersonal dies entdeckte, wurde Frau K. in ein Krankenhaus gebracht, wo eine neue PEG-Sonde zur künstlichen Ernährung gelegt wurde. Frau K. starb dort am 5. Januar.

40 Das LG Fulda verurteilte den wegen seines Rats, den Schlauch zu durchtrennen, angeklagten Rechtsanwalt wegen gemeinschaftlich mit Frau G. begangenen versuchten Totschlags durch aktives Tun gem. §§ 212, 22, 23 StGB, der weder durch eine mutmaßliche Einwilligung von Frau K. noch durch Nothilfe gem. § 32 StGB oder einen rechtfertigenden Notstand gem. § 34 StGB gerechtfertigt sei. Auch käme kein entschuldigender Notstand nach § 35 StGB in Betracht. Frau G. wurde freigesprochen, da sie sich aufgrund des Rechtsrats des Angeklagten in einem unvermeidbaren Erlaubnisirrtum befunden und insofern ohne Schuld gehandelt habe.[47]

---

[43] BGHZ 163, 195.

[44] Zur Debatte um die Verbindlichkeit der Patientenverfügung und zum neuen § 1901a BGB vgl. → Kap. 4 Rn. 20 ff.

[45] BGH Urt. v. 25.6.2010 – 2 StR 454/09, NJW 2010, 2963.

[46] Es ist bemerkenswert, dass gerade die primär ökonomisch orientierte Geschäftsführung (und nicht eine ärztliche Instanz) intervenierte. Dies ist ein weiterer Beleg für die offenbar zunehmende Kommerzialisierung des Sterbens in Kliniken. Dazu eingehend *Thöns* Patient ohne Verfügung.

[47] LG Fulda 1. Strafkammer Urt. v. 30.4.2009 – 16 Js 1/08 – 1 Ks, BeckRS 2010, 6420.

41 Der 2. Strafsenat des BGH hat den angeklagten Rechtsanwalt im Rahmen der Revision jedoch freigesprochen.[48] Da der ausdrücklich geäußerte Wille der Patientin Frau K. zweifelsfrei festgestellt worden war und zwischen ihren Kindern und dem behandelnden Arzt Einvernehmen bestand, dass der Abbruch der künstlichen Ernährung dem Patientenwillen entsprach, durfte die Fortsetzung der künstlichen Ernährung unterlassen werden. Die angekündigte Wiederaufnahme der künstlichen Ernährung durch die Heimleitung stellte einen rechtswidrigen Angriff gegen die körperliche Integrität und das Selbstbestimmungsrecht von Frau K. dar. Eine Nothilfe gem. § 32 StGB lag nach zutreffender Ansicht nicht vor, da sich die Verteidigungshandlung nicht allein gegen Rechtsgüter des Angreifers (Sachbeschädigung durch Zerschneiden des Schlauches) richtete, sondern va gegen Rechtsgüter der angegriffenen Frau K. selbst. Auch ein rechtfertigender Notstand gem. § 34 StGB scheiterte daran, dass sich der Eingriff des angeklagten Rechtsanwalts gegen dieselbe Person richtete, der die gegenwärtige Gefahr drohte. Die Rechtfertigung wird vom BGH vielmehr auf der Ebene der Einwilligung verortet.

42 Dabei soll der Unterscheidung zwischen aktivem Tun und Unterlassen keine entscheidende Bedeutung mehr zukommen. In der Regel werde bei einem Abbruch medizinischer Maßnahmen eine Vielzahl von Handlungen vorgenommen, deren Differenzierung in aktives Tun oder Unterlassen stark vom Zufall abhängt. Alle Handlungen, die in Zusammenhang mit der Beendigung der ärztlichen Behandlung stehen, sind laut dem 2. Strafsenat daher unter dem normativ-wertenden Oberbegriff des „Behandlungsabbruchs" zusammenzufassen. Dies setzt voraus, dass der Patient lebensbedrohlich erkrankt ist und eine Maßnahme, die medizinisch zur Erhaltung oder Verlängerung des Lebens geeignet ist, unterlassen, begrenzt oder beendet wird.[49] Die zu rechtfertigende Handlung muss objektiv und subjektiv unmittelbar auf die medizinische Behandlung bezogen sein.[50] Die Einwilligung des Patienten gilt also unabhängig von der Unterscheidung zwischen Unterlassen und aktivem Tun, das dem Abbruch einer nicht mehr gewollten Behandlung dient.

43 Der 2. Strafsenat bestätigte in einem Folgebeschluss zum sog. **Kölner Fall**[51] die Bedingungen für einen Behandlungsabbruch. Der Senat wies darin darauf hin, dass bei der Ermittlung des Patientenwillens und der Entscheidung über den Behandlungsabbruch eine verfahrensrechtliche Absicherung über die Voraussetzungen der §§ 1901a, 1901b BGB zu beachten sei.

3. Abgrenzung zwischen aktiver Sterbehilfe und strafloser Beihilfe zur Selbsttötung

44 Der Unterschied zwischen der grundsätzlich strafbaren aktiven Sterbehilfe und der in Deutschland straflosen Beihilfe zur Selbsttötung liegt oft nur in einem einzigen Handgriff. Wenn der Arzt die Mittel zur Selbsttötung (lediglich) bereitstellt und der Patient sich diese selbst verabreicht, die Tatherrschaft somit beim Patienten liegt, handelt es sich um eine *Beihilfe* zur Selbsttötung. Ist jedoch der Patient zB wegen einer Lähmung nicht mehr fähig, die verlangte Selbsttötung vorzunehmen und der Arzt verabreicht ihm das tödliche Mittel, handelt es sich um strafbare aktive Euthanasie.

---

[48] BGH NJW 2010, 2963.

[49] BGH Urt. v. 25.6.2010 – 2 StR 454/09, NJW 2010, 2963.

[50] BGH Urt. v. 25.6.2010 – 2 StR 454/09, NJW 2010, 2963.

[51] BGH 2. Strafsenat Beschl. v. 10.11.2010 – 2 StR 320/10, NJW 2011, 161 (Rn. 10 ff.); vorgehend LG Köln Urt. v. 9.2.2010 – 90 Js 163/09 – 101 KLs 56/09, NStZ 2011, 274.

Erheblich war dies zB im **Fall Diane Pretty,** über den der Europäische Gerichtshof für Menschenrechte zu entscheiden hatte[52]: 45

Die 43-jährige, in England lebende Diane Pretty litt an einer unheilbaren, immer weiter voranschreitenden Krankheit der motorischen Zellen im zentralen Nervensystem. Sie war bereits vom Hals abwärts gelähmt, konnte nicht mehr verständlich sprechen und wurde durch eine Sonde ernährt. Ihre Intelligenz und Entscheidungsfähigkeit waren dadurch aber nicht beeinträchtigt. Der Tod tritt bei dieser Krankheit idR dadurch ein, dass die Muskulatur, die die Atmung, das Sprechen und das Schlucken ermöglicht, versagt, so dass der Patient qualvoll erstickt oder an einer Lungenentzündung stirbt. Diane Pretty, die nur noch wenige Monate zu leben hatte, wollte aus Angst vor einem solchen Tod ihrem Leben ein Ende setzen. Da sie nicht mehr in der Lage war, sich selbst zu töten, war sie auf die Hilfe ihres Ehemannes angewiesen. Die Beihilfe steht in England und Wales jedoch unter Strafe. Der Anwalt Prettys bat deshalb den Generalstaatsanwalt um die Zusage, den Ehemann nicht strafrechtlich zu verfolgen, wenn dieser seiner Frau Sterbehilfe leiste. Diese Bitte wurde vom House of Lords in letzter Instanz abgewiesen. Daraufhin wandte sich Diane Pretty an den Europäischen Gerichtshof für Menschenrechte. Dieser entschied gegen die Schwerstkranke.[53] Diane Pretty erlag einige Wochen später ihrem Leiden.

Diane Prettys Ehemann hätte sich in Deutschland nicht strafbar gemacht, wenn 46
er zB ein hochwirksames Gift in einem Glas Wasser aufgelöst und seine Frau das Wasser aus dem Glas mit einem Strohhalm getrunken hätte. Dagegen wäre er nach § 216 StGB strafbar, wenn er selbst ihr das Gift eingeflößt hätte.

Diese in Deutschland schon lange akzeptierte rechtliche Differenzierung machte 47
sich der Arzt Julius Hackethal bereits in den 1980er Jahren zu Nutze und baute für eine Patientin, die bis zum Hals gelähmt war, eine Apparatur, die ihr durch eine Zungenbewegung das Verabreichen eines tödlichen Giftes ermöglichte. Das OLG München sah darin keine Tötung auf Verlangen, sondern eine straflose Beihilfe zum Suizid.[54]

Im Zusammenhang mit der Suizidhilfe wird immer wieder auch die Frage dis- 48
kutiert, ob und unter welchen Voraussetzungen ein Arzt eine Selbsttötung unterstützen darf.

Das VG Gera ging in einem Urteil aus dem Jahr 2008 davon aus, dass die Suizid- 49
hilfe durch einen Arzt mit dessen Berufspflichten unvereinbar sei und dieser seinen Aufgabenbereich überschreite, wenn er dem zum Suizid entschlossenen Patienten Tod bringende Mittel zur Verfügung stelle.[55]

Zu einer abweichenden Bewertung gelangte zunächst das VG Berlin 2012 im Fall 50
eines unheilbar kranken und unerträglich leidenden Patienten.[56] Die Ärztekammer Berlin hatte einem Arzt untersagt, anderen Personen todbringende Substanzen zum Suizid zu überlassen. Der Arzt erhob dagegen Klage vor dem VG Berlin. Das Gericht entschied, ein solch ausnahmsloses Verbot der Weitergabe todbringender Substanzen an Suizidwillige verstoße gegen höherrangiges Recht. Die als Satzung erlassene Berufsordnung der Landesärztekammer genüge vor dem Hintergrund der über Art. 12 Abs. 1 GG geschützten Berufsfreiheit und der Gewissensfreiheit des Arztes gem. Art. 4 Abs. 1 GG als Rechtsgrundlage für die generelle Untersagung nicht. Für Fälle, in denen ein Patient unerträglich und irreversibel an einer Krankheit leide und keine alternativen Mittel der Leidensbegrenzung in Sicht seien, sei eine eng begrenzte Ausnahme vom generellen Verbot geboten.

Diese Auffassung vertritt nun auch das BVerwG. 2017 hatte es über eine vom 50a
Bundesinstitut für Arzneimittel und Medizinprodukte (BfArM) – also von einer

---

52 EGMR NJW 2002, 2851 ff.; näher *Hilgendorf* in Joerden/Szwarc Europäisierung des Strafrechts 173 ff.

53 EGMR NJW 2002, 2851.

54 OLG München NJW 1987, 2940.

55 VG Gera 3. Kammer Urt. v. 7.10.2008 – 3 K 538/08 Ge Rn. 85, 92, 96.

56 VG Berlin 9. Kammer Urt. v. 30.3.2012 – 9 K 63.09 Rn. 37, 54, 57 f., MedR 2013, 58–65.

Bundesbehörde – zu erteilende Erlaubnis zum Erwerb einer tödlichen Dosis eines Betäubungsmittels zu entscheiden. Das Gericht hob hervor, dass das allgemeine Persönlichkeitsrecht aus Art. 2 Abs. 1 GG iVm Art. 1 Abs. 1 GG auch das Recht eines schwer und unheilbar kranken Menschen umfasst, zu entscheiden, wie und zu welchem Zeitpunkt sein Leben enden soll, vorausgesetzt, er kann seinen Willen frei bilden und entsprechend handeln. Im Hinblick auf dieses Grundrecht seien die Vorschriften des BtMG über die Versagung einer Erlaubnis zum Erwerb von Betäubungsmitteln dahin auszulegen, dass der Erwerb eines Betäubungsmittels für eine Selbsttötung mit dem Zweck des Gesetzes ausnahmsweise vereinbar ist, wenn sich der suizidwillige Erwerber wegen einer schweren und unheilbaren Erkrankung in einer extremen Notlage befindet.[57] Diese Notlage setze voraus, dass – erstens – die schwere und unheilbare Erkrankung mit gravierenden körperlichen Leiden, insbesondere starken Schmerzen verbunden ist, die bei dem Betroffenen zu einem unerträglichen Leidensdruck führen und nicht ausreichend gelindert werden können, – zweitens – der Betroffene entscheidungsfähig ist und sich frei und ernsthaft entschieden hat, sein Leben beenden zu wollen und ihm – drittens – eine andere zumutbare Möglichkeit zur Verwirklichung des Sterbewunsches nicht zur Verfügung steht.[58] Letztlich könne sich deshalb die Schutzpflicht des Staates aus Art. 2 Abs. 1 GG iVm Art. 1 Abs. 1 GG dahin verdichten, im Einzelfall den Erwerb von Betäubungsmitteln zum Zweck der Selbsttötung erlauben zu müssen.[59]

51 Auf dem 114. Deutschen Ärztetag in Kiel entschieden sich die Delegierten 2011 dagegen für ein kategorisches Verbot der Suizidbeihilfe. § 16 MBO-Ä lautet nunmehr: „Ärztinnen und Ärzte haben Sterbenden unter Wahrung ihrer Würde und unter Achtung ihres Willens beizustehen. Es ist ihnen verboten, Patientinnen und Patienten auf deren Verlangen zu töten. Sie dürfen keine Hilfe zur Selbsttötung leisten."[60] Das reformierte Berufsrecht geht mit § 16 S. 3 MBO-Ä also weiter als geltendes Strafrecht. Die Musterberufsordnung selbst ist jedoch nicht rechtsverbindlich, sondern dient lediglich den Landesärztekammern als Orientierungshilfe für die Umsetzung in (verbindliches) Landesrecht.

52 Am 6.11.2015 hat der Deutsche Bundestag beschlossen, die Hilfe zum Suizid unter bestimmten Voraussetzungen unter Strafe zu stellen. Dabei geht es vor allem um die Einschränkung der Tätigkeit sog. Sterbehilfegesellschaften. Die dadurch aufgeworfenen Fragen werden in Kap. 5 (→ Kap. 5 Rn. 1 ff.) behandelt.

53 **Übersicht 10: Abgrenzung zwischen aktiver Sterbehilfe und strafloser Beihilfe zur Selbsttötung**

Aktive Sterbehilfe	**Straflose Beihilfe zur Selbsttötung**
Der Patient ist zB wegen einer Lähmung nicht mehr fähig, eine Selbsttötung vorzunehmen und ein Dritter spritzt ihm auf seinen Wunsch das Gift.	Der Arzt stellt die Mittel zur Selbsttötung (lediglich) bereit und der Patient verabreicht sich diese selbst; die Tatherrschaft liegt beim Patienten.

[57] BVerwG NVwZ 2017, 1452 mAnm *Brade/Tänzer* NVwZ 2017, 1435; *Kuhli* ZIS 2017, 243; dazu ferner *Hufen* NJW 2018, 1524; zu Friktionen mit § 217 StGB → Kap. 5 Rn. 19a.

[58] BVerwG NVwZ 2017, 1452.

[59] BVerwG NVwZ 2017, 1452 (1457).

[60] MBO-Ä 1997 in der Fassung der Beschlüsse des 114. Deutschen Ärztetages 2011 in Kiel.

4. Behandlungsabbruch bei Neugeborenen

Besonders umstritten ist der Behandlungsabbruch bei durch Fehlbildungen oder Stoffwechselstörungen schwerstgeschädigten Neugeborenen, bei denen keine Aussicht auf Heilung besteht sowie Neugeborenen mit schwersten zerebralen Schädigungen oder bei extrem unreifen Neugeborenen, deren Tod in absehbarer Zeit eintreten wird. Grundsätzlich finden auch in solchen Fällen die allgemeinen Grundsätze zur Sterbehilfe Anwendung: Die aktive direkte Sterbehilfe ist grundsätzlich strafbar, die passive Früheuthanasie ist in eng umgrenzten Fällen, in denen dem Kind unabwendbares Leiden erspart werden soll, straflos. 54

Probleme wirft allerdings die dogmatische Begründung auf, da nicht auf das Selbstbestimmungsrecht des Patienten abgestellt werden kann. Das Neugeborene hat noch keinen eigenen Willen bzw. ein mutmaßlicher Wille ist nicht feststellbar. Es liegt vielmehr ein Fall des einseitigen Behandlungsabbruchs vor. Dieser ist nur zulässig, wenn die ärztlichen Behandlungsmöglichkeiten an ihre Grenzen stoßen oder die Voraussetzungen eines rechtfertigenden Notstands vorliegen, etwa wenn feststeht, dass das Kind niemals Bewusstsein erlangen wird, aber große Schmerzen leidet.[61] 55

Für eine Einleitung bzw. Fortführung der Behandlung gelten im Übrigen die gleichen Voraussetzungen wie bei einem medizinischen Eingriff gegenüber Erwachsenen: Der Eingriff muss medizinisch indiziert sein, die Einwilligung der (in besonderem Maße) aufgeklärten Eltern muss vorliegen und die Behandlung lege artis durchgeführt werden. In Notfällen, in denen die Eltern ihre Einwilligung in eine eindeutig medizinisch indizierte Behandlung verweigern, kann bis zur Entscheidung des Familiengerichts (früher: Vormundschaftsgericht) eine Behandlung auch gegen den Willen der Eltern erfolgen. 56

Eine Orientierungshilfe für die Entscheidung, wann eine Behandlung des Neugeborenen medizinisch indiziert ist, bieten die Grundsätze der Bundesärztekammer zur ärztlichen Sterbebegleitung (2011) sowie die Einbecker Empfehlungen (1992). 57

Die einschlägigen Grundsätze der Bundesärztekammer zur ärztlichen Sterbebegleitung 2011 lauten[62]: „Bei Neugeborenen mit schwersten Beeinträchtigungen durch Fehlbildungen oder Stoffwechselstörungen, bei denen keine Aussicht auf Heilung oder Besserung besteht, kann nach hinreichender Diagnostik und im Einvernehmen mit den Eltern eine lebenserhaltende Behandlung, die ausgefallene oder ungenügende Vitalfunktionen ersetzen soll, unterlassen oder beendet werden. Gleiches gilt für extrem unreife Kinder, deren unausweichliches Sterben abzusehen ist, und für Neugeborene, die schwerste zerebrale Schädigungen erlitten haben." 58

Nach den Ziffern V.–VII. der Einbecker Empfehlungen in der Fassung von 1992[63] gehört es grundsätzlich zu den ärztlichen Pflichten, das Beste und Wirksamste zu tun, um das Leben des Neugeborenen zu erhalten. Es sind aber Ausnahmen für Situationen denkbar, in denen nach dem aktuellen Stand der medizinischen Erfahrungen und dem menschlichen Ermessen das Leben auf Dauer nicht erhalten werden kann, sondern der Tod des Neugeborenen lediglich hinausgezögert wird. Bei der Bewertung ist zu berücksichtigen, ob Besserungschancen bestehen. Auch wenn dies nicht der Fall ist, sind weiterhin eine ausreichende Grundversorgung zu gewährleisten und Leiden zu lindern. Die Eltern bzw. Sorgeberechtigten sind entsprechend aufzuklären und in die Entscheidungen mit einzubeziehen. Ein Be- 59

[61] Weiterführend MüKoStGB/*Schneider* Vor §§211 ff. Rn. 181 f.; Schönke/Schröder/*Eser/Sternberg-Lieben* StGB Vor §§211 ff. Rn. 32a; aA NK-StGB/*Neumann/Saliger* Vor §211 Rn. 137.

[62] DÄBl. 2011, A 346–348.

[63] MedR 1986, 281; 1992, 206.

handlungsabbruch gegen ihren Willen ist nur nach entsprechender Entscheidung des Familiengerichts möglich.

60 Dies bestätigte ein Beschluss des OLG Hamm im Jahre 2007.[64] In diesem Fall beschlossen die Eltern, die künstliche Ernährung ihres im Wachkoma liegenden (4-jährigen) Kindes einzustellen. Das OLG Hamm führte in seinem Beschluss aus, dass die Entscheidung über den Behandlungsabbruch im alleinigen Verantwortungsbereich der Eltern liege. Erst wenn die Grenze zu einem Missbrauch des Sorgerechts gem. §1666 BGB überschritten wird, dh wenn das Zulassen des Sterbens durch die Eltern dem Wohl des Kindes widerspricht, sei von diesem Grundsatz abzuweichen und ggf. eine Ergänzungspflegschaft einzurichten. Im Ausgangsfall befand sich das Kind in einem irreversiblen Zustand, ohne Aussicht auf Besserung, und litt unter schwersten Spastiken. Die wohlüberlegte Entscheidung der aufgeklärten Eltern stellte nach Ansicht des Gerichts keinen Missbrauch ihres Sorgerechts dar.

61 Die „Gemeinsame Empfehlung zur Frühgeburt an der Grenze der Lebensfähigkeit des Kindes“ von 2014[65] sowie die schweizerischen „Empfehlungen zur Betreuung von Frühgeborenen an der Grenze der Lebensfähigkeit“ von 2002[66] bieten weitere Orientierungshilfen.

V. Aktive Sterbehilfe

62 Als Einstieg in die Diskussion der aktiven Sterbehilfe diene folgender **Fall:**

> Ein Lkw-Fahrer ist nach einem Unfall in seinem brennenden Fahrzeug eingeklemmt. Als er erkennt, dass eine Rettung nicht mehr möglich ist, bittet er, noch bei klarem Bewusstsein, den unverletzt gebliebenen Beifahrer, ihn schnell und schmerzlos zu töten, um nicht qualvoll zu verbrennen.

63 Fraglich ist, ob es moralisch und rechtlich überzeugen kann, den Beifahrer zu bestrafen, weil er den Lkw-Fahrer vor einem qualvollen Tod durch Verbrennen bewahrt.

1. Regelungen zur Euthanasie in den Niederlanden, Belgien und Luxemburg

64 In den 1970er Jahren wandelten sich in den Niederlanden die Anschauungen zur Sterbehilfe. Aktive wie passive Sterbehilfe sollten straflos möglich sein. Man erreichte dieses Ziel zunächst durch juristische Hilfskonstruktionen, zum Teil auch durch schlichtes Nicht-Verfolgen an sich strafbarer Sterbehilfe, also durch ein Absehen vom Legalitätsprinzip. Am 1. April 2002 trat schließlich das „Gesetz zur Überprüfung von Lebensbeendigungen auf Verlangen und Hilfe bei Selbsttötung“ in Kraft.

65 Art. 293 des niederländischen Strafgesetzbuchs lautet:

> „Wer das Leben eines anderen auf sein ausdrückliches und ernsthaftes Verlangen beendet, wird mit Freiheitsstrafe von bis zu 12 Jahren oder mit Geldstrafe [...] bestraft.
>
> Nicht strafbar ist die Tat, sofern diese durch einen Arzt begangen wurde, welcher die Sorgfaltsanforderungen des Art. 2 des Gesetzes über die Überprüfung von Lebensbeendigungen auf Verlangen und Hilfe bei Selbsttötung eingehalten hat.“

66 Der in Art. 293 des niederländischen StGB genannte Art. 2 des Gesetzes über die Überprüfung von Lebensbeendigungen auf Verlangen und Hilfe bei Selbsttötung enthält folgende Voraussetzungen: Der Arzt muss zur Überzeugung gelangt sein,

---

[64] OLG Hamm Beschl. v. 24.5.2007 – 1 UF 78/07, NJW 2007, 2704.
[65] Abrufbar unter http://leitlinien.net (Stand: 19.8.2014).
[66] Schweizerische Gesellschaft für Neonatologie, SÄZ 2002, 1589ff. (abrufbar unter www.saez.ch).

dass einerseits ein freiverantwortliches und wohl überlegtes Verlangen des Patienten vorliegt und andererseits ein aussichtsloses und unerträgliches Leiden des Patienten besteht. Er muss den Patienten über seine Situation und seine Aussichten informiert haben und mit dem Patienten zur Überzeugung gekommen sein, dass es für diesen in seiner Situation keinen anderen Ausweg gibt. Weiterhin muss mindestens ein weiterer Arzt hinzugezogen worden sein, der den Patienten untersucht und sich ein Urteil gemäß den vorgenannten Sorgfaltsanforderungen gebildet hat. Schließlich muss der Arzt die Lebensbeendigung oder Hilfe bei der Selbsttötung medizinisch sorgfältig durchführen.

Eine an der niederländischen Rechtslage orientierte Gesetzeslage besteht auch in Belgien. Im Dezember 2013 beschloss der belgische Senat nach intensiven Debatten eine Ausweitung des Gesetzes auf Minderjährige. Im Februar 2014 stimmte auch die Abgeordnetenkammer dem Gesetz zu. Die Gesetzesänderung trat am 22.3.2014 in Kraft. 67

Belgien erlaubt damit die aktive Sterbehilfe bei Kindern und Jugendlichen ohne ein bestimmtes Mindestalter. Vorausgesetzt wird, dass das Kind in der Lage ist, sich seiner ausweglosen gesundheitlichen Situation bewusst zu sein, um eigenverantwortlich ein ernstliches Verlangen nach Sterbehilfe zu äußern. Erforderlich ist weiter die schriftliche Einwilligung der Eltern. Neben zwei ärztlichen Gutachten soll ein Jugendpsychologe oder -psychiater befragt werden. Die Tötung auf Verlangen ist bei Minderjährigen jedoch nur bei unerträglichen und nicht zu lindernden körperlichen Schmerzen zulässig, nicht hingegen bei psychisch erkrankten Patienten. 68

In Luxemburg trat ein mit der niederländischen Rechtslage vergleichbares Gesetz über die Sterbehilfe am 17. März 2009 in Kraft. Voraussetzung der straffreien Sterbehilfe ist, dass ein „unheilbar kranker und unerträglich leidender Patient freiwillig, überlegt und wiederholt schriftlich" den Willen zur Beendigung seines Lebens bekundet. Bei willensunfähigen Patienten soll eine Patientenverfügung ausreichen. Ärzte sind nach dem neuen Gesetz verpflichtet, mit dem Patienten mehrere Gespräche über seine Entscheidung zu führen und einen weiteren Arzt zur Beratung hinzuzuziehen. Auch 16- bis 18-jährige Patienten sollen um Sterbehilfe bitten können, wenn die Eltern oder die gesetzlichen Vertreter ihre Zustimmung erteilen. 69

2. Vorschläge zur aktiven Sterbehilfe in Deutschland

Auch in Deutschland wird verschiedentlich die Straflosigkeit der aktiven Sterbehilfe in bestimmten Fällen gefordert. So hat der Rechtsphilosoph *Norbert Hoerster* einen neuen § 216a StGB mit folgendem Wortlaut vorgeschlagen:[67] "Ein Arzt, der einen schwer und unheilbar leidenden Menschen tötet, handelt nicht rechtswidrig, wenn der Betroffene die Tötungshandlung aufgrund freier und reiflicher Überlegung, die er in einem urteilsfähigen und über seine Situation aufgeklärten Zustand durchgeführt hat, ausdrücklich wünscht oder wenn, sofern der Betroffene zu solcher Überlegung nicht imstande ist, die Annahme berechtigt ist, dass er die Tötungshandlung aufgrund solcher Überlegung für den gegebenen Fall ausdrücklich wünschen würde. Das Vorliegen der in Abs. 1 genannten Voraussetzungen führt nur dann zum Ausschluss der Rechtswidrigkeit, wenn es von dem Arzt, der die Tötungshandlung vornimmt, sowie von einem weiteren Arzt in begründeter Form schriftlich dokumentiert worden ist." 70

Daneben gibt es andere Gesetzesvorschläge, die alle ein schweres und unheilbares Leiden voraussetzen, jedoch unterschiedliche Voraussetzungen bzgl. der Vorge- 71

---

[67] *Hoerster* Sterbehilfe im säkularen Staat 169 f.

hensweise aufstellen, beispielsweise eine notarielle Beurkundung des Sterbeverlangens[68], die Genehmigung durch eine Ethikkommission[69] oder durch ein Gericht[70].

72 Auch in den Details der intendierten Rechtswirkung weichen die Vorschläge voneinander ab. Denkbar ist, bereits den Tatbestand der Tötung auf Verlangen auszuschließen oder zumindest deren Rechtswidrigkeit, möglich ist aber auch ein bloßer Strafausschluss. Nach einer Mindermeinung ist die Tötung auf Verlangen schon nach dem heutigen Recht in manchen Fällen direkter aktiver Sterbehilfe nicht gegeben. So soll bereits der Tatbestand des § 216 StGB ausgeschlossen sein, wenn der Todeswunsch vernünftig ist,[71] nach anderer Auffassung kann die Tat nach § 34 StGB gerechtfertigt werden.[72]

73 Für die Straflosigkeit aktiver Sterbehilfe wird vor allem das Selbstbestimmungsrecht des Sterbewilligen ins Feld geführt. Ein unheilbar Kranker solle selbst darüber entscheiden dürfen, ob er sein Leben beendet oder ob er sein Leiden hinnimmt. Dabei soll er auch jede erforderliche Hilfe erhalten können, so dass der Tod für ihn nicht qualvoll sein muss. In einer Rechtsordnung, die sich zur Menschenwürde und zum menschlichen Selbstbestimmungsrecht als Leitwerten bekennt, sind dies sehr starke Argumente.

74 Andererseits sprechen auch viele Argumente gegen die Zulassung aktiver (direkter) Sterbehilfe. Manche befürchten, dass die Zulassung der aktiven Tötung Schwerkranker auf deren Verlangen hin generell zu einer veränderten Einstellung gegenüber dem Leben anderer führen und dass auch in weiteren Fällen der Lebensschutz aufgeweicht werden könnte, indem beispielsweise der in Frage kommende Personenkreis von unheilbar Schwerstkranken auf Behinderte, Altersdemente und vergleichbare Personen ausgeweitet wird.

75 Weiterhin ist problematisch, auf welche Weise sichergestellt werden kann, dass die Tötung tatsächlich auf einem freiwilligen und ernsthaften Verlangen des Sterbenden beruht. Es besteht die Gefahr, dass mit der Bitte um Sterbehilfe ein Prozess in Gang gesetzt wird, den der Sterbende nicht mehr rückgängig machen kann, obwohl er womöglich an seinem Sterbeverlangen nicht mehr eindeutig festhält, aber den Mut nicht aufbringt, nach dem langwierigen Prozedere und der Beteiligung Dritter (mehrere Ärzte, Ethikkommission etc.) noch umzukehren.

76 Auch bestehe die Gefahr, dass Dritte, wie beispielsweise Angehörige, denen die Betreuung und Pflege des unheilbar Kranken lästig wird oder die aus ökonomischen Gründen den Tod des Kranken bevorzugen würden, Druck auf diesen ausüben könnten.[73] Dahinter müssen nicht einmal verwerfliche Motive wie finanzielle Aspekte stehen. Angehörige können auch dann unbewusst Druck ausüben, wenn es für sie selbst nicht mehr erträglich ist, das Leiden eines geliebten Menschen mit anzusehen. Dasselbe gilt für Ärzte und Pflegepersonal, die aus ihrer Erfahrung heraus wissen, dass der Patient schwer leidet und ihm nicht zu helfen ist. Somit könnte die Zulassung der aktiven Sterbehilfe zur Folge haben, dass das Vertrauen in Arzt und Pflegepersonal generell erschüttert wird. Sehr fraglich ist auch, ob die Ärzteschaft aktive direkte Sterbehilfe mit ihrem Selbstverständnis vereinbaren könnte.

---

[68] *Kusch* NJW 2006, 261 (262 f.).

[69] *Wolfslast* FS Schreiber, 2005, 913 (925 f.).

[70] *Czerner* Euthanasie-Tabu 11.

[71] *Jakobs* Tötung auf Verlangen 25 ff.

[72] *Herzberg* NJW 1986, 1635 (1640).

[73] Diese Gefahr besteht freilich grundsätzlich auch beim Behandlungsverzicht, ohne dass bislang einschlägige Fälle in nennenswertem Umfang vorgekommen wären.

Übersicht 11: Argumente für und gegen aktive Sterbehilfe 77

Pro	Contra
• Selbstbestimmungsrecht des Sterbewilligen • Menschenwürdiges, nicht qualvolles Sterben	• Grundsatz der Unverfügbarkeit menschlichen Lebens • Befürchtung einer generell veränderten Einstellung gegenüber dem Leben oder Aufweichung des Lebensschutzes • Problematische Feststellung des tatsächlich vorliegenden freiwilligen und ernsthaften Verlangens des Sterbenden • Möglichkeit der Einwirkung Dritter durch Druck auf den Sterbenden

VI. Die Zukunft der Sterbehilfe

Ob die jetzige Gesetzeslage die Sterbehilfe hinreichend erfasst, wird fächerübergreifend kontrovers diskutiert. Bereits im Hinblick auf die grundlegende Frage, inwieweit das eigene Leben verfügbar ist, lassen sich zwei Grundpositionen unterscheiden. 78

Nach der christlichen Anschauung darf der Mensch über sein eigenes Leben nicht verfügen. Leben wird als Geschenk des christlichen Gottes angesehen; nur der Gott allein hat das Verfügungsrecht. Zudem kommt dem Schmerz im Sterben nach katholischer Lehre eine besondere Bedeutung zu: „Nach christlicher Lehre erhält der Schmerz ... zumal in der Sterbestunde, eine besondere Bedeutung im Heilsplan Gottes. Er gibt Anteil am Leiden Christi und verbindet mit dem erlösenden Opfer, das Christus im Gehorsam gegen den Willen des Vaters dargebracht hat.“[74] 79

Diese Position verdient Respekt. Sie lässt sich jedoch nicht ohne weiteres als Grundlage staatlicher Rechtspolitik verwenden. Dagegen spricht schon, dass die katholische Lehre vom römisch-katholischen Glaubenssystem abhängig ist, das in unserer heutigen religiös- und weltanschaulich heterogenen Gesellschaft von der überwiegenden Mehrzahl der Menschen nicht geteilt wird. 80

Nach liberaler Ansicht soll der Mensch über sein eigenes Leben verfügen dürfen, wenn er in einem urteilsfähigen und informierten Zustand seine autonome Entscheidung trifft.[75] Eine künstliche Lebensverlängerung gegen den Willen eines Sterbenden ist nach dieser Auffassung abzulehnen. Auch die liberale Position weist jedoch Schwächen auf. So dürfte die Vorstellung, ein Mensch könne ein Lebensende „autonom“ bestimmen, in den meisten Fällen eine Fiktion darstellen. Darüber hinaus sind die Voraussetzungen von Autonomie nicht wirklich geklärt. 81

Dennoch folgen Rechtswissenschaft und Rechtspraxis inzwischen ganz überwiegend der liberalen Ansicht, nach der dem Patientenwillen eine entscheidende Bedeutung zugemessen werden soll. Aus dem verfassungsrechtlich geschützten 82

---

[74] Erklärung der Kongregation für die Glaubenslehre zur Euthanasie, unter III, abgedruckt unter www. vatican. va / roman_curia / congregations / cfaith/documents / rc_con_cfaith_doc_19800505_ euthana sia_ge.html.

[75] Für die neuere Diskussion grundlegend *Verrel* Patientenautonomie und Strafrecht bei der Sterbegleitung; *Saliger* Selbstbestimmung bis zuletzt; zum assistierten Suizid *Rosenau/Sorge* Neue Kriminalpolitik 2013, 108 ff.; *Hilgendorf* JZ 2014, 545 ff.

Recht auf Leben und Würde folgt ein Recht auf ein würdevolles und selbstbestimmtes Sterben als ein Teil des Lebensprozesses. Auch der Sterbende besitzt ohne jede Einschränkung Menschenwürde nach Art. 1 Abs. 1 GG. Nach der in der Jurisprudenz heute vorherrschenden Interpretation hat der Mensch also ein Recht auf autonome Entscheidung über sein Sterben. Lebens- und damit einhergehend auch oft Leidensverlängerungen gegen den Willen eines Menschen sind somit unzulässig. Schon 2006 sprach sich der Deutsche Juristentag[76] deshalb für eine ausdrückliche rechtliche Regelung aus, nach der lebenserhaltende Maßnahmen wie das Verlegen von Sonden nur noch mit der Einwilligung der Schwerstkranken erfolgen sollen.

---

[76] *Verrel* Patientenautonomie und Strafrecht bei der Sterbebegleitung.

5. Kapitel. Sterbehilfegesellschaften

I. Einführung

1 Ein seit einiger Zeit intensiv diskutiertes Thema ist das Verbot von Sterbehilfegesellschaften. Die im Jahr 2005 in Hannover erfolgte Gründung des Vereins „Dignitate", einem „Ableger" des Schweizer Sterbehilfehilfevereins „Dignitas", führte zu einer intensiven Debatte über die Zulässigkeit derartiger Gesellschaften. Als Reaktion darauf wurden verschiedene Gesetzesvorschläge kontrovers diskutiert.[1]

2 Auch die Verwaltungsgerichte haben sich mit der Thematik beschäftigt. Im Jahr 2008 wurde dem Sterbehilfeaktivisten Roger Kusch eine weitere Tätigkeit verboten. Dieser hatte einen Sterbehilfeverein gegründet und im Internet seine Dienstleistungen angeboten. Das Verbot wurde im Eilverfahren durch das Verwaltungsgericht Hamburg bestätigt. In seiner Begründung führte das Verwaltungsgericht aus, durch die Tätigkeit des Vereins sei die öffentliche Sicherheit gefährdet. Die vom Antragsteller kommerziell angebotene Sterbehilfe sei sozial unwertig, da sie den allgemeinen sittlichen Wertvorstellungen widerspreche, und gefährde das Leben von Menschen, die auf sich gestellt vor dem letzten Schritt zurückscheuen würden.[2]

II. Zur Vorgehensweise von Dignitas

3 Die bekannteste Sterbehilfeorganisation ist „Dignitas" mit Sitz in Zürich. Das Verfahren einer Sterbebegleitung sieht etwa wie folgt aus: Nachdem ein Sterbewilliger mit Dignitas Kontakt aufgenommen hat, erhält er auf Wunsch Unterlagen, die das mögliche weitere Vorgehen erklären. Es wird darauf hingewiesen, dass nach Möglichkeit Angehörige einbezogen werden sollen. Wenn der Beitritt zum Verein vollzogen wurde, kann der Sterbewillige die Vorbereitung einer Freitod-Begleitung beantragen. In einem solchen Antrag soll ein Lebensbericht enthalten sein, der Aufschlüsse über die Persönlichkeit des Sterbewilligen zulässt. Des Weiteren sind medizinische Unterlagen erforderlich, welche aktuelle Diagnosen, Therapien und Prognosen enthalten. Diese Unterlagen werden einem mit Dignitas kooperierenden Arzt zur Prüfung zugeleitet. Wenn der Arzt bereit ist, ein Rezept über ein Mittel zur Lebensbeendigung auszustellen, erhält das Mitglied das „provisorische grüne Licht". Es liegt nun am Sterbewilligen zu entscheiden, ob er die Sterbebegleitung in Anspruch nehmen möchte. Grundsätzlich sind zwei Besuche in der Schweiz vorgesehen, zum einen zu einem ausführlichen persönlichen Gespräch mit dem Arzt und dann ein zweites Mal, um die Lebensbeendigung durchzuführen. Bei einer starken Krankheitsbelastung kann auch eine Reise ausreichen. Das Mitglied soll von Angehörigen begleitet werden.

4 Die Durchführung des Suizids erfolgt an einem von Dignitas bereitgestellten Ort, idR in einer angemieteten Wohnung in Zürich. Wichtig ist, dass der Sterbewillige unter Leitung eines erfahrenen Freitod-Begleiters und im Beisein der Angehörigen das tödliche Mittel selbst einnimmt, so dass die Tatherrschaft beim Suizidenten liegt. Ist der Tod eingetreten, wird die Polizei verständigt. Sie führt Ermittlungen über den Tod und die Beteiligung Dritter durch. Wenn der Leichnam freigegeben wurde, wird er bestattet. Der Suizid wird mit einer Videokamera do-

---

[1] *Hilgendorf* in Byrd/Hruschka/Joerden Jahrbuch für Recht und Ethik 479ff.
[2] VG Hamburg Beschl. v. 6.2.2009, AZR 2009, 69ff.

kumentiert, um beweisen zu können, dass der Sterbewillige die volle Tatherrschaft über das Geschehen besaß.[3]

5 **Übersicht 12: Vorgehensweise von Dignitas**

1. Nach Kontaktaufnahme zu Dignitas Zusendung entsprechender Unterlagen
2. Einreichen eines persönlichen Ersuchens zur Vorbereitung einer Freitod-Begleitung unter Beifügung eines Lebensberichts sowie medizinischer Unterlagen über Diagnosen, Therapien und Prognosen
3. Vorlage der Unterlagen bei einem mit Dignitas zusammenarbeitenden Arzt
4. „Provisorisches grünes Licht" an den Sterbewilligen bei grundsätzlichem Einverständnis des Arztes zur Ausstellung des entsprechenden Rezepts
5. Ausführliches persönliches Gespräch mit dem Arzt in der Schweiz (auch bei gleichem Aufenthalt wie dem Suizid selbst möglich)
6. Terminvereinbarung bei Entscheidung für den Suizid
7. Durchführung durch selbstständige Einnahme des tödlichen Mittels in einer von Dignitas angemieteten Wohnung in Zürich unter Leitung eines erfahrenen Freitod-Begleiters und im Beisein von Angehörigen
8. Verständigung der Polizei nach Eintritt des Todes
9. Erfordernis von Ermittlungen über den Tod und die Beteiligung Dritter nach schweizerischem Recht (Videoaufnahme des letzten Akts des Patienten zu Beweiszwecken)
10. Nach Freigabe Bestattung des Leichnams

III. Strafrechtliche Würdigung

6 Bis vor kurzem war die oben dargestellte Vorgehensweise von Dignitas weder nach schweizerischem noch nach deutschem Recht strafbar. Da der Patient das Medikament selbst einnimmt, scheidet eine Strafbarkeit des Dignitas-Mitarbeiters wegen Tötung auf Verlangen aus (→ Kap. 4 Rn. 44 ff.). In Betracht kommt lediglich eine Gehilfenhandlung, welche jedoch straflos war, da auch der Suizident straflos bleibt (Grundsatz der limitierten Akzessorietät der Beihilfe, dh die Beihilfe ist nur strafbar, wenn eine vorsätzliche und rechtswidrige Haupttat vorliegt[4]). Denkbar waren allenfalls Verstöße gegen das Betäubungsmittelgesetz, wenn entsprechende Medikamente eingesetzt werden.[5]

IV. Argumente für eine rechtliche Erfassung der Sterbehilfegesellschaften

7 Für die Schaffung eines neuen Straftatbestandes, welcher den assistierten Suizid unter Strafe stellt, wurden folgende Argumente vorgebracht: Die Sterbehilfegesellschaften verletzten ein religiöses Tabu, denn nicht nur ein fremdes, sondern auch das eigene Leben sei nach dem göttlichen Willen unverfügbar. Weiterhin besäßen die Sterbehelfer keine starke emotionale Bindung an den Sterbewilligen, sie können das Empfinden und den wirklichen Willen des Sterbenden nicht richtig einschätzen und ihm weder eine Perspektive für die Zukunft bieten noch ihm Alternativen

[3] *Hilgendorf* in Byrd/Hruschka/Joerden Jahrbuch für Recht und Ethik 479 (481).
[4] *Hilgendorf/Valerius* StrafR AT § 9 Rn. 107 ff.
[5] Einschlägig ist va § 29 BtMG, dazu Ratzel/Luxenburger MedR-HdB/*Girins* Kap. 15 Rn. 193 ff.

zum Sterben aufzeigen.[6] Vielmehr böten die Sterbehilfegesellschaften eine organisierte Dienstleistung für eine Vielzahl von Fällen an, so dass die Gefahr einer Kommerzialisierung des Suizids bestehe. Ein weiteres Problem liege darin, dass eine Drucksituation entstehen könnte, in der der Sterbewillige nach Überschreiten eines bestimmten Zeitpunkts nicht mehr umkehren könne. Auch bestehe ohne gesetzliche Regelung die Gefahr, dass Sterbewilligen zu schnell tödlich wirkende Mittel verabreicht würden, ohne dass deren persönliche Situation zuvor ausreichend überprüft wurde.[7]

Fraglich sei darüber hinaus, wem überhaupt Hilfe beim Suizid geleistet werden 8
darf: unheilbar Kranken, denen ein langes Leiden erspart werden soll? Oder nur Sterbenden? Ein besonderes Problem werfen psychisch Kranke auf, deren Sterbewunsch zum Krankheitsbild gehört. Darf auch ihnen ein tödlich wirkendes Medikament gegeben werden?

Schließlich wird befürchtet, dass es zu einer Tabu-Abschwächung bezüglich der 9
aktiven Sterbehilfe kommen könne: Ist der assistierte Suizid in organisierter Form zulässig und gesellschaftlich anerkannt, so wäre, so argumentieren manche, der nächste Schritt die Zulassung aktiver Sterbehilfe, beispielsweise wenn Sterbewillige darum bitten, das Medikament nicht selbst einnehmen zu müssen, sondern dass der Arzt ihnen das Mittel injiziert.

Übersicht 13: Argumente für eine rechtliche Erfassung von Sterbehilfegesellschaften 10

- Verletzung eines religiösen Tabus
- Fehlende emotionale Bindung der Sterbehelfer an den Sterbewilligen sowie keine ausreichende Kenntnis über Empfinden und wirklichen Willen des Sterbenden
- Gefahr einer Kommerzialisierung des Suizids
- Möglichkeit einer Drucksituation nach Überschreiten eines bestimmten Zeitpunkts
- Gefahr eines übereilten Verabreichens des tödlich wirkenden Mittels
- Befürchtung einer Tabu-Abschwächung bei der aktiven Sterbehilfe

V. Neue Rechtslage

Im Dezember 2015 beschloss der Deutsche Bundestag einen neuen § 217 StGB, 11
der die geschäftsmäßige Förderung zur Selbsttötung unter Strafe stellt.[8]

> § 217 StGB Geschäftsmäßige Förderung der Selbsttötung
> (1) Wer in der Absicht, die Selbsttötung eines anderen zu fördern, diesem hierzu geschäftsmäßig die Gelegenheit gewährt, verschafft oder vermittelt, wird mit Freiheitsstrafe bis zu drei Jahren oder mit Geldstrafe bestraft.
> (2) Als Teilnehmer bleibt straffrei, wer selbst nicht geschäftsmäßig handelt und entweder Angehöriger des in Absatz 1 genannten anderen ist oder diesem nahesteht.

---

[6] *Goll* ZRP 2008, 199; *Lüttig* ZRP 2008, 57 (58f.)

[7] Anzumerken bleibt allerdings, dass die Praxis der bereits tätigen Sterbehilfegesellschaften in der Schweiz wie Exit und Dignitas anders aussieht: Hier steht die Suizid-Prophylaxe im Vordergrund, nicht eine rasche Abwicklung beliebiger (unreflektierter) Selbsttötungswünsche. Vgl. bereits *Hilgendorf* in Byrd/Hruschka/Joerden 479 (488).

[8] BGBl. 2015 I 2177.

12 Ein „Gewähren“ oder „Verschaffen“ einer Möglichkeit zur Selbsttötung liegt bei einem Herbeiführen „äußerer Umstände“ vor, die „geeignet sind, die Selbsttötung zu ermöglichen oder wesentlich zu erleichtern.“[9] Erleichtert wird sie etwa durch das Bereitstellen der passenden Räumlichkeiten oder der Mittel, die zum Suizid verwendet werden. Beim „Gewähren“ stehen dem Täter die Möglichkeiten bereits zur Verfügung und er muss sie dem Suizidenten nur noch zur Verfügung stellen. Anders ist dies bei der Tatvariante des „Verschaffens“: Hierfür muss der Täter die äußeren Umstände erst noch besorgen.[10] Stellt der Täter den Kontakt zwischen dem Sterbewilligen und einer Person, die Gelegenheit zum Suizid gewähren oder verschaffen kann, her, wird die Gelegenheit zum Suizid „vermittelt“. Der bloße Hinweis auf ohnehin bekannte Stellen reicht jedoch nicht aus.[11]

13 „Absicht“ liegt vor, wenn es dem Täter gerade auf die Gewährung einer bestimmten Suizidgelegenheit ankommt. Die Absicht des Täters muss sich nach der Gesetzesbegründung nur auf die Hilfe zum Suizid beziehen, nicht auf die tatsächliche Durchführung der Selbsttötung. Im Hinblick auf diese genügt *dolus eventualis*.[12]

14 Geschäftsmäßiges Handeln liegt vor, „wenn jemand die Wiederholung gleichartiger Taten zum Gegenstand seiner Beschäftigung machen will“.[13] Geschäftsmäßig heißt also so viel wie „auf Wiederholung angelegt“. Nach der Gesetzesbegründung kann auch ein erstmaliges Handeln ausreichen, „wenn es den Beginn einer auf Fortsetzung angelegten Tätigkeit darstellt“.[14] Erfasst werden sowohl aktives Tun als auch Unterlassen. Der Begriff des geschäftsmäßigen Handelns ist damit, wie auch sonst im Strafrecht, sehr weit. Er geht insbesondere über ein gewerbsmäßiges Handeln hinaus, durch welches sich ein Täter eine „fortlaufende Einnahmequelle von einiger Dauer und einigem Umfang“ verschaffen will, also mit Gewinnerzielungsabsicht handeln will.[15]

15 Dogmatisch gesehen erhebt der neue § 217 StGB eine Tat, die früher als Beihilfe (§ 27 StGB) zum tatbestandslosen Suizid straflos gewesen wäre, zu einer eigenständigen Haupttat. Suizidhilfe wird allerdings nicht vollständig erfasst, sondern nur dann, wenn sie die in § 217 StGB genannten Merkmale erfüllt. Der Tatbestand ist als abstraktes Gefährdungsdelikt ausgestaltet;[16] geschützte Rechtsgüter sind das Recht auf Leben und die „verfassungsrechtlich geschützte individuelle Garantie autonomer Willensentscheidungen“.[17]

16 Abs. 2 des neuen § 217 StGB regelt, dass die Teilnahme an einer Tat nach § 217 Abs. 1 StGB straflos bleibt, wenn der Teilnehmer (Gehilfe oder Anstifter) selbst nicht geschäftsmäßig handelt und entweder ein Angehöriger des Suizidenten ist oder diesem nahesteht. Damit soll insbesondere verhindert werden, dass sich Angehörige strafbar machen, die zB ihre Eltern in die Schweiz zum Suizid begleiten. Wegen § 9 Abs. 2 S. 2 StGB wären sie ansonsten strafbar, obwohl die Suizidhilfe selbst in der Schweiz nicht strafbar ist.

---

[9] BT-Drs. 18/5373, 18; Schönke/Schröder/*Eser*/*Sternberg-Lieben* StGB § 217 Rn. 12; *Hilgendorf* JZ 2014, 545 (548).
[10] BT-Drs. 18/5373, 18.
[11] BT-Drs. 18/5373, 18.
[12] BT-Drs. 18/5373, 19.
[13] BT-Drs. 18/5373, 19 unter Berufung auf *Fischer* StGB Vor § 52 Rn. 63 und BVerfGE 54, 301 (313).
[14] BT-Drs. 18/5373, 17.
[15] BGH NJW 1996, 1069 (1070) sowie die stRspr.
[16] BT Drs. 18/5373, 14.
[17] BT-Drs. 18/5373, 13.

Der neue §217 StGB ist schon unmittelbar nach seinem Erlass auf deutliche Kritik gestoßen.[18] In der Tat ist die Bestimmung nicht bloß rechtspolitisch bedenklich, sondern stellt die Rechtswissenschaft auch dogmatisch vor Probleme. Rechtspolitisch fragt sich, ob es sinnvoll ist, Einrichtungen, die Suizidhilfe leisten, in Deutschland kategorisch zu verbieten, wenn derartige Stellen in der Schweiz oder in den Niederlanden jederzeit bequem über das Internet zu kontaktieren und mittels Pkw, Zug oder Taxi zu erreichen sind. Angesichts der Tatsache, dass Sterbehilfevereinigungen auch und gerade Suizidprophylaxe betreiben und nach allen vorliegenden Angaben mehr Suizide verhindern als unterstützen, besteht nun außerdem die Gefahr, dass verzweifelte Menschen nun noch häufiger „Brutalsuizide" wählen werden, etwa auf den Schienen der Deutschen Bahn. **17**

Besonders problematisch ist auch, dass die Strafnorm – trotz anderslautender Behauptungen in der Gesetzesbegründung – viele Tätigkeiten in Hospizen und Palliativstationen erfasst. So stellt die in der ambulanten Palliativversorgung gängige Praxis, dem Patienten starke, in hohen Dosen tödliche Medikamente zu überlassen, zweifellos das „Gewähren einer Gelegenheit zur Selbsttötung" dar. Schon heute kommen derartige Suizide vor. Ein Arzt, der auf die ambulante Palliativversorgung spezialisiert ist, handelt auch ohne Weiteres geschäftsmäßig. Insgesamt unterscheidet sich die Situation strukturell nicht von der Vergabe tödlicher Mittel durch einen Angehörigen einer Sterbehilfeorganisation. Auch auf der subjektiven Tatseite sind keine relevanten Unterschiede erkennbar. **18**

Standardmaßnahmen der stationären Palliativ- und Hospizarbeit – etwa die Übergabe der Steuerung einer Schmerzmittel-Infusion an den Krebspatienten – fallen ebenfalls unter den Tatbestand der Norm, denn mittels hoher Dosen kann der Patient häufig sein Sterben beschleunigen. Selbst der Verzicht auf Weiterernährung und das Zur-Verfügung-Stellen eines Bettes in einem „Sterbezimmer", wie es heute in vielen Hospizen als Routinemaßnahme (und damit „geschäftsmäßig") praktiziert wird, lassen sich als „Gewähren einer Gelegenheit zur Selbsttötung" verstehen, denn dass jemand, der mit Suizidabsicht auf Nahrungsmittel verzichtet, sich selbst tötet, dürfte unstrittig sein.[19] Eine Zwangsernährung gegen den Patientenwillen, sei er nun aktuell vorhanden oder in einer Patientenverfügung (→Kap. 4 Rn. 20ff.) festgelegt, wäre jedoch rechtswidrig. §217 StGB scheint damit zu widersprüchlichen Konsequenzen zu führen. **19**

Das wird besonders deutlich, wenn das BVerwG jüngst von der Möglichkeit eines verwaltungsrechtlichen Anspruchs des Bürgers gegen den Staat auf positive Verbescheidung eines Antrags auf Erlaubnis zum Erwerb einer tödlichen Dosis eines Betäubungsmittels zur Selbsttötung ausgeht.[20] Die Tatbestandsmäßigkeit einer solchen Entscheidung durch den Sachbearbeiter des BfArM ist jedenfalls nicht von vornherein ausgeschlossen.[21] **19a**

Eine Lösung könnte darin liegen, bei freiverantwortlichen Suiziden eine Einwilligung des suizidwilligen Patienten zuzulassen. Der Gesetzgeber hat sich zu dieser Frage nicht geäußert. Grundsätzlich ist eine Einwilligung bei allen Rechtsgütern möglich, die der Disposition des Rechtsgutsinhabers unterliegen.[22] Auch in eine **20**

---

[18] *Rosenau* spricht im NJW-Editorial Heft 49/2015 von einer „Strafnorm gegen selbstbestimmtes Sterben"; kritisch statt vieler ferner *Hoven* ZIS 2016, 1; *Roxin* NStZ 2016, 185. S. auch die Eilentscheidung BVerfG NJW 2016, 558.

[19] S. dazu *Hilgendorf* medstra 2018, 257.

[20] BVerwG NVwZ 2017, 1452; dazu bereits → Kap. 4 Rn. 50a.

[21] Schönke/Schröder/*Eser/Sternberg-Lieben* StGB §217 Rn. 17; s. dazu auch BT-Drs. 19/4834: „Rechtssicherheit für schwer und unheilbar Erkrankte in einer extremen Notlage schaffen".

[22] *Frister* StrafR AT Kap. 15 Rn. 4, 25; *Hilgendorf/Valerius* StrafR AT §5 Rn. 116f.

Lebensgefährdung kann man wirksam einwilligen,[23] nach hM jedoch nicht in eine gezielte Beendigung des eigenen Lebens[24] (arg. aus § 216 StGB). § 217 StGB schützt nach der Gesetzesbegründung das Recht auf Leben und die „verfassungsrechtlich geschützte individuelle Garantie autonomer Willensentscheidungen".[25] Da es widersinnig wäre, im Namen des Autonomieschutzes die Patientenautonomie einzuschränken, ist das zweitgenannte Rechtsgut einwilligungsfähig. Das eigene Leben als solches unterliegt dagegen nach gegenwärtiger Rechtslage nicht der Verfügungsmacht des Rechtsgutsinhabers. Zu beachten ist jedoch, dass § 217 StGB als (abstraktes) Gefährdungsdelikt ausgestaltet ist. In Gefährdungen des eigenen Lebens kann der Rechtsgutsinhaber jedoch wirksam einwilligen.[26] Es ließe sich daher vertreten, dass die hospiz- und palliativmedizinischen Maßnahmen zwar den Tatbestand des § 217 StGB erfüllen, bei Vorliegen einer wirksamen Einwilligung des suizidwilligen Patienten jedoch gerechtfertigt und damit straflos sind. Letzteres ist eindeutig Wille des Gesetzgebers.[27] Die rechtliche Situation entspräche damit der bei Heilmaßnahmen, die nach hM ebenfalls tatbestandsmäßig sind (§ 223 StGB), jedoch durch eine Einwilligung des Patienten gerechtfertigt werden können (→ Kap. 2 Rn. 1 ff.). Ob dieser Weg gangbar ist, muss jedoch durch Strafrechtswissenschaft und Rechtsprechung noch geklärt werden. In der Literatur zeichnet sich derzeit eine Tendenz ab, nach der die Straflosigkeit der vorgenannten Verhaltensweisen über die Restriktion des Tatbestands bzw. eine Befürwortung der Anwendbarkeit des § 34 StGB (rechtfertigender Notstand) herbeigeführt werden soll.[28]

21 Das Grundproblem besteht darin, dass sich Maßnahmen der Sterbehilfe, etwa das Zur-Verfügung-Stellen schmerzlindernder, aber potentiell tödlicher Medikamente, die in der (vor allem ambulanten) Palliativmedizin getroffen werden, juristisch nicht trennscharf von den gleichen Maßnahmen, ausgeführt von einem ärztlichen Mitarbeiter einer Sterbehilfeorganisation, unterscheiden lassen. § 217 StGB schafft deshalb wesentlich mehr Probleme, als er zu lösen vermag. Mit Spannung bleibt abzuwarten, ob die Vorschrift die derzeit anhängigen, gegen ihre Verfassungsmäßigkeit gerichteten, Verfahren vor dem BVerfG überstehen wird.[29]

---

[23] *Frister* StrafR AT Kap. 15 Rn. 27; Schönke/Schröder/*Lenckner/Sternberg-Lieben* StGB Vor §§ 32 ff. Rn. 104 f.

[24] *Frister* StrafR AT Kap. 15 Rn. 4.

[25] BT-Drs. 18/5373, 13.

[26] Nachweise in Fn. 23

[27] BT-Drs. 18/5373, 17 und passim.

[28] So etwa Schönke/Schröder/*Eser/Sternberg-Lieben* StGB § 217 Rn. 17, 22; *Kubiciel* ZIS 2016, 396; *Weigend/Hoven* ZIS 2016, 681; skeptisch zu solchen Restriktionsbemühungen NK-StGB/*Saliger* § 217 Rn. 24 ff.

[29] BVerfG 2 BvR 2347/15; 2 BvR 651/16; 2 BvR 1261/16; 2 BvR 1593/16; 2 BvR 2354/16; 2 BvR 2527/16.

6. Kapitel. Der Schwangerschaftsabbruch

I. Einführung

Im Jahr 1974 äußerte sich das Bundesverfassungsgericht (BVerfG) erstmals ausführlich zur Problematik des Schwangerschaftsabbruchs und zu der Frage, ab wann menschliches Leben zu schützen sei. Zuvor hatte der Bundestag mit knapper Mehrheit die von SPD und FDP favorisierte „Fristenregelung“ verabschiedet, wonach der Schwangerschaftsabbruch grundsätzlich bis zur 12. Woche straffrei bleiben sollte. Dies ging über die von der CDU/CSU befürwortete „Indikationsregelung“ hinaus, die einen Schwangerschaftsabbruch in diesem Zeitraum nur unter bestimmten (medizinischen und ethischen) Bedingungen zulassen wollte. Die gesellschaftlich wie politisch kontrovers diskutierte Entscheidung mündete in mehrere Verfassungsklagen, die außer von der CDU ua auch von mehreren Bundesländern eingereicht wurden. 1

Das BVerfG erklärte daraufhin im Februar 1975 die Fristenlösung für verfassungswidrig, da sie gegen das Recht auf Leben und körperliche Unversehrtheit (Art. 2 Abs. 2 S. 1 GG) iVm der Unantastbarkeit der Menschenwürde (Art. 1 Abs. 1 GG) des Embryos verstoße.[1] Das sich im Mutterleib entwickelnde Leben stehe unter dem Schutz der Verfassung und habe Vorrang vor dem Selbstbestimmungsrecht der Schwangeren. Die in dieser Entscheidung formulierte Definition des grundgesetzlichen Lebens- und Würdeschutzes wird bis heute oft zitiert: 2

„Wo menschliches Leben existiert, kommt ihm Menschenwürde zu; es ist nicht entscheidend, ob der Träger sich dieser Würde bewusst ist oder sie selbst zu wahren weiß. Die von Anfang an im menschlichen Sein angelegten potentiellen Fähigkeiten genügen, um die Menschenwürde zu begründen“.[2] 3

Als Kompromiss verabschiedete der Bundestag 1976 eine modifizierte Indikationsregelung, nach der eine Abtreibung grundsätzlich strafbar ist, wenn nicht einer der vier folgenden Fälle vorliegt: eine medizinische Indikation (das Leben oder die Gesundheit der Schwangeren ist gefährdet), eine kriminologische Indikation (die Schwangerschaft beruht auf einer Vergewaltigung), eine embryopathische Indikation (schwere Schädigung des Embryos) oder eine sog. Notlagenindikation (soziale Notlage der Schwangeren). 4

Damit war es den Schwangeren nur in den vier letztgenannten Fällen möglich, eine Abtreibung zu erwirken.[3] Dies änderte sich erst Anfang der 1990er Jahre, als eine einheitliche Regelung für das vereinte Deutschland gefunden werden musste. In der DDR hatte bereits eine Fristenregelung gegolten, nach der die Schwangere in den ersten drei Monaten ohne Beratungspflicht frei über die Fortsetzung der Schwangerschaft entscheiden konnte. 5

Im Jahr 1995 verabschiedete der Bundestag, unter Berücksichtigung einer weiteren Entscheidung des BVerfG[4], eine modifizierte Fristenlösung mit Beratungspflicht. Nach diesem gesetzlichen Kompromiss zwischen dem Selbstbestimmungsrecht der Schwangeren und dem Schutz ungeborenen menschlichen Lebens ist der 6

---

[1] BVerfGE 39, 1 ff.

[2] BVerfGE 39, 1 (41).

[3] In der Praxis wurde allerdings die soziale Notlagenindikation so weit ausgedehnt, dass sie sich einer Fristenregelung annäherte.

[4] BVerfGE 88, 203 = NJW 1993, 1751.

Schwangerschaftsabbruch straflos, wenn zuvor ein Beratungsgespräch stattfand und seit der Empfängnis nicht mehr als 12 Wochen vergangen sind. Mit der Einführung der Beratungspflicht änderte sich somit das Schutzkonzept für das ungeborene Leben. Der Schwerpunkt bei Schwangerschaftskonflikten wurde auf die Beratung der Schwangeren gelegt, um sie für das Austragen des Kindes zu gewinnen, ohne ihr jeden Entscheidungsspielraum zu nehmen.

II. Der gestufte Schutz ungeborenen Lebens

1. Rechtliche Lage vor der Nidation

7 Je nach dem Stadium, in welchem sich das ungeborene menschliche Leben befindet, gewährt das Strafrecht einen abgestuften Schutz.

8 Bis zur Verschmelzung der Ei- und Samenzelle sind Ei und Spermium nicht durch spezielle Normen geschützt. Werden Ei- bzw. Samenzelle im Körper einer Person geschädigt, kommt lediglich eine Körperverletzung nach §§ 223 ff. StGB in Betracht. Außerhalb des Körpers kann die Beschädigung oder Zerstörung als eine Sachbeschädigung nach § 303 StGB geahndet werden.

9 Nach der Befruchtung der Eizelle richtet sich der Schutz danach, ob die Eizelle sich in den primären inneren Geschlechtsorganen, dem Eileiter oder der Gebärmutter, befindet oder nicht. Die im Mutterleib befindliche befruchtete Eizelle wird nicht besonders geschützt, während die in-vitro befruchtete Eizelle dem Embryonenschutzgesetz (ESchG) unterfällt und bereits in diesem Stadium erheblichen strafrechtlichen Schutz genießt.

10 Nach der Definition des ESchG handelt es sich bei einem Embryo um eine „befruchtete, entwicklungsfähige menschliche Eizelle“ und ferner um „jede dem Embryo entnommene totipotente[5] Zelle“.[6] In der Medizin wird dagegen meist erst die in dem Uterus eingenistete Blastozyste als Embryo bezeichnet.

2. Rechtliche Lage nach der Nidation

a) Die gesetzliche Regelung des Schwangerschaftsabbruchs, §§ 218 ff. StGB

11 Die befruchtete Eizelle wird ab ihrer Nidation im Uterus durch die strafrechtlichen Regelungen der §§ 218 ff. StGB geschützt. Nach § 218 Abs. 1 S. 1 StGB stellt der Schwangerschaftsabbruch erst ab der Nidation eine strafbare Handlung dar. Demzufolge fallen darunter (nach § 218 Abs. 1 S. 2 StGB) keine Maßnahmen, die die Einnistung der Eizelle in die Gebärmutter verhindern, wie zB die „Pille danach“ oder die Spirale.

12 Das Schutzobjekt der §§ 218 ff. StGB ist die in der Gebärmutter eingenistete befruchtete Eizelle. Abgestorbene Föten, hirntote Anenzephali[7] oder befruchtete Eizellen, die sich außerhalb des Uterus eingenistet haben (auch extrauterine Bauchhöhlen- bzw. Eileiterschwangerschaft genannt), fallen nicht in den Schutzbereich.

13 Jede Handlung, die zum Tod eines zum Handlungszeitpunkt im Mutterleib befindlichen, lebenden Embryos führt, ist taugliche Tathandlung iSd § 218 StGB. Unerheblich ist, ob bei der Abbruchshandlung ein unmittelbarer Eingriff (zB durch

---

[5] Aus totipotenten Zellen können noch vollständige Lebewesen heranreifen. Sie liegen nach der Teilung der befruchteten Eizelle bis zum 8-Zell-Stadium vor. Danach bildet sich die Blastozyste aus. Die sich in ihr befindlichen Zellen sind nur noch pluripotent, aus ihnen kann kein ganzer Organismus mehr erzeugt werden.

[6] § 8 Embryonenschutzgesetz (ESchG).

[7] Bei einem Anencephalus fehlen erhebliche Teile der Schädeldecke und des Großhirns. Die Lebenserwartung beträgt ohne starke technische Unterstützung nur wenige Tage.

Absaugen oder eine sog. Curettage) oder ein mittelbarer Eingriff (zB durch die Anwendung von chemischen Mitteln wie Prostaglandinen) den Tod des Embryos herbeiführt. Ein Schwangerschaftsabbruch liegt auch dann vor, wenn die Leibesfrucht zunächst lebend geboren wird und danach aufgrund der durch den Eingriff im Mutterleib bedingten Lebensunfähigkeit oder Schädigung stirbt.[8] Überlebt die Schwangere den Schwangerschaftsabbruch nicht, kann dennoch der Tatbestand des § 218 StGB erfüllt sein.[9] Dies ist auch der Fall, wenn ein der Schwangeren geltender Angriff den Tod des Ungeborenen verursacht.

14 Ein Schwangerschaftsabbruch liegt grundsätzlich auch dann vor, wenn ein Fötus durch Behandlungsabbruch einer hirntoten Schwangeren abgetötet wird. Die Tatsache, dass sich der Fötus in dem Körper einer hirntoten Frau befindet, mindert nicht den verfassungsrechtlichen Schutz, den er bereits ab der Nidation als menschliches Leben genießt.[10]

15 Die Diskussion um derartige Fälle entzündete sich 1992 am sog. „Erlanger Schwangerschaftsfall." Damals erlitt eine in der 15. Woche schwangere junge Frau durch einen Verkehrsunfall schwere Verletzungen, die kurze Zeit darauf zu ihrem Hirntod führten. Das Leben des ungeborenen Kindes konnte durch Aufrechterhaltung der dafür notwendigen körperlichen Funktionen der Frau erhalten werden, doch wurde das Vorgehen der Ärzte Gegenstand einer heftigen öffentlichen Diskussion, in der ihnen vorgeworfen wurde, der Mutter ein würdevolles Sterben zu versagen und den Sterbeprozess künstlich hinaus zu zögern. Das Amtsgericht Hersbruck bestätigte das Vorgehen der Ärzte, da das „selbständige Lebensrecht des ungeborenen Kindes" Vorrang vor dem „postmortalen Persönlichkeitsschutz der Frau" habe.[11] Trotz der Bemühungen der Ärzte verstarb das Ungeborene dann aber noch während des 5. Monats im Mutterleib.

16 Welche Maßnahmen der Arzt als Garant zur Rettung des Embryos ergreifen muss bzw. darf, hängt, solange die Schwangere lebt, von ihrem wirklichen oder mutmaßlichen Willen ab. Bei Vorliegen einer Einwilligung der Schwangeren muss der Arzt im Falle einer drohenden Fehlgeburt oder sonstiger Schwangerschaftskomplikationen alles tun, um das Absterben des Embryos zB durch das Einleiten der Wehen zu verhindern.

17 Es besteht weder ein Recht noch eine Pflicht des Arztes, Zwangsmaßnahmen gegenüber der Schwangeren zu ergreifen; ihre Entscheidung muss akzeptiert werden, auch wenn sie durch die verweigerten Diagnose- bzw. Therapiemaßnahmen ihren eigenen Tod bei der Geburt in Kauf nimmt oder das ungeborene Kind wegen fehlender Gegenmaßnahmen bei der Geburt stirbt. Hat die Schwangere jedoch zur Einleitung der Geburt ihre Einwilligung gegeben, muss der Arzt, ungeachtet des Willens der Frau während des Geburtsvorgangs, seine Maßnahmen fortsetzen, wenn sie nicht ohne Gefahr für die werdende Mutter oder das Ungeborene abgebrochen werden können.

18 Hinsichtlich des Strafmaßes ist die Schwangere deutlich gegenüber anderen privilegiert. Das Strafmaß für einen Schwangerschaftsabbruch nach § 218 StGB beläuft sich auf eine Freiheitsstrafe von bis zu drei Jahren oder eine Geldstrafe. Begeht die Schwangere selbst die Tat, liegt das Höchstmaß der Freiheitsstrafe bei einem Jahr.[12] Wird der Abbruch aber nach einer Beratung durch einen Arzt in einem Zeitrahmen

---

[8] *Lackner/Kühl* StGB § 218 Rn. 4.
[9] BGHSt 1, 278 (280).
[10] *Beckmann* MedR 1993, 121 (123); *Hilgendorf* JuS 1993, 97.
[11] AG Hersbruck FamRZ 1992, 1471.
[12] Vgl. § 218 Abs. 3 StGB.

von 22 Wochen nach der Empfängnis vorgenommen, so macht sich die Schwangere nach § 218a Abs. 4 StGB nicht strafbar. Das Gericht kann außerdem nach § 218a Abs. 4 StGB von einer Strafe absehen, wenn die Schwangere sich zur Zeit des Eingriffs in besonderer Bedrängnis befunden hat.

19 Die Schwangere wird ebenfalls nicht wegen Versuchs bestraft. Dritte können sich jedoch wegen versuchten Schwangerschaftsabbruchs strafbar machen.[13] Ein Versuch liegt zB dann vor, wenn das Kind trotz der auf eine Abtreibung gerichteten Manipulation lebensfähig zur Welt kommt.

b) Straflosigkeit des Schwangerschaftsabbruchs, § 218a Abs. 1 StGB

20 Nach dem Fristenregelungsprinzip ist ein Schwangerschaftsabbruch nach § 218a Abs. 1 StGB für den Arzt straflos, wenn folgende Voraussetzungen erfüllt sind:

- die Schwangere hat den Schwangerschaftsabbruch verlangt und dem Arzt durch eine Bescheinigung nachgewiesen, dass sie sich mindestens drei Tage vor dem Eingriff hat beraten lassen,
- der Schwangerschaftsabbruch wird von einem Arzt vorgenommen und
- seit der Empfängnis sind nicht mehr als zwölf Wochen vergangen.

21 Das in § 218a Abs. 1 StGB geforderte Verlangen der Schwangeren stellt mehr als nur eine Einwilligung dar. Es ist eine ausdrückliche, an den Arzt gerichtete Aufforderung notwendig, um die Einwilligung zum Eingriff als ein „Verlangen" der Schwangeren bezeichnen zu können.[14] Bei Minderjährigen hängt die Einwilligungsfähigkeit von ihrer geistigen und sittlichen Reife ab, die Bedeutung und Tragweite des Schwangerschaftsabbruchs zu erfassen. Bei vorhandener Einsichts- und Urteilsfähigkeit einer Minderjährigen kommt es somit nicht auf die Zustimmung oder Ablehnung der Erziehungsberechtigten an.[15] Bei unter 16-Jährigen wird diese Einsichtsfähigkeit meist verneint, bei über 16-Jährigen idR jedoch bejaht.

22 Bis zur zweiten Entscheidung des BVerfG[16] zur Abtreibungsproblematik wurde ein Abbruch unter den oben genannten Umständen noch als „nicht rechtswidrig" bezeichnet. Dies hat das BVerfG im Jahr 1993 als verfassungswidrig erklärt. Das StGB wurde daraufhin so geändert, dass der Schwangerschaftsabbruch nicht mehr als „nicht rechtswidrig" bezeichnet wird, sondern es lediglich heißt, der Tatbestand (des Schwangerschaftsabbruchs) sei nicht verwirklicht. Was auf den ersten Blick wie eine juristisch spitzfindige Bagatelle erscheint, soll verdeutlichen, dass eine Abtreibung unter diesen Umständen nicht in gleicher Weise gerechtfertigt sein sollte, wie eine Abtreibung aufgrund einer medizinisch-sozialen oder kriminologischen Indikation.

23 Die Entscheidung des Bundesverfassungsgerichts ist allerdings in mehrfacher Hinsicht kritikwürdig. Fraglich erscheint schon, wieso ein Handeln, welches den Embryo abtötet, also direkt auf das Schutzgut zugreift, nicht tatbestandsmäßig sein soll. Zum anderen ist nicht nachvollziehbar, wie ein Verhalten, welches nicht tatbestandsmäßig ist, dennoch strafrechtliches Unrecht darstellen kann, also rechtswidrig ist. Hierin liegt ein Bruch mit den strafrechtsdogmatischen Argumentations- und Rationalitätsstandards, der auch mit Blick auf das Rechtsstaatsprinzip erhebliche Bedenken erregen muss.[17]

---

[13] Vgl. § 218 Abs. 4 StGB.
[14] NK-StGB/*Merkel* § 218a Rn. 69 ff.; Schönke/Schröder/*Eser* StGB § 218a Rn. 9.
[15] LG München NJW 1980, 646.
[16] BVerfGE 88, 203 = NJW 1993, 1751.
[17] NK-StGB/*Merkel* Vor §§ 218 ff. Rn. 13 ff.

c) Medizinisch-soziale und kriminologische Indikation, § 218a Abs. 2, 3 StGB

Ein Schwangerschaftsabbruch ist nach § 218a Abs. 2, 3 StGB nicht rechtswidrig, wenn entweder eine medizinisch-soziale oder eine kriminologische Indikation vorliegt. Die frühere „embryopathische“ und „soziale Notlagen“- Indikation ist heute nicht mehr eigens aufgeführt, wird aber durch die „medizinisch-soziale“ Indikation abgedeckt. 24

Eine rechtfertigende kriminologische Indikation nach § 218a Abs. 3 StGB liegt vor, wenn nach ärztlicher Erkenntnis die Schwangerschaft durch eine Vergewaltigung oder sexuelle Nötigung entstand oder zumindest dringende Gründe für diese Annahme sprechen. Ein Schwangerschaftsabbruch aufgrund einer kriminologischen Indikation muss in den ersten 12 Wochen nach der Empfängnis auf Verlangen der Schwangeren vorgenommen werden. Eine Verfolgung des Sexualdelikts durch die Staatsanwaltschaft ist dabei keine zwingende Voraussetzung; die Entscheidung bleibt vielmehr der Schwangeren und dem Arzt überlassen. Wurde früher noch vor der Gefahr des Missbrauchs gewarnt, ist die Bedeutung der kriminologischen Indikation heute verschwindend gering. Laut dem statistischen Bundesamt[18] wurden im Jahr 2017 nur 20 von 101.209 Schwangerschaftsabbrüchen aufgrund einer kriminologischen Indikation registriert. 25

Eine medizinisch-soziale Indikation liegt vor, wenn der Abbruch der Schwangerschaft unter Berücksichtigung der gegenwärtigen und zukünftigen Lebensverhältnisse der Schwangeren nach ärztlicher Erkenntnis notwendig ist, um eine Gefahr für das Leben oder die Gefahr einer schwerwiegenden Beeinträchtigung des körperlichen oder seelischen Gesundheitszustandes der Schwangeren abzuwenden. Die Gefahr darf nicht auf eine andere für sie zumutbare Weise abgewendet werden können und der Abbruch muss auf Verlangen der Schwangeren von einem Arzt vorgenommen werden. 26

Eine medizinische Indikation kann zB bei einer Lebens- und Gesundheitsgefahr der Schwangeren vorliegen, wie im Falle eines Gebärmutterkrebses oder einer durch die Schwangerschaft hervorgerufenen Suizidgefahr. Zu beachten ist, dass die medizinische Indikation an keine Frist gebunden ist. Zwar scheiden wegen des Erfordernisses der „schwerwiegenden“ Beeinträchtigung alle Belastungen aus, die normalerweise ohnehin mit einer Schwangerschaft verbunden sind. Aber schon mit Blick auf die konkrete wirtschaftliche, familiäre und soziale Lage einer psychisch labilen Schwangeren kann uU ein Schwangerschaftsabbruch begründet werden, da die Gefahr einer physischen oder psychischen Überforderung bestehen könnte. 27

Die gesetzliche Regelung ist besonders unter dem Gesichtspunkt problematisch, dass Föten, bedingt durch den Fortschritt der medizinischen Versorgung, bereits ab der 22.–24. Woche extrauterin überlebensfähig sind.[19] Die Frage, ob das Gebären eines unerwünschten, voraussichtlich schwer behinderten Kindes der Schwangeren zumutbar ist, um das Kind sodann zur Adoption freizugeben oder in einem Heim unterzubringen, ist umstritten. Um die Schwangere nicht einer noch höheren psychischen Belastung auszusetzen, wird der Embryo oder Fötus bei einem Schwangerschaftsabbruch idR auch noch im überlebensfähigen Alter im Mutterleib abgetötet. Derartige Spätabtreibungen sind jedoch ethisch wie rechtlich ein großes Problem. 28

---

[18] *Statistisches Bundesamt*, Schwangerschaftsabbrüche nach rechtlicher Begründung, Dauer der Schwangerschaft und vorangegangenen Lebendgeborenen, Stand 2017, abrufbar unter: https://www.destatis.de/DE/ZahlenFakten/GesellschaftStaat/Gesundheit/Schwangerschaftsabbrueche/Tabellen/RechtlicheBegruendung.html (Stand: 31.1.2019).

[19] Stellungnahme der Bundesärztekammer in MedR 1999, 31 (32).

d) Ärztliche Sonderdelikte, §§ 218b, 218c StGB

29 Bei den §§ 218b, 218c StGB handelt es sich um echte Sonderdelikte, die inhaltliche sowie prozedurale Mängel bei der Durchführung eines Schwangerschaftsabbruchs erfassen. Der Schutzzweck von § 218b Abs. 1 S. 1 StGB liegt in der Einhaltung bloßer Verfahrensvorschriften. § 218b Abs. 2 S. 2 StGB weist eine Ähnlichkeit zu § 278 StGB auf und bestraft den Arzt, der eine bewusst unrichtige Feststellung trifft (erfasst ist im Hinblick auf das von §§ 218 ff. StGB geschützte Rechtsgut nur die fälschliche Bejahung einer Indikationslage).[20]

e) Werbung für den Abbruch der Schwangerschaft, § 219a StGB

29a Der Schwerpunkt der gesellschaftlichen Debatte über die Angemessenheit des geltenden Abtreibungsrechts hat sich jüngst auf den Straftatbestand der „Werbung für den Abbruch der Schwangerschaft" nach § 219a StGB verlagert. Auslöser war eine durch das LG Gießen im Berufungsverfahren bestätigte Verurteilung einer Ärztin, die auf ihrer Homepage allgemeine Informationen zum Thema Schwangerschaftsabbruch sowie dessen Durchführung in ihrer Praxis und den dazu denkbaren Methoden bereitstellte (Fall Hänel).[21] Der Fall zeigt anschaulich, warum die Vorschrift trotz ihrer geringen praktischen Bedeutung gesellschaftspolitisch höchst umstritten ist.[22]

29b Nach § 219a Abs. 1 StGB wird bestraft, wer

- öffentlich, in einer Versammlung oder durch Verbreiten von Schriften
- seines Vermögensvorteils wegen oder in grob anstößiger Weise
- erstens: eigene oder fremde Dienste zur Vornahme oder Förderung eines Schwangerschaftsabbruchs oder
- zweitens: Mittel, Gegenstände oder Verfahren, die zum Abbruch der Schwangerschaft geeignet sind, unter Hinweis auf diese Eignung
- anbietet, ankündigt, anpreist oder Erklärungen solchen Inhalts bekanntgibt.

29c Die Vorschrift verbietet nicht nur „Werbung" für iSd § 218 f. StGB strafbare, sondern auch tatbestandslose und rechtmäßige Schwangerschaftsabbrüche. Das ist einerseits schlüssig, dienen die §§ 218 ff. StGB der rechtspolitischen Zielsetzung des Gesetzgebers zufolge doch insbesondere dem Schutz des ungeborenen Lebens.[23] Dass dadurch eine Vorbereitungshandlung eines rechtmäßigen Verhaltens unter Strafe gestellt wird, offenbart andererseits schon im Ausgangspunkt die ethische wie rechtsdogmatische Konfliktträchtigkeit einer solch umfassenden Pönalisierung.[24]

29d Stein des Anstoßes in der aktuellen Diskussion ist dabei vor allem, dass – anders als es der Begriff der „Werbung" suggeriert – nicht nur anpreisendes Verhalten strafbar ist, sondern als „Anbieten" auch die sachliche, aufklärende Information durch einen Arzt, wenn damit auch das Angebot der Durchführung der Maßnahme verbunden ist. Denn die Information erfolgt etwa bei Bereitstellung im Internet „öffentlich" und in Erwartung des für die etwaigen Behandlungen anfallenden regulären ärztlichen Honorars, also auch „des Vermögensvorteils wegen".[25]

---

[20] NK-MedR/*Gaidzig* StGB §§ 218–219b Rn. 15 ff.

[21] AG Gießen NStZ 2018, 416; LG Gießen Urt. v. 12.10.2018 – 3 Ns 406 Js 15031/15 (nicht rechtskräftig).

[22] Verurteilungen nach § 219a StGB in den Jahren 2002–2017: 4, s. dazu BT-Drs. 19/6934.

[23] AWHH/*Hilgendorf* § 5 Rn. 40.

[24] AWHH/*Hilgendorf* § 5 Rn. 40.

[25] *Fischer* StGB § 219a Rn. 6 f.

Angesichts dessen überrascht es nicht, dass § 219a StGB in Wissenschaft und Politik kontrovers diskutiert wurde.[26] DIE LINKE, B90/GRÜNE und die SPD forderten zunächst eine ersatzlose Streichung der Vorschrift, die FDP eine Einschränkung des Verbots auf „grob anstößiges Werben".[27] Am 6.2.2019 hat das Bundeskabinett dann den Entwurf eines Gesetzes zur Verbesserung der Information über einen Schwangerschaftsabbruch gebilligt. Die Reform des § 219a StGB ist am 29.3.2019 in Kraft getreten. Die Vorschrift sieht in einem neuen Absatz 4 nun einen weiteren Ausnahmetatbestand vor.[28] Straflos ist es künftig, wenn „Ärzte, Krankenhäuser oder Einrichtungen **29e**

- auf die Tatsache hinweisen, dass sie nach § 218a StGB straflose Schwangerschaftsabbrüche vornehmen, oder
- auf Informationen einer insoweit zuständigen Bundes- oder Landesbehörde, einer Beratungsstelle nach dem Schwangerschaftskonfliktgesetz oder einer Ärztekammer über einen Schwangerschaftsabbruch hinweisen."

Die Reform zeigt musterhaft, dass moderne Strafgesetzgebung zuvörderst (Rechts-)Politik und damit auf Kompromissbereitschaft der beteiligten Akteure angewiesen ist. Dass Ärzte künftig auch öffentlich, zB im Internet, darauf hinweisen dürfen, dass sie Schwangerschaftsabbrüche iSd § 218a StGB vornehmen, ist ein in der Wissenschaft überwiegend begrüßter Entkriminalisierungsschritt. Konkrete Informationen über Behandlungsmethoden dürfen Ärzte selbst aber weiterhin nicht erteilen, sondern müssen insoweit weiterverweisen, etwa auf die Bundeszentrale für gesundheitliche Aufklärung. Konsequenter wäre es gewesen, das Verbot des „Anbietens" und „Ankündigens" (einschließlich der Bekanntgabe entsprechender Erklärungen) auf tatbestandsmäßige und rechtswidrige Abbrüche zu beschränken und das „Anpreisen" strafloser Schwangerschaftsabbrüche zu einer bußgeldbewehrten Ordnungswidrigkeit herabzustufen.[29] **29f**

3. Zeitpunkt der Geburt

Mit dem Beginn der Geburt handelt es sich nach der strafrechtlichen Definition[30] nicht mehr um ungeborenes menschliches Leben, sondern um einen *Menschen*. Den Beginn der Geburt sieht der BGH[31] im Einsetzen der Eröffnungswehen. Offen gelassen hat das Gericht jedoch, „wie die Frage des Beginns der Geburt zu beurteilen ist, wenn andere Vorgänge als Wehen den Auftakt der Geburt bilden."[32] Bei operativen Entbindungen wird in der Literatur zum einen die Meinung vertreten, der Zeitpunkt der Öffnung der Bauchdecke sei maßgeblich. Zum anderen wird angenommen, dass die Einleitung der Narkose den Beginn der Geburt bestimme. Wird bei einer Geburtshilfe nach Einsetzen der Eröffnungswehen das Kind getötet, so liegt kein Schwangerschaftsabbruch, sondern ein Tötungsdelikt (§ 212, § 211 StGB) vor. **30**

---

[26] Aus der Literatur vgl. nur *Duttge* medstra 2018, 129; *Kubiciel* ZRP 2018, 13; *Satzger* ZfL 2018, 18; *Walter* ZfL 2018, 26; *Weigend* ZfL 2018, 120.

[27] BT-Drs. 19/93; 19/630; 19/1046; 19/820.

[28] BGBl. 2019 I 350.

[29] So die Empfehlung des „Kriminalpolitischen Kreises", eines Zusammenschlusses von Strafrechtsprofessoren; abrufbar unter https://kripoz.de/wp-content/uploads/2017/12/stellungnahme-219a-stgb-krimk.pdf.

[30] BGHSt 32, 194.

[31] BGHSt 31, 348 (353).

[32] BGHSt 32, 194 (197).

31 Die Grenzziehung hat nicht nur in dieser Frage erhebliche Relevanz, sondern spielt auch bei der strafrechtlichen Bewertung von fahrlässigem Handeln eine entscheidende Rolle. Die gesetzlichen Regelungen zum Schwangerschaftsabbruch stellen grundsätzlich nur *vorsätzliches* Handeln unter Strafe. Dies hat praktisch erhebliche Folgen: Eine fahrlässige *pränatale* Einwirkung, die eine schwere gesundheitliche Schädigung oder den Tod des Embryos hervorruft, ist nicht strafbar. Dagegen sind fahrlässige ärztliche Versäumnisse oder anderweitige Handlungen, die auf die Gesundheit oder das Leben eines geborenen Kindes negativ einwirken, unter Strafe gestellt, § 229 StGB bzw. § 222 StGB.

32 Die Grenze zwischen *dolus eventualis* als der schwächsten Form des Vorsatzes und dem Vorliegen von Fahrlässigkeit wird wie folgt gezogen: Wenn dem Täter die Möglichkeit bewusst ist, dass durch sein Handeln ein Straftatbestand verwirklicht werden kann und er dies billigend in Kauf nimmt, liegt Vorsatz vor. Vertraut er jedoch ernsthaft darauf, dass die Rechtsgutverletzung nicht eintritt, handelt es sich nicht mehr um eine Form des Vorsatzes, sondern lediglich um bewusste Fahrlässigkeit.[33]

33 **Übersicht 14: Schutz ungeborenen Lebens**

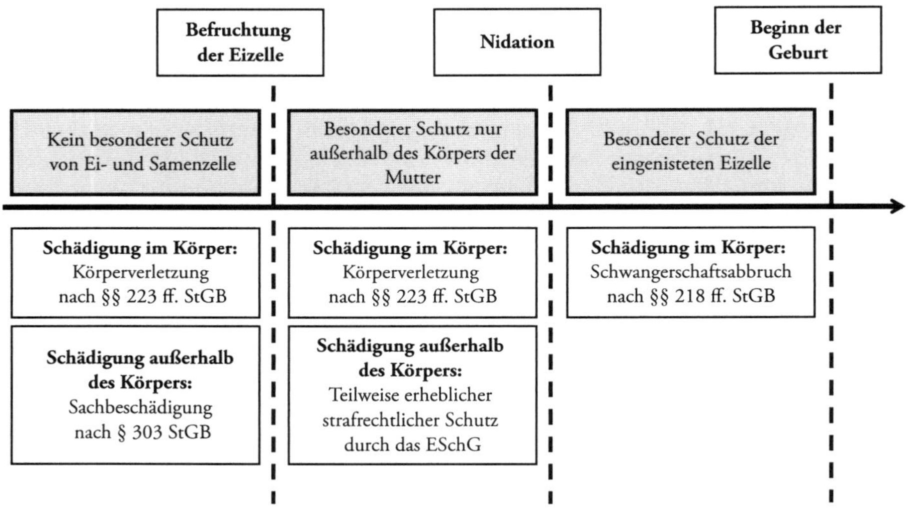

III. Zusammenfassung: System des gestuften Lebensschutzes

34 Im deutschen Strafrecht wird das sich entwickelnde menschliche Leben nach dem Entwicklungszustand des Embryonen abgestuft geschützt. Die dogmatische Konzeption des vorgeburtlichen Lebensschutzes wird verständlicher, wenn man nicht von einem „subjektiven Recht" des Ungeborenen ausgeht, sondern von einem abgestuften Wertesystem.[34] Subjektive Rechte sind nicht graduierbar, Werte hingegen schon. Der abgestufte Lebensschutz ab Nidation ist Ausdruck davon, dass nach vorherrschender Ansicht der Wert des sich entwickelnden Lebens mit seinem Entwicklungsgrad ansteigt.

[33] *Hilgendorf/Valerius* StrafR AT § 4 Rn. 85 ff.
[34] *Hilgendorf* in Gethmann-Siefert/Huster Präimplantationsdiagnostik 122.

7. Kapitel. Embryonenschutz und Stammzellforschung

I. Einführung

Einer der derzeit umstrittensten Bereiche im Medizinstrafrecht ist der strafrechtliche Schutz von Embryonen in vitro (dh außerhalb des Körpers der Mutter) und die Forschung an embryonalen Stammzellen. Die Medizin hat in diesem Bereich seit den ersten künstlichen Befruchtungen in den 1970er Jahren[1] enorme Fortschritte gemacht und den Zugriff auf bis dahin unzugängliche Forschungsobjekte ermöglicht, nämlich auf künstlich befruchtete Embryonen, die nicht mehr eingepflanzt werden sollen und damit „überzählig“ sind.[2] 1

Embryonen sind für die Grundlagenforschung von großem Interesse, da an ihnen die Frühentwicklung menschlicher Zellen, die Ursachen von Krankheiten, die Reaktion menschlicher Zellen auf bestimmte Medikamente etc. erforscht werden können.[3] Zudem werden Embryonen zur Erzeugung embryonaler Stammzellen verwendet.[4] Derzeit werden Stammzellen noch primär zur Forschung genutzt, es ist jedoch wahrscheinlich, dass sie künftig auch therapeutischen Einsatz finden können, insbesondere als Gewebeersatz.[5] 2

Dabei stellt sich eine Reihe rechtlicher und moralischer Probleme, deren Lösung sehr umstritten ist – nicht zuletzt, weil Fragen von Beginn, Ende und Wert menschlichen Lebens die Grundlagen des menschlichen Daseins berühren. Je nach religiösem oder weltanschaulichem Hintergrund fallen die Antworten oft ganz unterschiedlich aus.[6] Weiterhin stellen sich Probleme im Zusammenhang mit der Versorgung mit frischen Eizellen, der Finanzierung der Forschung und den Gefahren verfrühter therapeutischer Anwendung. 3

Erforscht wird auch die Klonierung von Zellen. Dieses Verfahren könnte zukünftig unter anderem dazu dienen, die genetische Verschiedenheit von Spender und Patient zu überwinden und Ersatzgewebe direkt aus patienteneigenen Zellen herzustellen. Bei dem Verfahren wird aus einer Zelle des Patienten der Kern entnommen und in eine vorher entkernte Eizelle transferiert (Zellkerntransfer). Da hierbei eine totipotente Zelle entsteht, die zumindest theoretisch zu einem Menschen heranwachsen könnte, stellen sich dieselben moralischen Fragen wie bei der Forschung an Embryonen. Außerdem wird die Herstellung einer genetischen „Kopie“ des Patienten als problematisch angesehen. Es wird befürchtet, dass dieses Verfahren den Einstieg in das reproduzierende Klonen bedeuten könnte, also die „Herstellung“ von Menschen auf klonalem Wege. 4

---

[1] Zum Beginn der rechtlichen Debatte vgl. *Ostendorf* JZ 1984, 595 ff.

[2] Diese überzähligen Embryonen entstehen, wenn mehr Embryonen erzeugt werden, als letztlich verwendet werden können, unter anderem um der Frau die belastende Prozedur der Entnahme von Eizellen nicht zu oft zumuten zu müssen.

[3] *Kues* in Dabrock/Ried Therapeutisches Klonen als Herausforderung 57.

[4] *Badura-Lotter* Forschung an embryonalen Stammzellen 17; *Wiestler/Brüstle* in *Oduncu/Schroth/Vossenkuhl* Stammzellenforschung und therapeutisches Klonen 71.

[5] Schlussbericht der Enquete-Kommission „Recht und Ethik der modernen Medizin“, BT-Drs. 14/9020, 251.

[6] *Beck* Stammzellforschung 103 ff.

II. Überblick über die ethische Diskussion

5 Zum Verständnis der gesetzlichen Regelungen im Bereich des Embryonen- und Stammzellschutzes ist ein zumindest grundsätzlicher Überblick über die moralische Debatte erforderlich.

1. Statusfragen

6 Fragen, die sich sowohl auf moralischer als auch auf rechtlicher Ebene[7] stellen, sind etwa: Welchen Status hat der Embryo? Welche Zellen haben diesen Status bzw. was sind Embryonen? Wie wird dieser Status begründet? Was folgt daraus für Schutzpflichten und die Möglichkeit der Nutzung des Embryos zu bestimmten Zwecken?

7 Teilweise wird vertreten, dass der Embryo ab Befruchtung einem geborenen Menschen gleichsteht, ihm also dieselben Rechte zukommen.[8] Begründet wird dieser Status meist mit der sog. SKIP-Argumentation, dh mit der **S**pezieszugehörigkeit, der **K**ontinuität der Entwicklung, der **I**dentität des Embryos mit dem geborenen Menschen und der **P**otentialität der Zelle. Inwieweit geklonte Zellen ebenfalls unter den Schutz von Menschenwürde und Lebensrecht fallen, ist auch für Vertreter dieser Ansicht nicht eindeutig. In der Regel wird jedoch von einem vollen Schutz ausgegangen, was letztlich nur mit dem Potential der Zellen, sich zu einem geborenen Menschen entwickeln zu können, begründet werden kann. Diese Ansicht wird insbesondere von der katholischen Kirche vertreten. Daraus folgt, dass Herstellung und Vernichtung von Embryonen und geklonten Zellen zu Forschungszwecken deren Menschenwürde und Lebensrecht verletzen.

8 Die Gegenansicht geht von Rechtsinhaberschaft und Schutzwürdigkeit erst mit Geburt aus:[9] Erst der geborene Mensch soll Menschenwürde und ein Recht auf Leben besitzen. Dazwischen gibt es zahlreiche Ansichten, die den Beginn der Schutzwürdigkeit an einem Zeitpunkt zwischen Befruchtung und Geburt ansetzen, zB der Nidation (Einnistung des Embryos in der Gebärmutter), der Entwicklung von Nervenzellen oder von Selbstbewusstsein.[10] Vertreter solcher Positionen sehen Menschenwürde und Lebensrecht nicht als naturgegeben, sondern als von der Gesellschaft zuerkannt an, und beziehen sich auf bestimmte Eigenschaften, die den Beginn dieser Zuerkennung zu dem jeweiligen Zeitpunkt plausibel erscheinen lassen.

9 Zwischen diesen Ansichten stehen die Vertreter der „Stufentheorie", nach denen der Embryo nicht schutzlos ist, die Reichweite des Schutzes jedoch graduell mit seiner Entwicklung wächst und erst ab Geburt den vollen Umfang erreicht.[11] Auch diese Meinungen stützen sich teilweise auf den Gesichtspunkt der Potentialität, aufgrund dessen ein gewisser, wenn auch nicht dem geborener Menschen entsprechender Schutz bestehen sollte, der dann mit der Entwicklung des Embryos hin zu einem geborenen Menschen anwächst.

10 Nach den letzten beiden Ansichten ist die Forschung an Embryonen und Klonen – zumindest unter bestimmten Bedingungen – zulässig. Zwar fordern auch sie Einschränkungen, etwa gegen sinnlose und unverhältnismäßige Embryonenherstellung oder einen solchen Embryonenverbrauch, insgesamt stehen sie jedoch der verbrauchenden Embryonenforschung positiv gegenüber. Derartige Positionen

---

[7] → Kap. 7 Rn. 21 ff.
[8] *Honnefelder* in Damschen/Schönecker Moralischer Status menschlicher Embryonen 71 ff.
[9] *Singer* Praktische Ethik 229.
[10] Überblick bei *Clausen* in Maio/Just Forschung an embryonalen Stammzellen 203.
[11] → Kap. 6 Rn. 34.

finden sich vor allem im angelsächsischen Kulturkreis, sowie in buddhistisch und jüdisch geprägten Kulturen.

Es gibt rationale, mehr oder weniger plausible Argumente für und gegen jeden dieser Standpunkte. Letztlich basiert die Entscheidung über den Status des Embryos idR auf dem religiösen oder kulturellen Hintergrund des Diskussionsteilnehmers. Über derartige Fragen lässt sich nur schwer rational diskutieren, was zT die Emotionalität erklären mag, mit der die Debatte geführt wird. Es bleibt zu vermuten, dass auch künftig eine Einigung nicht erfolgen wird und gesetzliche Regelungen auf Basis eines dauerhaften Dissenses getroffen werden müssen. 11

Neuen Wind in diese Diskussion hat im Jahre 2012 der Fall „Brüstle" gebracht. 12 Der BGH musste sich mit der Frage der Patentierung von Erfindungen im Zusammenhang mit menschlichen Stammzellen befassen.[12] Da der Fall auch Bestimmungen des Patentgesetzes tangierte, die mit der in Deutschland umgesetzten RL 98/44/EG (BioPat-RL) zusammenhingen, legte der BGH den Fall vorab dem EuGH zur Entscheidung vor (sog. Vorabentscheidungsverfahren). Dabei wurden ua folgende Fragen gestellt:

Was ist unter dem Begriff „menschliche Embryonen" iSd BioPat-RL zu verste- 13 hen? Sind alle Entwicklungsstadien menschlichen Lebens von der Befruchtung der Eizelle an umfasst oder müssen zusätzliche Voraussetzungen wie zum Beispiel das Erreichen eines bestimmten Entwicklungsstadiums erfüllt sein? Sind auch folgende Organismen umfasst: Unbefruchtete menschliche Eizellen, in die ein Zellkern aus einer ausgereiften menschlichen Zelle transplantiert worden ist; unbefruchtete menschliche Eizellen, die im Wege der Parthenogenese zur Teilung und Weiterentwicklung angeregt worden sind? Sind auch Stammzellen umfasst, die aus menschlichen Embryonen im Blastozystenstadium gewonnen worden sind?

Der EuGH entschied, dass der Begriff des menschlichen Embryos weit auszu- 14 legen sei. Ein menschlicher Embryo ist demnach, „jede menschliche Eizelle vom Stadium ihrer Befruchtung an"[13] und sogar eine unbefruchtete Eizelle, die zur Entwicklung eines Menschen geeignet ist (zB nach einer Zellkerntransplantation oder Parthenogenese). Entscheidendes Kriterium für den EuGH ist die Frage, ob die jeweilige Entität „geeignet ist, den Prozess der Entwicklung eines Menschen in Gang zu setzen". Die Frage, ob embryonale Stammzellen als Embryonen anzusehen sind, solle jedoch auf nationaler Ebene jedes Mitgliedstaates geprüft und entschieden werden.

Der deutsche BGH entschied mit Rücksicht auf die genannte Entscheidung 15 des EuGH, dass menschliche embryonale Stammzellen im Rahmen des deutschen Rechts keine Embryonen seien, da sie nicht die Fähigkeit besitzen, „den Prozess der Entwicklung eines Menschen in Gang zu setzen."[14] Im Ergebnis seien Patente auf embryonale Stammzellen und darauf bezogene Verfahren zulässig, wenn der Embryo zum Zweck der Erfindung weder als Ausgangsmaterial verwendet noch zerstört wurde.[15]

---

[12] BGH GRUR Int. 2013, 229.

[13] EuGH GRUR Int. 2011, 1045 Rn. 35.

[14] BGH GRUR Int. 2013, 229 Rn. 37.

[15] Dazu *Batista* GRUR Int. 2013, 514 (516 f.).

16 **Übersicht 15: Ansichten zum Status eines Embryos sowie dessen Schutzwürdigkeit**

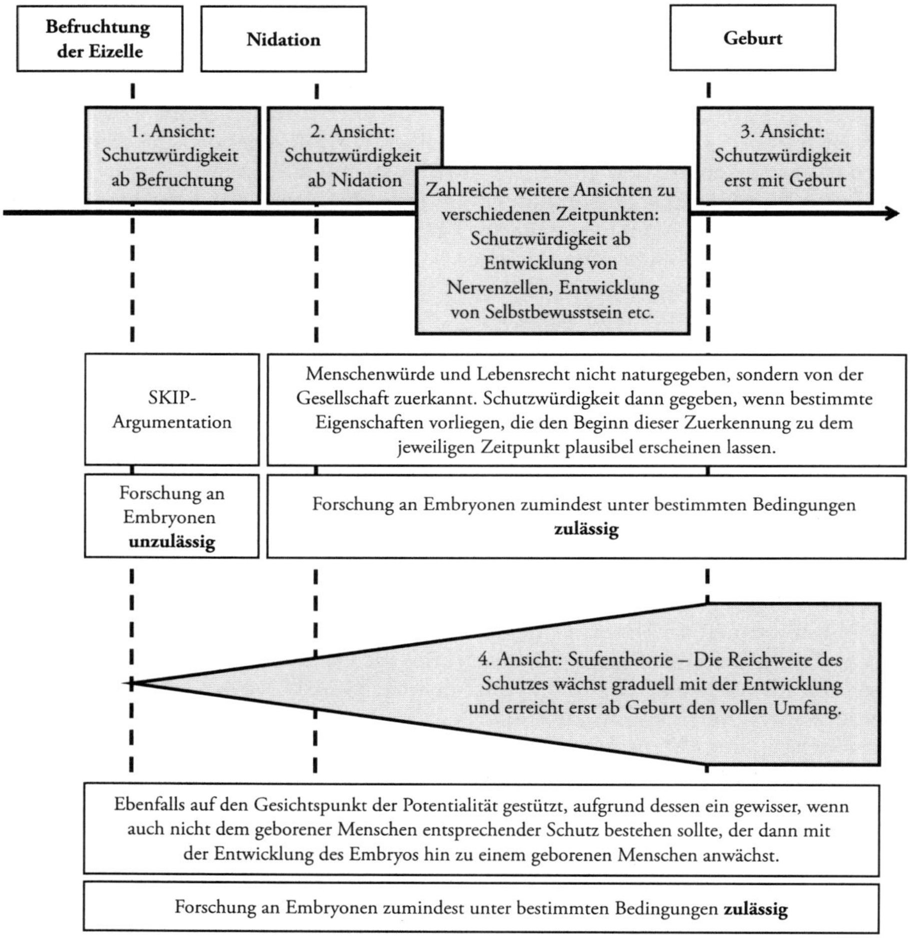

2. Folgeprobleme

Statusfragen bilden nur einen Teil der Probleme im Zusammenhang mit dem Embryonen- und Stammzellschutz. Die moderne Humanbiotechnologie hat es möglich gemacht, Embryonen durch Eingriffe in das Genom zu „verbessern". Durch die Kenntnis des genetischen Programms des Embryos wird möglicherweise ein „Recht auf Nichtwissen" verletzt.[16] Nicht unwichtig sind auch Fragen nach der Finanzierung derartiger Verbesserungen, da es zu Ungerechtigkeiten führen könnte, wenn sich wohlhabende Eltern eine sehr weitgehende „Verbesserung" ihrer Kinder leisten könnten, während Kinder von Durchschnittsbürgern mit ihren genetischen „Defekten" leben müssten. Andererseits erscheint es problematisch, die allgemeinen Krankenkassen für reine Verbesserungsmaßnahmen zahlen zu lassen.[17] 17

In Bezug auf die Stammzellforschung stellt sich für die Vertreter der den Embryo uneingeschränkt schützenden Ansichten die Frage, ob die Verwerflichkeit der Vernichtung von Embryonen eine Verurteilung der Forschung an embryonalen Stammzellen nach sich ziehen muss. Zudem sind Finanzierung und Verhältnismäßigkeit der Forschung problematisch. Therapeutische Einsätze sind auf mögliche Risiken und tatsächlichen Nutzen hin zu prüfen. 18

Falls sich therapeutische Einsatzmöglichkeiten ergeben, ist zu diskutieren, ob diese der Bevölkerung vorenthalten werden können, nur weil man die Embryonenvernichtung ablehnt. Es erscheint problematisch, die Erforschung anderen Ländern zu überlassen und anschließend die Ergebnisse zu übernehmen. Hinzu kommt bei all diesen Techniken die Gefahr des künftigen und unkontrollierbaren Missbrauchs. 19

Weitere Probleme im Kontext der künstlichen Befruchtung sind die Ersatzmutterschaft, bei der negative Auswirkungen auf die Psyche des Kindes befürchtet werden, das mögliche Recht von alleinstehenden Frauen auf künstliche Befruchtung oder die drohende Verwendung von Frauen als „Rohstofflieferanten" für Forschung und Therapie. 20

III. Verfassungsrecht

Der verfassungsrechtliche Status des Embryos ist kaum weniger umstritten als der moralische: Auch hier reichen die Meinungen von umfassendem Schutz durch Art. 1 und 2 GG, über abhängig vom Entwicklungsstand gestuften Schutz bis zur Ablehnung der Einbeziehung des Embryos in den Schutzbereich dieser Normen.[18] Allerdings ist bei der Bewertung der Gesetze zu beachten, dass der Gesetzgeber die Verfassung grundsätzlich eigenständig interpretieren kann[19] und die Gesetze soweit rechtmäßig sind, wie diese Interpretation nicht offensichtlich falsch und unter keinen Umständen vertretbar ist. 21

Wichtig für die Bewertung der Gesetze sind zudem folgende Überlegungen: Die Forschungsfreiheit ist ein Verfassungsgut von erheblichem Wert, Art. 5 Abs. 3 GG[20], das nur durch andere verfassungsimmanente Werte eingeschränkt werden darf. Diese Einschränkung muss verhältnismäßig und weltanschaulich neutral begründbar sein. Letzteres gilt auch für eine Einschränkung der Rechte potentieller Eltern, de- 22

---

[16] Die Herleitung eines solchen Rechts wirft jedoch erhebliche Probleme auf, dazu etwa *Maio* Ethik in der Medizin 263 f., der das „Recht auf Nichtwissen" mit der Autonomie in Verbindung bringt. Umfassend *Duttge/Lenk* Das sogenannte Recht auf Nichtwissen.

[17] *Beck* MedR 2006, 95 ff.

[18] Überblick bei Dreier/*Dreier* GG Art. 1 I Rn. 82 ff.

[19] Benda/Maihofer/Vogel VerfassungsR-HdB/*Hesse* § 5 Rn. 68.

[20] BVerfGE 47, 327 (368).

ren Recht auf Fortpflanzung sich aus dem allgemeinen Persönlichkeitsrecht, Art. 2 Abs. 1 GG iVm Art. 1 Abs. 1 GG, ergibt.

23 Soweit der Gesetzgeber den Embryo als durch Art. 1 und 2 GG geschützt ansieht und diesen Schutz neutral begründen kann, ist er zu dessen Schutz berechtigt und sogar verpflichtet.[21] Das Schutzniveau sollte soweit wie möglich konsistent sein, was oft zweifelhaft ist. So scheinen die Abtreibungsregeln der §§ 218 ff. StGB den Embryo deutlich schwächer zu schützen als das Embryonenschutz- und Stammzellgesetz. Allerdings führt Widersprüchlichkeit zwischen verschiedenen Gesetzen nicht zwingend zur Verfassungswidrigkeit, sondern gegebenenfalls nur zur Unglaubwürdigkeit der Gesetze oder Schwierigkeiten bei deren Auslegung.[22]

IV. Das Embryonenschutzgesetz (ESchG)

24 Das wichtigste Gesetz zum Schutz von Embryonen in vitro ist das am 1.1.1991 in Kraft getretene Embryonenschutzgesetz (ESchG).[23] Dabei handelt es sich um Nebenstrafrecht; Verstöße gegen eine Regelung des ESchG sind mit Geld- oder Freiheitsstrafe bewehrt.[24] Infolge dieser Ausgestaltung werden die besonderen verfassungsrechtlichen Anforderungen an Strafgesetze (Art. 103 Abs. 2 GG), der allgemeine Teil des StGB (besondere Regelungen zur Täterschaft, Auslandsstrafbarkeit, Versuch etc.) und die speziellen Auslegungsregeln des Strafrechts anwendbar (Wortlautgrenze, Analogieverbot, Auslegung nach dem geschützten Rechtsgut).

1. Gesetzgebungsgeschichte

25 Das Embryonenschutzgesetz wurde 1991 nach mehrjähriger Diskussion erlassen. Der ursprüngliche Gesetzesentwurf orientierte sich an der Empfehlung der Benda-Kommission[25], die deutlich weniger einschränkende Regelungen vorsah. Erst im Laufe der Zeit wurden dem Gesetz neue Verbote hinzugefügt. Die aktuelle Fassung schützt nun den Embryo in der frühen Entwicklungsphase sehr umfassend und detailliert.[26]

2. Der Embryonenbegriff des ESchG

26 Fast alle Regelungen des Embryonenschutzgesetzes betreffen den „Embryo", der in § 8 ESchG definiert ist:

> „Als Embryo im Sinne dieses Gesetzes gilt bereits die befruchtete, entwicklungsfähige menschliche Eizelle vom Zeitpunkt der Kernverschmelzung an, ferner jede einem Embryo entnommene totipotente Zelle, die sich bei Vorliegen der dafür erforderlichen weiteren Voraussetzungen zu teilen und zu einem Individuum zu entwickeln vermag. […]"

27 Es ist allerdings fraglich, inwieweit die „Kernverschmelzung" als Zeitpunkt überhaupt bestimmbar ist. Bemerkenswert an dieser Definition ist zudem, dass sie überhaupt explizit auf die Kernverschmelzung abstellt. Dadurch werden alle

---

[21] Derartige Schutzpflichten werden von der hM aus der „objektiven Werteordnung" hergeleitet, welche die Grundrechte bilden, vgl. *Pieroth/Schlink* Grundrechte § 4 Rn. 110 ff.

[22] *Isensee/Kirchhoff* StaatsR-HdB § 124 Rn. 231 f. (S. 941 ff.); BVerfGE 59, 36 (49).

[23] BGBl. 1950 I 2746 ff.

[24] Ein – ausgesprochen fragwürdiger – Grund für die strafrechtliche Ausgestaltung war, dass dem Bund zu diesem Zeitpunkt die Kompetenz für die Regelung fortpflanzungsrechtlicher Fragen fehlte und daher auf die Kompetenz für den Erlass strafrechtlicher Regelungen zurückgegriffen wurde, vgl. *Erlinger* in Dierks/Wienke/Eisenmenger Rechtsfragen der Präimplantationsdiagnostik 65 ff.

[25] Der Name geht zurück auf den Vorsitzenden der Kommission, Ernst Benda.

[26] *Eser* FS Schwartländer, 1992, 183 ff.

Zellen im Vorkernstadium ausgeschlossen, was zumindest dann, wenn man die Schutzbedürftigkeit des Embryos mit seiner Potentialität begründet, nicht ohne weiteres zu rechtfertigen ist.[27]

3. Die Verbote des ESchG

Die einzelnen Regelungen des ESchG betreffen unterschiedliche Verfahren und Verhaltensweisen im Zusammenhang mit embryonalen Zellen vor der Einpflanzung in die Gebärmutter – von der künstlichen Befruchtung über die Forschung an Embryonen bis hin zur Klonierung. Aus diesem Grund schützen die Regelungen nicht nur eines, sondern verschiedene Rechtsgüter. **28**

a) § 1 ESchG

In § 1 ESchG werden missbräuchliche Anwendungen von Fortpflanzungstechniken verboten, so die Übertragung einer fremden Eizelle auf eine Frau, die Herstellung von Embryonen zu anderen Zwecken als der Schwangerschaftsherbeiführung, die Befruchtung und Übertragung von mehr als drei Eizellen innerhalb eines Zyklus und die Ersatzmutterschaft. **29**

Welche Güter diese Verbote im Einzelnen schützen, ist allerdings unklar. So kann das Verbot der Herstellung eines Embryos nicht sein Lebensrecht schützen, da er zu diesem Zeitpunkt noch nicht einmal existiert und gerade aufgrund des Verbots nie zur Existenz gelangen soll. Die Vorstellung, die Menschenwürde einer nicht-existenten Entität schützen zu wollen, bedürfte zumindest einer besonderen Begründung. Man könnte, analog zu der Menschenwürde Verstorbener, eine Vorwirkung von Art. 1 Abs. 1 GG vor dem Zeitpunkt der Entstehung des Embryo annehmen. **30**

Andere plausible Rechtsgüter lassen sich auch für die Verbote des § 1 Abs. 1 Nr. 3 und 4 ESchG nur schwer finden, insbesondere überzeugt es nicht, die Gesundheit der werdenden Mutter anzuführen – denn soweit diese in die Entscheidung über die Anzahl der eingepflanzten Embryonen involviert ist, kann sie sich aufgrund ihres Selbstbestimmungsrechts grundsätzlich auch für eine Gefährdung ihrer Gesundheit entscheiden. **31**

Noch problematischer ist die Ermittlung des geschützten Rechtsguts für andere Verbote der Norm. Für das Verbot der gespaltenen Mutterschaft in Nr. 1, 6 (1. Alt.) und 7[28] findet sich nur das Kindeswohl als denkbares Schutzgut.[29] Es ist jedoch schwierig zu begründen, warum es für das Kind besser sein soll, niemals zur Existenz zu gelangen, als dass es mit einer gespaltenen Mutterschaft leben müsste. Zu beachten ist, dass gem. § 1 Abs. 3 ESchG die Frau, von der Eizelle bzw. der Embryo stammen, bzw. auf die diese übertragen werden sollen, sowie die (potentielle) Ersatzmutter straflos bleiben. **32**

b) § 2 ESchG

§ 2 ESchG reguliert den Umgang mit Embryonen. Diese Norm verbietet die fremdnützige Verwendung von Embryonen, dh jeden Umgang mit ihnen, der nicht ihrer Erhaltung dient. In Abs. 1 wird konkretisiert, dass derartige Verwendungen iSd Gesetzes unter anderem die Veräußerung, die Abgabe oder der Erwerb sind. Diese Aufzählung ist jedoch nicht abschließend, sondern darüber hinaus wird explizit jedes fremdnützige Verwenden verboten. Präzisierend stellt Abs. 2 klar, **33**

---

[27] *Beck* in Dabrock/Ried Therapeutisches Klonen als Herausforderung 209ff.
[28] Am Rande wird dieses Verbot auch von Nr. 2 und 5 erfasst.
[29] *Keller* FS Tröndle, 1989, 705ff.

dass die extrakorporale Weiterentwicklung als fremdnütziger Zweck und damit als verbotene Handlung angesehen wird.

34 Ein Hauptproblem der Norm ist, dass aus ihr nicht hervorgeht, wie richtigerweise mit einem derartigen „überzähligen" Embryo umzugehen ist – denn da nicht zu vermeiden ist, dass bei der künstlichen Befruchtung gelegentlich Embryonen übrig bleiben, müssen sich die Ärzte auf irgendeine Weise zu diesen Embryonen verhalten. Es scheint, dass die einzige vom Gesetz zugelassene und praktisch relevante Verhaltensweise das Absterbenlassen der Zellen ist. Die rechtlich zulässige Embryonenadoption findet kaum praktische Anwendung. Im Anschluss an das Absterbenlassen ist eine Erforschung der toten Embryonen zulässig.

c) Sonderproblem Präimplantationsdiagnostik: § 3a ESchG

35 Kontrovers diskutiert wurde viele Jahre die Zulässigkeit der Präimplantationsdiagnostik (PID). Bei der PID handelt es sich um die Untersuchung des Erbguts des Embryos in vitro mit Hilfe von genetischen Methoden. Eine Indikation für eine solche Untersuchung ist zB gegeben, wenn ein erhöhtes Risiko für erbliche monogenetische Erkrankungen oder für Chromosomenstörungen besteht.[30]

36 Unzulässig ist es, dem Embryo für die genetische Überprüfung eine Zelle zu entnehmen, solange noch jede der Zellen Totipotenz besitzt. Auch die strafrechtliche Behandlung der Entnahme und genetischen Untersuchung pluripotenter Zellen vor der Einpflanzung in die Frau war in der Rechtswissenschaft lange umstritten.[31]

37 Die Einführung des § 3a ESchG im Dezember 2011[32] beendete die seit vielen Jahren geführte Diskussion über die Strafbarkeit der PID. Den Anlass für die gesetzliche Regelung stellte ein Urteil des BGH aus dem Jahr 2010 dar, der einen auf dem Gebiet der PID tätigen Berliner Arzt nach dessen Selbstanzeige vom Vorwurf eines Verstoßes gegen das ESchG freisprach.[33] Der Arzt führte in vitro Fertilisation (IVF)-Behandlungen bei verschiedenen Paaren durch, die mit Hilfe der IVF ihren Kinderwunsch verwirklichen wollten. Bei den Paaren bestand ein hohes Risiko, dass Erbdefekte auf die Kinder übertragen werden.

38 Im Ergebnis stellte der BGH die Vereinbarkeit der PID mit der damals geltenden Fassung des ESchG fest, da sich ein Verbot der PID im Hinblick auf Art. 103 Abs. 2 GG dem ESchG nicht mit der erforderlichen Bestimmtheit entnehmen lasse. Eine Strafbarkeit gem. § 1 Abs. 1 Nr. 2 ESchG wurde mit Blick auf den Gesamtvorgang, der Frau zu einer Schwangerschaft zu verhelfen, verneint.[34]

39 Die neu eingefügte Regelung des § 3a ESchG geht zwar nach wie vor von einem grundsätzlichen Verbot der PID aus. Demjenigen, der Zellen eines Embryos in vitro vor seinem Transfer genetisch untersucht, droht Geld- oder Freiheitsstrafe bis zu einem Jahr. In festgelegten Einzelfällen ist die PID jedoch nicht rechtswidrig und somit erlaubt. An die Erlaubnis sind Voraussetzungen in formaler, verfahrensrechtlicher und materiell-rechtlicher Hinsicht geknüpft.

40 Die Neuregelung hat eine Vielzahl an Folgefragen und -problemen zu Tage gefördert. Insbesondere über die Reichweite des Verbots wird heftig diskutiert, da die in Abs. 2 geregelten Ausnahmetatbestände sehr unpräzise verfasst wurden und damit auslegungsbedürftig sind. Auch der eigentliche Verbotszweck ist der Regelung nicht zu entnehmen, sodass das Hauptziel „mehr Rechtssicherheit" wohl kaum

---

[30] Günther/Taupitz/Kaiser/*Günther* ESchG Rn. 98.
[31] *Erlinger* in Dierks/Wienke/Eisenmenger Rechtsfragen der Präimplantationsdiagnostik 67 ff.
[32] BGBl. 2011 I 2228 f.
[33] BGH NJW 2010, 2672 (2673); anders noch das KG Berlin MedR 2010, 36 ff.
[34] BGH NJW 2010, 2672 (2673).

erreicht wurde.[35] So verbleiben immer noch Unklarheiten und Unsicherheiten für die Ärzte, die die Grenzen der Norm somit „austesten“ müssen.[36] Außerdem wird kritisiert, dass die Neuregelung in einem umfassenden Fortpflanzungsmedizingesetz sinnvoller gewesen wäre.[37]

d) Weitere Verbote, §§ 3 ff. ESchG

41 In § 3 ESchG wird festgelegt, dass es verboten ist, Embryonen aufgrund ihres Geschlechts zu selektieren. Diese Norm dient der Bewahrung der natürlichen Geschlechterverteilung in der Gesellschaft.

42 Weiterhin verboten ist die eigenmächtige Befruchtung von Eizellen ohne Einwilligung der Beteiligten, die eigenmächtige Übertragung eines Embryos auf eine Frau und die Befruchtung einer Eizelle mit dem Samen eines Mannes nach dessen Tode, § 4 ESchG. Hier werden vor allem die Beteiligten in ihrem Selbstbestimmungsrecht und ihrer Entscheidungsfreiheit geschützt, durch das letztgenannte Verbot auch das Kindeswohl.

43 Von besonderem Interesse sind die §§ 5 und 6 ESchG, welche die genetische Manipulation von zur Einpflanzung gedachten Embryonen und die Klonierung sowie die Einpflanzung von einmal klonierten Zellen verbieten.

44 Mit § 5 ESchG wird somit die Herstellung genetisch veränderter Nachkommen ausgeschlossen, unabhängig davon, ob diese Manipulation der Heilung von Krankheiten oder der reinen Verbesserung „gesunder“ Embryonen dient. Derartige Manipulationen sind mit der CRISPR/Cas-Methode in greifbare Nähe gerückt. Welches Schutzgut § 5 ESchG zugrunde liegt, ist wiederum problematisch, da es für den Embryo bzw. das später geborene Kind keineswegs negativ sein muss, wenn er bzw. es genetisch geheilt oder verbessert wurde. Denkbar ist im Prinzip nur der Schutz vor den noch bestehenden Risiken einer solchen Manipulation oder der genetischen Unangetastetheit der Menschheit als solcher.[38]

45 Besonders problematisch ist § 6 ESchG, da er zum einen nicht alle aktuellen naturwissenschaftlichen Verfahren eindeutig erfasst, zum anderen in sich widersprüchlich ist. Wie sich aus der Norm in Verbindung mit der Definition des § 8 Abs. 1 ESchG ergibt, sind lediglich Zellverbindungen erfasst, bei denen zuvor eine Kernverschmelzung stattgefunden hat. Bei der Klonierung ist dies aber nicht zwingend der Fall. Offensichtlich wollte der Gesetzgeber jedoch gerade Handlungen, die eine geklonte Zelle hervorbringen, verbieten.

46 Unabhängig davon ist erneut fraglich, welches Rechtsgut durch die Norm geschützt wird. Wiederum kann nicht mit dem Lebensrecht der Klone argumentiert werden, zum einen weil sie noch nicht existieren, zum anderen weil dies zum Verbot, diese Zellen einzupflanzen, § 6 Abs. 2 ESchG, in einem offensichtlichen Widerspruch stehen würde. Die Nicht-Einpflanzung hat das Absterben der Zellen zur Folge, es sein denn, sie würden kryokonserviert. Auch die Menschenwürde der Klone wäre ein problematisches Schutzgut, weil der Gesetzgeber im zweiten Absatz der Norm ihre Tötung – wenn auch lediglich durch Unterlassen – implizit anordnet. Es ist fraglich, ob ein derartiges Verbot für Entitäten mit Menschenwürde zulässig sein könnte. Somit kann nur die „Würde der Menschheit“ als solche

---

[35] *Kubiciel* NStZ 2013, 382.

[36] *Henking* ZRP 2012, 20 (21).

[37] *Frister/Lehmann* JZ 2012, 659 (667); *Kreß* MedR 2013, 642.

[38] *Schroeder* FS Miyazawa, 1995, 533 ff. vertritt mit überzeugenden Argumenten, dass durch § 5 ESchG nur die „Reinhaltung der Gattung Mensch“ geschützt sein könnte. Bereits diese problematische Begrifflichkeit verdeutlicht, in welche fragwürdige Richtung ein derartiges Schutzgut geht.

angeführt werden, was schon aufgrund der Vagheit dieses Begriffs ausgesprochen problematisch ist.

47 In § 7 ESchG werden schließlich die Vermischung von Embryonen und die Mischung von menschlicher und tierischer DNA verboten. Geschützt ist wohl zum wiederholten Male die Würde der Menschheit insgesamt.

e) Weitere Bestimmungen des ESchG

48 Die weiteren Bestimmungen des ESchG regeln die Beschränkung bestimmter Handlungen auf Ärzte (§ 9 ESchG), die Konsequenzen eines Verstoßes gegen diesen Arztvorbehalt (§ 11 ESchG), die fehlende Verpflichtung von Ärzten, an bestimmten Handlungen mitzuwirken (§ 10 ESchG) sowie die Bußgelder und das Inkrafttreten, §§ 12 und 13 ESchG.

4. Embryonenforschung im Ausland

49 Bei Sachverhalten mit Auslandsbezug bestehen Strafbarkeitsrisiken, wenn deutsche Mediziner und Forscher mit Kollegen in Ländern zusammenarbeiten, in denen die Embryonenforschung zulässig ist. Soweit sie etwa als „für den öffentlichen Dienst besonders Verpflichteter während eines dienstlichen Aufenthalts oder in Beziehung auf den Dienst" handeln, machen sie sich auch dann strafbar, wenn sie im Ausland gegen das ESchG verstoßen, § 5 Nr. 12 StGB. Auch die Teilnahme (Anstiftung oder Beihilfe) an Auslandstaten wird erfasst, sofern nur der Teilnehmer innerhalb Deutschlands gehandelt hat, § 9 Abs. 2 S. 1 StGB. Es spielt keine Rolle, ob die im Ausland (von einem anderen) begangene Haupttat dort mit Strafe bedroht ist, § 9 Abs. 2 S. 2 StGB.[39]

V. Das Stammzellgesetz

1. Grundlagen und Gesetzesgeschichte

50 Ein weiteres Gesetz, das sich mit der Embryonen- und Stammzellforschung auseinandersetzt, ist das Gesetz zur Sicherstellung des Embryonenschutzes im Zusammenhang mit Einfuhr und Verwendung embryonaler Stammzellen (Stammzellgesetz) vom 28.6.2002.[40] Das Gesetz wurde erlassen, nachdem in anderen Ländern die Isolierung embryonaler Stammzellen gelungen war, die auch in Deutschland als vielversprechende Forschungsquelle angesehen werden.[41] Einige deutsche Forscher und die Deutsche Forschungsgemeinschaft (DFG) wiesen auf die ungeklärte Lage der Stammzellforschung in Deutschland hin: Der Import dieser Zellen war durch das ESchG nicht erfasst. Statt den Import einfach durchzuführen, wollten die Forscher eine klare Gesetzeslage erreichen, was eine lange und heftige Debatte um das Stammzellgesetz entfachte.

51 Teilweise wurde die uneingeschränkte Zulassung befürwortet, teilweise ein umfassendes Verbot gefordert. Nach langen Diskussionen wurde dann ein Kompromiss gefunden, dessen Hauptmerkmal die Setzung eines „Stichtags", ursprünglich der 1.1.2002, ist. Nur Stammzellen, die vor diesem Stichtag gewonnen wurden, sollten nach Deutschland importiert werden dürfen. Damit sollte sichergestellt werden, dass von Deutschland aus kein Anreiz für die Mitwirkung an der Vernichtung von

---

[39] Günther/Taupitz/Kaiser/*Günther* ESchG C.II. Vor § 1 Rn. 16 ff.; *Hilgendorf* FS Sootak, 2008, 91 ff.

[40] BGBl. I 2277 ff.

[41] Zur aktuellen Einschätzung der Erfolgsaussichten der Stammzellenforschung siehe etwa die Internetseiten des Kompetenzzentrums Stammzellforschung NRW, www.stammzellen.nrw.de.

Embryonen ausgehen kann, sondern alle embryonalen Stammzellen von Embryonen stammen, die bereits vorher und unabhängig vom deutschen Bedarf vernichtet wurden.

Schon einige Jahre nach seinem Erlass kam das StZG allerdings wieder in die Diskussion, als die Forscher feststellten, dass die vor dem ursprünglichen Stichtag gewonnenen Stammzellen quantitativ und qualitativ nicht ausreichend waren. Hinzu kamen Strafbarkeitsrisiken bei Forschungszusammenarbeit mit dem Ausland.[42] Deshalb wurde 2008 eine Änderung des Stammzellgesetzes beschlossen, wodurch der Stichtag auf den 1.5.2007 verschoben und die Strafbarkeit auf das deutsche Staatsgebiet begrenzt wurde. 52

2. Der Embryonenbegriff des Stammzellgesetzes

Der Embryonenbegriff des StZG unterscheidet sich dem Wortlaut nach von dem des ESchG. Nach § 3 Nr. 4 StZG ist ein Embryo „jede menschliche totipotente Zelle, die sich bei Vorliegen der dafür erforderlichen weiteren Voraussetzungen zu teilen und zu einem Individuum zu entwickeln vermag“. Diese Konzeption wirft Probleme auf, weil der Begriff „totipotent“ in der Naturwissenschaft nicht einheitlich gebraucht wird.[43] Außerdem ist selbst bei einheitlicher Verwendung selten eindeutig bestimmbar, welche Zellen im Einzelnen totipotent sind. 53

Man könnte sogar bereits Zellen aus dem Vorkernstadium als totipotent ansehen oder gar, noch weitergehend, jede adulte Zelle, da vieles darauf hindeutet, dass sich aus beliebigen Körperzellen bei Vorliegen günstiger Voraussetzungen wieder Menschen entwickeln lassen. Schon dies macht deutlich, dass die Herleitung von Rechtsträgerschaft allein aus dem Gesichtspunkt der Totipotenz nicht tragfähig ist. Das Konzept „Totipotenz“ ist normativ weitgehend unbrauchbar.[44] 54

3. Antrag auf Stammzellforschung

Der größte Teil des StZG regelt die formellen und materiellen Voraussetzungen für die Genehmigung eines Stammzellimports. Die materiellen Genehmigungsvoraussetzungen ergeben sich aus den §§ 4 und 5 StZG. § 5 StZG bestimmt, dass die Forschung an den Zellen „hochrangigen“ Zielen für den wissenschaftlichen Erkenntnisgewinn im Rahmen der Grundlagenforschung oder zur Erweiterung medizinischer Kenntnisse bei der Entwicklung diagnostischer, präventiver oder therapeutischer Verfahren zur Anwendung bei Menschen dienen und nach dem anerkannten Stand von Wissenschaft und Technik alternativlos sein muss.[45] 55

Das förmliche Verfahren ist in den §§ 6 ff. StZG wie folgt festgelegt: Der Stammzellforscher bzw. die Forschergruppe müssen einen schriftlichen Antrag bei der zuständigen Behörde (Robert-Koch-Institut) stellen, der folgende Angaben zu enthalten hat: 56

1. den Namen und die berufliche Anschrift der für das Forschungsvorhaben verantwortlichen Person,
2. eine Beschreibung des Forschungsvorhabens einschließlich einer wissenschaftlich begründeten Darlegung, dass das Forschungsvorhaben den Anforderungen nach § 5 StZG entspricht,

---

[42] Dazu *Hilgendorf* ZRP 2006, 22 ff.

[43] Vgl. aber § 8 ESchG.

[44] *Hilgendorf* NJW 1996, 758 (761).

[45] Zu den materiellen Voraussetzungen *Taupitz* in Honnefelder/Streffer Jahrbuch für Wissenschaft und Ethik 336 ff.

3. eine Dokumentation der für die Einfuhr oder Verwendung vorgesehenen embryonalen Stammzellen darüber, dass die Voraussetzungen nach § 4 Abs. 2 Nr. 1 StZG erfüllt sind; der Dokumentation steht ein Nachweis gleich, der belegt, dass
   a) die vorgesehenen embryonalen Stammzellen mit denjenigen identisch sind, die in einem wissenschaftlich anerkannten, öffentlich zugänglichen und durch staatliche oder staatlich autorisierte Stellen geführten Register eingetragen sind, und
   b) durch diese Eintragung die Voraussetzungen nach § 4 Abs. 2 Nr. 1 StZG erfüllt sind.

57 Neben diesem Verwaltungsverfahren wurde im Stammzellgesetz zusätzlich eine Zentrale Ethik-Kommission eingesetzt, die für die Überprüfung der materiellen Voraussetzungen aus § 5 StZG sowie der ethischen Vertretbarkeit des Forschungsvorhabens zuständig ist. Über den Maßstab für diese ethische Vertretbarkeit schweigt das Gesetz allerdings, was die Auslegung dieses Merkmals erheblich erschwert.

4. Strafbarkeit im Rahmen des Stammzellgesetzes

58 Die Verwaltungsvorschriften des StZG werden durch § 13 StZG ergänzt, der bestimmt, dass die Einfuhr und Verwendung (im Inland) embryonaler Stammzellen ohne Genehmigung strafbar ist. Der Strafrahmen reicht von Geldstrafe bis zu Freiheitsstrafe von drei Jahren.

8. Kapitel. Organtransplantation

I. Einführung

1 Organtransplantationen dienen der Rettung von Leben oder zumindest der Verbesserung der Lebensqualität des Organempfängers. Aus dessen Sicht ist es erforderlich, dass möglichst viele Organe zur Transplantation bereitstehen. Jedoch herrscht in Deutschland seit jeher eine große Organknappheit. Derzeit stehen in Deutschland ca. 10.000 Personen auf der Warteliste für ein Spenderorgan, davon warten 7.500 Personen auf eine Niere.[1] Im Jahr 2018 wurden jedoch nur 2.291 Nierentransplantationen (inklusive der Lebendspende) durchgeführt.[2] 2012 waren es noch 2.568. Die Anzahl der Organspender in Deutschland ist seit Jahren rückläufig: von 1.296 im Jahr 2010 ist sie über 876 Spender im Jahr 2013 auf 797 im Jahr 2017 zurückgegangen; im Jahr 2018 stieg die Zahl leicht auf 955 Organe an (nur postmortale Spenden).[3]

2 Mit dem am 1.12.1997 in Kraft getretenen Transplantationsgesetz (TPG) wurde versucht, die Anzahl der für Transplantationen zur Verfügung stehenden Organe zu erhöhen. Jedoch mussten bei der gesetzlichen Regelung auch die Interessen der Spender berücksichtigt werden. Dies gilt insbesondere für die Organlebendspende. Es sollte sichergestellt werden, dass der Organspender nicht aus finanziellen Gründen seine Gesundheit riskiert oder in irgendeiner Weise dahingehend beeinflusst wird.

3 Aber auch bei der Organspende Verstorbener muss das nachwirkende Persönlichkeitsrecht des Verstorbenen gewahrt werden. Der Tote ist nicht unbegrenzt sozialpflichtig, der Nachklang seiner Menschenwürde verbietet es, ihn ohne weiteres „auszuschlachten“. Mit dem TPG werden die Interessen des verstorbenen Organspenders in erheblichem Umfang berücksichtigt.

4 Das Gesetz folgte in seiner Fassung von 1997 der sog. „erweiterten Zustimmungslösung“, dh die Organentnahme ist nur dann zulässig, wenn entweder der Verstorbene zu seinen Lebzeiten oder ein Angehöriger zustimmt. Diese Regelung ist nicht unumstritten und jüngst erneut Anlass politischer Reformdiskussionen geworden, da sie zu Lasten der auf der Warteliste stehenden Patienten geht. In anderen Ländern, zB Österreich, Belgien und Spanien, gilt eine (modifizierte) Widerspruchslösung, wonach die Entnahme von Organen grundsätzlich zulässig ist, es sei denn, ihr wurde bzw. wird ausdrücklich widersprochen. Diese Regelung führt dazu, dass weit mehr Organe zur Verfügung stehen.

5 Allerdings spielen für das Organaufkommen auch andere Faktoren eine Rolle. So ist bei uns der Umgang mit unserem Körper nach dem Tod immer noch ein Tabuthema. Eine wichtige Rolle scheinen außerdem – wie nun auch der Gesetzgeber annimmt[4] – die Krankenhäuser mit Intensivbetten zu spielen, denn der Organmangel wird auch darauf zurückgeführt, dass Krankenhäuser ihre Mitwirkungspflichten (die derzeit[5] weder sanktioniert noch honoriert werden) nicht in

---

[1] Stand 31.12.2018: DSO Jahresbericht (2018), 11.

[2] DSO Jahresbericht (2018), 79.

[3] DSO Jahresbericht (2018), 9.

[4] Vgl. → Rn. 66a.

[5] S. aber zur geplanten Verbesserung der finanziellen Bedingungen in den Entnahmekrankenhäusern → Rn. 66a.

ausreichender Weise erfüllen.[6] Die Spenderzahlen haben nach den aufgedeckten Manipulationen an mehreren deutschen Transplantationszentren im Jahr 2013 (→ Kap. 8 Rn. 49 ff.) einen Tiefpunkt erreicht.

6 Durch das Gesetz zur Regelung der Entscheidungslösung im Transplantationsgesetz[7] von 2012 wurde die erweiterte Zustimmungslösung modifiziert (§ 2 TPG). Die Bürger sollen durch regelmäßige Absprachen und Information dazu motiviert werden, sich mit der Frage der eigenen Spendebereitschaft zu befassen. Jede krankenversicherte Person (ab dem 16. Lebensjahr) wird seither von ihrer Krankenkasse bzw. einem Versicherungsunternehmen angeschrieben und zu einer freiwilligen Entscheidung aufgefordert, §§ 1, 2 TPG. Der Grundsatz der Freiwilligkeit der Organ- und Gewebespende bleibt somit erhalten. Zur Speicherung der möglicherweise erfolgten Entscheidung soll in Zukunft, neben dem Organspendeausweis, auch auf die elektronische Gesundheitskarte zurückgegriffen werden.

II. Geschichte der Organtransplantation

7 Die Geschichte der Organtransplantation beginnt Anfang des 20. Jahrhunderts mit einer Nierentransplantation an einem Hund. Im Jahr 1954 erfolgte die erste Nierentransplantation an Menschen (bei eineiigen Zwillingen), 1963 die erste Lungentransplantation und 1967 die erste erfolgreiche Herztransplantation durch Christiaan Barnard in Kapstadt.[8] Heute sind Nieren-, Leber- und Herztransplantationen alltäglich und ohne größeres Risiko durchführbar. So wurden im Jahr 2018 2.291 Nieren, 877 Lebern, 318 Herzen und 375 Lungen transplantiert.[9] Daneben werden auch weitere Organe wie Pankreas und Dünndärme verpflanzt.

III. Zur Bedeutung des Transplantationsgesetzes (TPG)

8 Die Organtransplantation wird durch das Transplantationsgesetz (TPG) geregelt. Das Gesetz trat am 1.12.1997 nach einer sehr kontroversen Diskussion und langen Vorlaufzeit in Kraft. Der Gesetzgeber stand zunächst vor der Frage, ob man in Deutschland die Widerspruchslösung oder die Zustimmungslösung zugrunde legen sollte. Bei der Widerspruchslösung ist die Organentnahme bei einem Toten grundsätzlich erlaubt, es sei denn, der Verstorbene hat zu Lebzeiten der Organentnahme ausdrücklich widersprochen bzw. dessen Angehörige widersprechen der Transplantation (erweiterte Widerspruchslösung → Kap. 8 Rn. 22). Die Zustimmungslösung verlangt dagegen die ausdrückliche Zustimmung des Verstorbenen oder seiner Angehörigen (erweiterte Zustimmungslösung, vgl. dazu → Kap. 8 Rn. 24).

9 Ein weiterer Hauptstreitpunkt war die Frage, ob der Tod mit dem Hirntod des Menschen gleichgesetzt werden darf und ob das Gesetz den Hirntod ausdrücklich als Todeskriterium nennen soll (vgl. dazu → Kap. 8 Rn. 13 ff.). Der Gesetzgeber hat mit diesen Fragen rechtliches Neuland betreten und den lange benötigten Handlungsrahmen für Organtransplantationen geschaffen. Die bis dahin bestehende Rechtsunsicherheit – immerhin wurden Organtransplantationen bereits seit etwa 30 Jahren durchgeführt – wurde beseitigt. Dementsprechend gilt das TPG als eines der wichtigsten gesundheitspolitischen Reformprojekte der letzten Jahrzehnte.

---

[6] SKGO/*König* TPG § 11 Rn. 18.
[7] BGBl. 2012 I 1504 ff.
[8] *Dettmeyer* Medizin & Recht 236.
[9] DSO Jahresbericht (2018), 75.

IV. Anwendungsbereich des Transplantationsgesetzes

10 Das TPG unterscheidet zwischen der Organentnahme bei lebenden Personen und bei Verstorbenen, dh der Organlebendspende und der postmortalen Organspende. Bis 2007 galt es für die Spende und Entnahme menschlicher Organe, Organteile und Gewebe, § 1 Abs. 1 TPG aF. Mit der Umsetzung der Geweberichtlinie 2004/23/EG durch das am 1.8.2007 in Kraft getretene Gewebegesetz nahm der Gesetzgeber eine begriffliche Trennung von Organen und Geweben vor. Dies hat zur Folge, dass Gewebe nur unter bestimmten Voraussetzungen den Regelungen des TPG unterliegen. Die im Arzneimittelgesetz (AMG) getroffenen Neuregelungen sind jedoch (soweit einschlägig) weitaus bedeutender. Die Zuordnung zum AMG trägt den Kommerzialisierungstendenzen auf dem Gebiet der Gewebetransplantation Rechnung.[10] Der Anwendungsbereich wurde außerdem auf embryonale und fetale Organe und Gewebe (§ 4a TPG) sowie Knochenmark (§ 8a TPG) und Ei- und Samenzellen (§ 8b Abs. 2 TPG) erweitert. Das TPG gilt weiterhin nicht für die Entnahme von Blut und Blutbestandteilen, § 1 Abs. 3 Nr. 2 TPG. Darüber hinaus bleiben die spezielleren Regelungen des ESchG und des StZG gem. § 22 TPG unberührt.

11 Die Begriffe „Organ" und „Gewebe" werden in § 1a TPG definiert: *Organe* sind, mit Ausnahme der Haut, alle aus verschiedenen Geweben bestehenden differenzierten Teile des menschlichen Körpers, die in Bezug auf Struktur, Blutgefäßversorgung und Fähigkeit zum Vollzug physiologischer Funktionen eine funktionale Einheit bilden, einschließlich der Organteile und einzelnen Gewebe eines Organs, die (...) zum gleichen Zweck wie das ganze Organ im menschlichen Körper verwendet werden können (...) (§ 1a Nr. 1 TPG). Organe sind beispielsweise Niere, Leber, Herz und Dünndarm.

12 *Gewebe* sind alle aus Zellen bestehenden Bestandteile des menschlichen Körpers, die keine Organe nach Nummer 1 sind, einschließlich einzelner menschlicher Zellen (§ 1a Nr. 4 TPG). Gewebe, die transplantiert werden, sind zB die Hornhaut, Knochen und Knorpel.

V. Die Voraussetzungen der postmortalen Organspende

1. Tod des Spenders – Hirntod als Todeskriterium

13 Grundvoraussetzung der postmortalen Organspende ist zunächst der Tod des Organspenders. Juristisch müssen dabei drei Fragen unterschieden werden: 1. Was ist der Tod? (Frage nach der Definition des Todes) 2. Wann ist der Mensch tot? (Frage nach den Todeskriterien) 3. Wie wird der Tod festgestellt? (Frage nach dem Feststellungsverfahren).[11]

14 Gemäß § 3 Abs. 1 S. 1 Nr. 2 TPG muss der Tod nach „Regeln, die dem Stand der Erkenntnisse der medizinischen Wissenschaft entsprechen", festgestellt werden. Dabei muss nach § 3 Abs. 2 Nr. 2 TPG der endgültige, nicht behebbare Ausfall der Gehirnfunktion des Großhirns, des Kleinhirns und des Hirnstamms festgestellt worden sein. Das Gesetz stellt somit zwar nicht explizit auf den Hirntod als Todeskriterium ab, betrachtet jedoch den Hirntod als Mindestkriterium für die Organentnahme an einem Toten.

15 Dies ist nicht unumstritten. Medizinisch betrachtet stellt das Sterben einen Prozess dar, da nicht alle Teile des menschlichen Körpers gleichzeitig absterben, sondern in Abhängigkeit von der jeweils unterschiedlichen Sauerstoffmangeltole-

---

[10] MAH MedR/*Hellweg*/*Beitz* § 13 Rn. 3ff.
[11] SKGO/*Schroth* TPG Vor §§ 3, 4 Rn. 21.

ranz. Nach dem Herz- und Kreislaufstillstand tritt der Hirntod ein, dann folgen Organtod, Gewebetod und Zelltod. Der irreversible Herz-Kreislaufstillstand führt also unweigerlich zum Tod des Menschen. Mit dem medizinisch-technischen Fortschritt wurde es aber möglich, den Kreislauf künstlich aufrechtzuerhalten, auch wenn das Gehirn als zentrales Steuerungsorgan bereits abgestorben ist. Mit Blick auf die Zeitverzögerung zwischen Hirntod und Herz-Kreislaufstillstand spricht man vom dissoziierten Hirntod.[12]

16 Problematisch ist dabei, dass der restliche Organismus noch lebt, so dass sich die Frage stellt, ob bereits mit dem Hirntod das menschliche Leben erloschen ist. Dies wurde schon seit der Einführung des Hirntods als Todeskriterium 1967 bestritten und war eine zentrale Frage in den Debatten um das TPG in den Jahren 1995 und 1996. Es besteht Einigkeit darin, dass der irreversible Ausfall des Gesamthirns medizinisch zweifelsfrei festgestellt werden kann und dass der Ausfall des Gehirns tatsächlich endgültig ist. Kritiker des Hirntods wenden jedoch ein, dass der Hirntod nur deshalb als Todeskriterium eingeführt wurde, um die in den sechziger Jahren infolge des Fortschritts der Intensivmedizin problematisch gewordene Frage des Behandlungsabbruchs bei komatösen Patienten zu umgehen und gleichzeitig dem Bedarf an Spenderorganen gerecht zu werden.[13] Auch äußerlich sind hirntote Patienten jedenfalls nach dem Verständnis medizinischer Laien keine Leichen, denn mit diesem Begriff verbindet man gemeinhin einen kalten, leblosen Körper.

17 Begründen lässt sich das Hirntod-Konzept vor allem damit, dass der Mensch mit dem irreversiblen Ausfall des Gehirns sein zentrales Steuerungsorgan unwiederbringlich verloren hat. Er verfügt nicht mehr über die Fähigkeiten, die einen Menschen ausmachen, nämlich die Fähigkeit, die Umwelt und sich selbst wahrzunehmen und Schmerzen zu empfinden. Sein Bewusstsein existiert nicht mehr. Ist das Gehirn in seiner Gesamtheit irreparabel zerstört, so verliert der Körper sein zentrales Steuerungssystem, das Leben des restlichen Körpers kann nur noch mit künstlichen Hilfsmitteln aufrechterhalten werden. Mit dem Hirntod ist damit ein Punkt erreicht, von dem aus keine Rückkehr mehr möglich ist. Festgestellt wird der Hirntod gemäß § 3 Abs. 1 S. 1 Nr. 2 TPG nach den Regeln der medizinischen Wissenschaft. Gemäß § 16 Abs. 1 Nr. 1 TPG werden diese Regeln der medizinischen Wissenschaft durch Richtlinien der Bundesärztekammer festgelegt.

2. Regelungsmodelle zur postmortalen Organspende

18 Es sind unterschiedliche Modelle zur Regelung der postmortalen Organspende denkbar. Die wichtigsten sollen im Folgenden kurz dargestellt werden, da sie jüngst erneut in den Mittelpunkt reformpolitischer Diskussionen gerückt sind:

a) Widerspruchslösungen

19 Bei der *(strengen) Widerspruchslösung* wird die Zustimmung zur Organtransplantation stets angenommen, es sei denn, es liegt ein ausdrücklicher Widerspruch des Verstorbenen vor, den dieser zu seinen Lebzeiten geäußert hat. Der Nichtwiderspruch zu Lebzeiten wird also als Zustimmung zur Organentnahme ausgelegt, die den Eingriff in das postmortale Persönlichkeitsrecht rechtfertigt. Die Widerspruchslösung wird in vielen europäischen Ländern angewandt, wie zB in Luxemburg, Österreich, Spanien, Portugal, der Slowakei, Tschechien, Polen und Ungarn.

[12] Roxin/Schroth MedStrafR-HdB/*Schroth* 448 ff.
[13] *Dettmeyer* Medizin & Recht 240.

Der Vorteil einer solchen Lösung liegt darin, dass durch sie die Anzahl der zur Organtransplantation zur Verfügung stehenden Organe erhöht wird, da alle diejenigen, die sich zu ihren Lebzeiten keine Gedanken über eine Organspende gemacht haben, automatisch als Spender herangezogen werden können. Eine große Rolle scheinen zudem staatliche Werbemaßnahmen zu spielen: So werden in Spanien und Kroatien, wo die Spendenbereitschaft hoch ist, umfangreiche Kampagnen für die Organspende betrieben. 2016 gab es in Spanien 46,9 und in Belgien 33,6 Organspender pro Million Einwohner.[14] In Deutschland sind es gerade 9,7 Spender pro eine Million Einwohner (Stand 2018). Jedoch kann man aus internationalen Vergleichen nicht automatisch Rückschlüsse auf die Effektivität eines national organisierten Organspendewesens ziehen. Es ist zu beachten, dass es sich hierbei nicht um adjustierte Daten handelt, also zum Beispiel Unterschiede in der Altersstruktur der Bevölkerung bei der Darstellung der Organspenderzahlen nicht berücksichtigt werden.[15] 20

Jedoch unterliegt die Widerspruchslösung verfassungsrechtlichen Bedenken, da in das Recht des Spenders auf negative Selbstbestimmung eingegriffen wird. Ob ein solcher Eingriff zulässig ist, ist im Rahmen einer Verhältnismäßigkeitsprüfung zu klären. Zwar überwiegen die Rechtsgüter "Leben" und "körperliche Unversehrtheit" des Empfängers, jedoch ist fraglich, ob der Eingriff erforderlich ist, denn auch mit der eingeschränkten Zustimmungslösung, die ein wesentlich milderes Mittel darstellt, können Organspender gewonnen werden.[16] Im Übrigen kollidiert die Widerspruchslösung mit dem allgemeinen Rechtsgrundsatz, dass Schweigen nicht als Zustimmung gelten kann. 21

Die *erweiterte Widerspruchslösung* dehnt die Widerspruchsmöglichkeit auf Angehörige des Verstorbenen aus, die ebenfalls einer Organentnahme widersprechen können. Damit wird die strenge Widerspruchslösung zwar abgeschwächt, aber auch hier besteht das Problem, dass in das nachwirkende Persönlichkeitsrecht des Verstorbenen stark eingegriffen wird. 22

b) Zustimmungslösungen

Die *(strenge) Zustimmungslösung* setzt die ausdrückliche schriftliche oder mündliche Zustimmung des Organspenders zu seinen Lebzeiten voraus. Andernfalls ist die Organentnahme unzulässig. Mit der strengen Zustimmungslösung wird das Selbstbestimmungsrecht des Verstorbenen so weit wie möglich berücksichtigt. Andererseits führt diese Regelung zu einem sehr niedrigen Spendenaufkommen. Aus einer Statistik der Deutschen Stiftung Organtransplantation (DSO) für das Jahr 2018 ergibt sich, dass in Deutschland nur 14 % der Organspender ihren Willen zur Organspende zuvor schriftlich fixiert hatten. In 27 % der Fälle wurde der Wille mündlich geäußert.[17] 23

Dieses Problem wird bei der *erweiterten Zustimmungslösung* berücksichtigt. Danach können nicht nur der Verstorbene, sondern nach dessen Tod auch seine Angehörigen in die Organentnahme einwilligen, wenn eine schriftliche Zustimmung des Verstorbenen nicht vorliegt und die Zustimmung dem mutmaßlichen Willen des Verstorbenen entspricht. Im Jahr 2018 wurden 17 % aller Organtransplantationen in Deutschland aufgrund einer Zustimmung der Angehörigen vorgenommen und 42,0 % aufgrund des vermuteten Willens des Verstorbenen.[18] 24

[14] DSO Jahresbericht (2018), 66.
[15] BT-Drs. 16/12554, 12.
[16] *Weber/Lejeune* NJW 1994, 2392 (2395).
[17] DSO Jahresbericht (2018), 59.
[18] DSO Jahresbericht (2018), 59.

25 Mit dieser Regelung wird das Selbstbestimmungsrecht des Verstorbenen gewahrt, da die Angehörigen idR in seinem Sinne entscheiden werden. Für die erweiterte Zustimmungslösung spricht auch, dass in Deutschland grundsätzlich eine große Spendenbereitschaft gegeben ist. 2018 ergab eine Umfrage der Bundeszentrale für gesundheitliche Aufklärung,[19] dass 84 % der Befragten generell einer Organ- und Gewebespende gegenüber eher positiv eingestellt sind.

c) Erklärungslösung

26 Bei der Erklärungslösung wird jeder Bürger zu Lebzeiten dazu verpflichtet, eine Erklärung darüber abzugeben, ob er seine Organe spenden will oder einer Organentnahme widerspricht. Dies hat den Vorteil, dass das Selbstbestimmungsrecht des Betroffenen in jedem Fall gewahrt ist, da er selbst über eine Organentnahme entscheidet. Diese schwierige Entscheidung wird nicht mehr, wie bei der erweiterten Zustimmungslösung, auf die nächsten Angehörigen übertragen, die mit der Situation oft überfordert sind. Problematisch ist an diesem Modell jedoch, dass eine Verpflichtung zur Abgabe einer solchen Erklärung die negative Glaubens- und Gewissensfreiheit (Art. 4 GG) beeinträchtigen könnte. Art. 4 GG garantiert nicht nur die positive Ausübung des Glaubens bzw. von Gewissensentscheidungen, er schützt auch negativ in dem Sinne, dass persönliche, religiöse oder weltanschauliche Überzeugungen nicht offenbart werden müssen.

d) Informationslösung

27 Die Informationslösung ist ähnlich gestaltet wie die Widerspruchslösung. Grundsätzlich wird bei fehlendem Widerspruch von der Bereitschaft zu einer Organspende ausgegangen. Allerdings müssen die Angehörigen über eine geplante Organentnahme informiert werden. Sie haben jedoch kein Einspruchsrecht, können also die Entnahme nicht verhindern, wenn sie selbst nicht mit ihr einverstanden sind. Die Problematik ist hier dieselbe wie bei der Widerspruchslösung (→ Kap. 8 Rn. 21 f.).

e) Notstandslösung

28 Nach der Notstandslösung ist eine Organentnahme zur Transplantation unter den Voraussetzungen des rechtfertigenden Notstandes nach § 34 StGB gerechtfertigt. In diesen Fällen ist eine Organentnahme uU auch dann zulässig, wenn der Spender ihr widersprochen hatte. § 34 StGB setzt voraus, dass eine gegenwärtige Gefahr für Leib oder Leben des Organempfängers besteht, die nicht anders abgewendet werden kann. Weiterhin setzt § 34 StGB voraus, dass die geschützten Rechtsgüter des Organempfängers, also dessen Leben oder Gesundheit, das beeinträchtigte Rechtsgut des Organspenders wesentlich überwiegen. Handelt es sich bei dem Organspender um einen Verstorbenen, so wird ein solches „wesentliches Überwiegen" der Interessen des Organempfängers trotz der nachwirkenden Menschenwürde Verstorbener idR gegeben sein. Der Weg über den rechtfertigenden Notstand, § 34 StGB, ist also sehr „transplantationsfreundlich".

[19] Vgl. https://www.organspende-info.de/sites/all/files/files/Infoblatt%20Organspende_180528_Final.pdf (letzter Abruf: 11.2.2019).

Übersicht 16: Regelungsmodelle zur postmortalen Organspende 29

Widerspruchslösungen	**Strenge Widerspruchslösung:** Die Zustimmung zur Organtransplantation wird angenommen, es sei denn, ein ausdrücklicher Widerspruch des Verstorbenen liegt vor.
	Erweiterte Widerspruchslösung: Die Widerspruchsmöglichkeit wird auf Angehörige des Verstorbenen ausgedehnt.
Zustimmungslösungen	**Strenge Zustimmungslösung:** Eine ausdrückliche schriftliche oder mündliche Zustimmung des Organspenders zu seinen Lebzeiten ist Voraussetzung der Spende.
	Erweiterte Zustimmungslösung: Nicht nur der Verstorbene, sondern auch seine Angehörigen können nach dessen Tod in die Organentnahme einwilligen.
Erklärungslösung	Jeder Bürger wird zu Lebzeiten verpflichtet, eine Erklärung darüber abzugeben, ob er seine Organe spenden will oder einer Organentnahme widerspricht.
Informationslösung	Bei fehlendem Widerspruch wird von der Bereitschaft zu einer Organspende ausgegangen. Die Angehörigen müssen hierüber allerdings informiert werden. Sie haben jedoch kein Einspruchsrecht.
Notstandslösung	Eine Organentnahme zur Transplantation ist selbst bei Widerspruch unter den Voraussetzungen des rechtfertigenden Notstandes nach § 34 StGB gerechtfertigt.

3. Geltende Regelung der §§ 3, 4 TPG

30 Die Regelungen der §§ 3, 4 TPG verdrängen den § 34 StGB. Eine Organentnahme ohne Zustimmung kann also nicht nach § 34 StGB gerechtfertigt sein. Nach § 3 Abs. 1 Nr. 1 TPG ist die Organentnahme nur mit Zustimmung des Organspenders zulässig. Liegt eine schriftliche Einwilligung oder ein schriftlicher Widerspruch nicht vor, so ist gem. § 4 Abs. 1 TPG zunächst der nächste Angehörige zu befragen, ob ihm eine solche Erklärung bekannt ist. Nur wenn dies nicht der Fall ist, entscheidet der Angehörige, wobei er den mutmaßlichen Willen des Verstorbenen zu beachten hat (§ 4 Abs. 1 TPG). Das geltende Recht folgt also der erweiterten Zustimmungslösung. Die Rangfolge der nächsten Angehörigen ergibt sich aus § 1a Nr. 5 TPG, nämlich Ehegatten bzw. Lebenspartner, volljährige Kinder, Eltern, volljährige Geschwister und Großeltern. In § 4 Abs. 2 S. 3 TPG wird das Verhältnis zwischen gleichrangigen Angehörigen bestimmt. Es genügt, wenn einer von ihnen nach Abs. 1 beteiligt wird und eine Entscheidung trifft, sofern nicht ein anderer widerspricht. Den Angehörigen stehen Personen, die dem Verstorbenen offenkundig in besonderer persönlicher Verbundenheit nahestanden, gleich (Abs. 2 S. 5).

VI. Beteiligte Akteure

31 Das TPG trennt die Bereiche Organentnahme, -vermittlung und -transplantation organisatorisch und personell voneinander.

1. Entnahmekrankenhäuser

32 Den Krankenhäusern kommt die Aufgabe zu, potentielle Spender zu identifizieren. Wird bei einem Patienten der Hirntod festgestellt, ist dies unverzüglich der Koordinierungsstelle mitzuteilen (§ 9a Abs. 2 Nr. 1 TPG).

2. Transplantationsbeauftragte

33 Seit der Novellierung des TPG 2012 ist jedes Entnahmekrankenhaus verpflichtet, einen Transplantationsbeauftragten zu bestellen. Seine Zuständigkeiten sind in § 9b Abs. 2 TPG festgelegt. Insbesondere ist der Transplantationsbeauftragte dafür verantwortlich, dass die Entnahmekrankenhäuser ihrer Pflicht gem. § 9a Abs. 2 Nr. 1 TPG nachkommen und alle potentiellen Spender an die Koordinierungsstelle melden.

34 Außerdem gehört es zu seinen Aufgaben, die Angehörigen in angemessener Weise zu begleiten sowie dafür zu sorgen, dass Zuständigkeiten und Handlungsabläufe im Entnahmekrankenhaus geregelt werden. Das ärztliche und pflegerische Personal soll über die Bedeutung und den Prozess der Organspende regelmäßig informiert werden (Abs. 2 Nr. 2–4). Außerdem hat der Transplantationsbeauftragte alle Todesfälle mit primärer oder sekundärer Hirnschädigung unter besonderer Berücksichtigung von Verstößen gegen § 9a Abs. 2 Nr. 1 TPG und sonstiger einer Organentnahme entgegenstehender Gründe auszuwerten und die Leitung des Entnahmekrankenhauses jährlich über seine Erkenntnisse zu unterrichten.

3. Transplantationszentren

35 Nach § 10 Abs. 1 S. 1 TPG sind Transplantationszentren Krankenhäuser, die zur Übertragung von Organen zugelassen wurden. Während die Organentnahme in den Entnahmekrankenhäusern vor Ort erfolgt (§ 9 Abs. 1 TPG), darf die Übertragung des Organs nur in einem Transplantationszentrum[20] stattfinden (§ 9 Abs. 2 S. 1 TPG). Die Transplantationszentren sind außerdem für die Führung der Wartelisten und die Aufnahmeentscheidung zuständig (§ 10 Abs. 2 Nr. 1–2 TPG). Darüber hinaus kommt ihnen die Aufgabe der lückenlosen Dokumentation der Organübertragung (§ 10 Abs. 2 S. 1 Nr. 5 TPG), der psychologischen Betreuung des Organempfängers (§ 10 Abs. 2 S. 1 Nr. 7 TPG) sowie der Durchführung von Qualitätsmaßnahmen (§ 10 Abs. 2 S. 1 Nr. 8 TPG) zu.

4. Koordinierungsstelle

36 Jede Organspende muss unter Beteiligung einer Koordinierungsstelle erfolgen (§ 9 Abs. 2 TPG). Durch Vertrag wurde die Deutsche Stiftung Organtransplantation (DSO), als Stiftung bürgerlichen Rechts, mit der Aufgabenwahrnehmung betraut.[21]

37 Die Koordinierungsstelle organisiert die Zusammenarbeit der Akteure bei der Entnahme und Übertragung der postmortal gespendeten Organe. Nach § 11 Abs. 1a TPG hat sie die Zusammenarbeit zur Organentnahme bei verstorbenen Spendern und die Durchführung aller bis zur Übertragung erforderlichen Maßnahmen mit Ausnahme der Vermittlung von Organen zu organisieren, um die vorhandenen Möglichkeiten der Organspende wahrzunehmen und durch die Entnahme und

---

[20] Aktuell gibt es 46 zugelassene Transplantationszentren in Deutschland, vgl. DSO Jahresbericht (2018), 44.

[21] Neben der Zentrale in Frankfurt a. M. gibt es noch sieben DSO-Regionen, vgl. DSO Jahresbericht (2018), 28.

Bereitstellung geeigneter Spenderorgane die gesundheitlichen Risiken der Organempfänger so gering wie möglich zu halten. Hierzu erstellt die Koordinierungsstelle geeignete Verfahrensanweisungen.

5. Vermittlungsstelle

Vermittlungspflichtige Organe (§ 1a Nr. 2 TPG) dürfen nur übertragen werden, wenn sie durch eine Vermittlungsstelle vermittelt wurden (§ 9 Abs. 2 S. 3 TPG). **38**

Die Aufgaben dieser Vermittlungsstelle wurden der privaten Stiftung niederländischen Rechts „Eurotransplant" übertragen. Neben Organen aus Deutschland werden solche aus Österreich, den Beneluxstaaten, Kroatien, Ungarn und Slowenien vermittelt. Durch den Zusammenschluss haben die Patienten größere Chancen, ein immunologisch passendes Organ zu erhalten.[22] **39**

§ 12 TPG regelt die Zuständigkeiten der Vermittlungsstelle. Die Organe werden nach festgelegten Kriterien an die Wartelisten-Patienten vergeben. Diese Kriterien sind je nach Organ unterschiedlich. Im Vordergrund stehen Erfolgsaussicht und Dringlichkeit. Die BÄK hat für Deutschland Richtlinien für die Vermittlung von Organen erlassen.[23] **40**

6. Bundesärztekammer (BÄK)

Die wichtigste Aufgabe der BÄK im Bereich des Organtransplantation ist die Aufstellung von Richtlinien, in denen der Stand der Erkenntnisse der medizinischen Wissenschaft festgehalten wird (§ 16 Abs. 1 S. 1 TPG). Sie haben keine unmittelbar rechtliche Wirkung. Die Einhaltung des Standes der Erkenntnisse der medizinischen Wissenschaft wird jedoch vermutet, wenn die Richtlinien der Bundesärztekammer beachtet worden sind, § 16 Abs. 1 S. 2 TPG. **41**

Problematisch erscheint, dass aufgrund der gesetzgeberischen Zurückhaltung in diesen Richtlinien wesentliche Festlegungen getroffen werden, insbesondere zu den Kriterien zur Aufnahme auf die Warteliste (§ 16 Abs. 1 S. 1 Nr. 2 TPG) und den Regeln zur Organvermittlung (§ 16 Abs. 1 S. 1 Nr. 5 TPG). Dabei werden nicht nur medizinische Standards beschrieben, sondern es erfolgt vielmehr auch eine Zuteilung von Lebenschancen, was grundsätzlich dem demokratisch legitimierten Gesetzgeber vorbehalten bleiben sollte, um Art. 20 Abs. 2 GG gerecht zu werden.[24] **42**

7. Kommissionen

Die Einhaltung der gesetzlichen Vorschriften wird durch verschiedene Kommissionen überprüft: **43**

Die **Überwachungskommission** ist für die Überprüfung der Koordinierungsstelle (DSO) sowie der Entnahmekrankenhäuser und Transplantationszentren nach § 11 Abs. 3 TPG zuständig. Diese sind zur Auskunft und zur Weiterleitung von Informationen verpflichtet. **44**

Gem. § 12 Abs. 5 TPG überprüft die **Prüfungskommission** in regelmäßigen Abständen stichprobenartig, ob die Vermittlungsentscheidungen von Eurotransplant nach den gesetzlichen und vertraglichen Vorschriften getroffen wurden. Auch hier kommt den Transplantationszentren und Eurotransplant eine Auskunfts- und Informationspflicht zu. **45**

---

[22] DSO Jahresbericht (2018), 43.
[23] Abrufbar unter: http://www.bundesaerztekammer.de/richtlinien/richtlinien/.
[24] *Höfling* JZ 2007, 481 (483).

46 Die **Ständige Kommission Organtransplantation (StäKo)**, die aus transplantationserfahrenen Ärzten sowie Vertretern verschiedener Institutionen aus der Transplantationsmedizin besteht, spricht Empfehlungen zu Grundsätzen und Richtlinien für die Organspende, -vermittlung und Transplantation aus.

47 **Übersicht 17: Beteiligte Akteure**

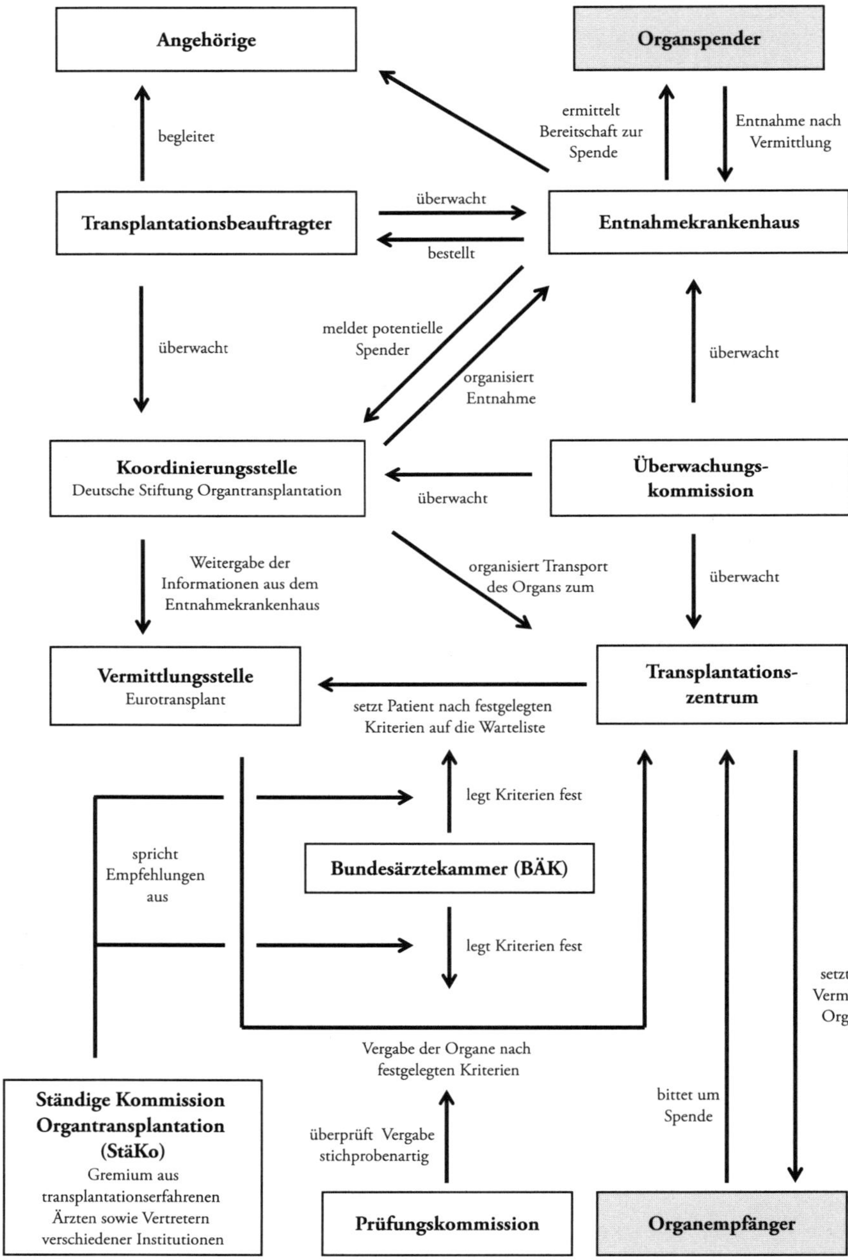

VII. Der Ablauf einer Organspende

Koordiniert wird die Organspende seit 2000 von der Deutschen Stiftung Organtransplantation (DSO). Die Transplantation läuft in folgenden Schritten ab:[25] 48

1. Schritt: Die Intensivstation eines Krankenhauses meldet der DSO einen möglichen Spender. Der Hirntod wird durch zwei Ärzte festgestellt und dokumentiert.
2. Schritt: Der Feststellung des Hirntodes folgt ein Gespräch mit den Angehörigen des Verstorbenen, das idR durch die behandelnden Ärzte vorgenommen wird. Oft nimmt ein Koordinator der DSO teil.
3. Schritt: Liegen alle rechtlichen Voraussetzungen für eine Organentnahme vor, so wird der Spender genauestens untersucht. Insbesondere wird geklärt, ob er unter Erkrankungen, etwa Infektionen oder Tumorerkrankungen, gelitten hat, welche den Erfolg der Transplantation gefährden könnten.
4. Schritt: Die gewonnenen medizinischen Daten werden an die internationale Organvermittlungsstelle Eurotransplant in Leiden (Niederlande) weitergeleitet. Diese beginnt nun mit der Vermittlung der Spenderorgane.
5. Schritt: Wenn ein geeigneter Empfänger gefunden wurde und der Vermittlungsbescheid vorliegt, erfolgt unter Organisation der DSO die Organentnahme. Anschließend werden die Organe in die jeweiligen Transplantationszentren transportiert. Der Körper des Organspenders wird verschlossen und kann nun bestattet werden.
6. Schritt: Im Transplantationszentrum wird dem Empfänger das Organ eingepflanzt.

VIII. „Transplantations-Skandal"

Das Thema „Organspende" ist durch die Aufdeckung von Manipulationen an Wartelisten wieder verstärkt in den Fokus der Öffentlichkeit gelangt. Insbesondere über mögliche Konsequenzen, Vorbeugungsmaßnahmen und Änderungen im Transplantationsrecht wurde intensiv diskutiert. 49

1. Sachverhalt

In den Jahren 2012 und 2013 wurde festgestellt, dass an mehreren deutschen Kliniken (ua in Regensburg, Göttingen, Leipzig und München) Patienten durch manipulative Darstellung des Krankheitszustandes und einschlägiger Werte zu besseren Positionen auf den Wartelisten verholfen worden war. So sollen unter anderem die Durchführung von Dialysen vorgetäuscht und Blutproben verfälscht worden sein. Außerdem wurden Patienten auf die Warteliste gesetzt, bevor die vorgeschriebene Alkoholkarenz von sechs Monaten eingehalten war.[26] Dies führte dazu, dass sie auf der Warteliste für ein Spenderorgan vorrücken konnten. 50

Im Jahr 2014 sind nach einer Selbstanzeige auch Ermittlungen gegen das Berliner Herzzentrum wegen des Verdachts der Manipulation von Wartelisten eingeleitet worden. Die Manipulationen wurden von einer nach dem Organspende-Skandal von 2012 eingesetzten Prüfungskommission aufgedeckt. Demnach wird angenommen, dass ca. 30 Patienten hohe Dosen bestimmter Medikamente verschrieben 51

---

[25] Vgl. https://www.dso.de/organspende-und-transplantation/postmortale-organspende.html.

[26] MAH MedR/*Hellweg/Beitz* § 13 Rn. 6.

wurden, die signalisieren, dass der Gesundheitszustand sehr kritisch ist. So rückten die betroffenen Patienten auf der Warteliste nach oben.[27]

52 Offenbar lagen die Gründe für die vorgenommenen Manipulationen nicht in finanziellen Zuwendungen durch die Patienten oder der Bevorzugung von Privatpatienten gegenüber gesetzlich Versicherten. Neben altruistischen Absichten waren vielmehr finanzielle Anreize der jeweiligen Transplantationszentren gegenüber leitenden Ärzten in Gestalt von Zielvereinbarungen ausschlaggebend.[28]

2. Aufarbeitung durch die Gerichte

53 Die strafrechtliche Aufarbeitung dieser Fälle ist noch im Gange. Sie förderte einige grundlegende Probleme und Unklarheiten des geltenden Transplantationsrechts zu Tage:

54 Die bekanntgewordenen Fälle lassen sich nicht als „Organhandel" nach den §§ 17, 18 TPG einstufen. Die Überprüfung der BÄK hat ergeben, dass keine Geldzahlungen für eine bevorzugte Organallokation verlangt wurden oder erfolgt sind. Fraglich ist, ob ein strafrechtlich relevanter Organhandel gem. § 17 Abs. 1 TPG iVm § 18 TPG vorliegt, wenn Krankenakten mit dem Ziel manipuliert werden, ein Organ zu erhalten und für die konkrete Transplantation Sonderboni vergütet werden, die von Kliniken generell für jede Transplantation gezahlt werden.[29] Vieles spricht dafür, einen strafbaren Organhandel nur dann anzunehmen, wenn (nachweisbar) eine zusätzliche Vergütung gerade für die Bevorzugung bei der Zuteilung des Organs geleistet wurde.[30]

55 Auch unter die früheren Regelungen des § 19 TPG kann das Verhalten nicht subsumiert werden, da die vorliegende Fallkonstellation vom Gesetzgeber nicht bedacht wurde. Die seit dem 1.8.2013 existierende Strafvorschrift des § 19 Abs. 2a TPG, die die absichtliche unrichtige Erhebung, Dokumentation und Übermittlung der für die Organvermittlung erforderlichen Angaben unter Strafe stellt, ist wegen des Rückwirkungsverbots auf die in Frage stehenden Sachverhalte nicht anwendbar.[31] Eine Strafbarkeit nach dem TPG kommt folglich nicht in Betracht.

56 Somit ist lediglich an Straftatbestände des StGB zu denken. In Betracht kommt ein Totschlag zulasten der auf der Warteliste Benachteiligten. Die Probleme liegen vor allem im Bereich der Nachweisbarkeit des Erfolgseintritts (Individualisierung eines potentiellen Opfers), der Kausalität, des Vorsatzes sowie im Bereich der Zurechnung.[32] Regelmäßig wird es sich deshalb nur um Versuchstaten handeln.

57 Außerdem könnte eine Strafbarkeit wegen des Ausstellens unrichtiger Gesundheitszeugnisse gemäß § 278 StGB in Betracht kommen. Problematisch erscheint jedoch, ob die privat gegründete, gemeinnützige Stiftung nach niederländischem Recht „Eurotransplant" als Behörde iSv § 278 StGB eingestuft werden kann.[33] Eine solche Auslegung könnte gegen das Analogieverbot des Art. 103 Abs. 2 GG verstoßen. Eine Strafbarkeit gemäß den §§ 267 f. StGB (Urkundenfälschung bzw. Fälschung technischer Aufzeichnungen) kommt nicht in Betracht, da diese Straftatbestände die inhaltliche Richtigkeit von Urkunden nicht schützen.

---

[27] Zitiert nach: *Küpper*, Neuer Transplantationsskandal. Staatsanwaltschaft ermittelt wegen versuchten Totschlags, FAZ vom 22.8.2014, abrufbar unter: www.faz.net/-guw-7t0kb (Stand: 6.2.2019).

[28] BT-Drs. 17/13897, 1 ff.

[29] Ablehnend *Schroth* NStZ 2013, 437 (445 f.).

[30] *Kudlich* NJW 2013, 917 (919).

[31] *Rissing-van Saan* NStZ 2014, 233 (238).

[32] Vgl. hierzu insbes. *Schroth* NStZ 2013, 437 ff.; *Kudlich* NJW 2013, 917 ff.; *Rissing-van Saan* NStZ 2014, 233 ff.

[33] *Schroth* NStZ 2013, 437 (446 f.).

Über drei Jahre nach Bekanntwerden wurde das erste Urteil im Transplantationsskandal gesprochen. Im Mai 2015 hat das LG Göttingen den früheren Leiter der Transplantationschirurgie am Göttinger Universitäts-Klinikum vom Vorwurf des versuchten Totschlags freigesprochen.[34] Die Manipulationen in Zusammenhang mit der Vornahme von Lebertransplantationen seien nach moralischen Wertvorstellungen zu missbilligen, aber zum damaligen Zeitpunkt nicht strafbar gewesen.[35] Die Staatsanwaltschaft hatte acht Jahre Haft und ein lebenslanges Berufsverbot als Transplantationschirurg gefordert. Der BGH hat den Freispruch des Angeklagten im Juni 2017 bestätigt.[36] Dem lag folgender Sachverhalt zugrunde:[37] **58**

Nach der Meldung einer Spenderleber wird von Eurotransplant für diese Leber eine „Match-Liste“ erstellt, auf der die potentiellen Empfänger nach Dringlichkeit gelistet sind. Vorrangig werden vor allem Patienten in akut lebensbedrohlichen Situationen berücksichtigt. Im Übrigen wird die Dringlichkeit durch den sog. „MELD-Score“ bestimmt (Modell für Lebererkrankungen im Endstadium), der aus drei Blutwerten errechnet wird. Je höher der MELD-Score ist, desto höher ist statistisch betrachtet die baldige Sterbewahrscheinlichkeit, wobei die tatsächliche Dringlichkeit der Transplantation durch den MELD-Score nicht in jedem Fall verlässlich abgebildet wird. In einigen Fällen veranlasste der Angeklagte gegenüber Eurotransplant Falschangaben zu tatsächlich nicht vorgenommenen Nierenersatztherapien, erhöhte so den MELD-Score seiner Patienten und übertrug ihnen schließlich die benötigten Spenderlebern (Manipulationsfälle). In zwei weiteren Fällen bewirkte er die Aufnahme von Patientinnen auf die Warteliste und nahm die Transplantationen vor, obwohl die Patientinnen noch nicht – wie es die Richtlinien der Bundesärztekammer verlangten – sechs Monate alkoholabstinent lebten (Wartelistenfälle). Stets waren die Lebertransplantationen im Hinblick auf den lebensbedrohlichen Zustand der Patienten tatsächlich dringlich. **58a**

Der BGH ließ offen, ob eine Verurteilung schon daran scheitern müsse, dass die Vorschriften des TPG lediglich als Ausdruck eines objektivierten Gerechtigkeitsprinzips bei der Organverteilung zu verstehen seien, ohne dass sie auf die Verhinderung von Tötungsunrecht zielten.[38] Der BGH neigt dieser Auffassung zu, was in künftigen Verfahren Bedeutung erlangen könnte. Im konkreten Fall seien die Wartelistenfälle schon deshalb nicht als versuchter Totschlag strafbar, da das TPG keine hinreichend bestimmte Ermächtigung zur Normierung eines strikten Ausschlusstatbestands für Alkoholkranke enthalte.[39] Hinzukomme, dass die Karenzklausel auch nach den „Erkenntnissen der medizinischen Wissenschaft“ nicht gerechtfertigt sei, da Lebertransplantationen auch bei einem denkbaren Rückfall in die Alkoholsucht erfolgversprechend seien.[40] In den Manipulationsfällen äußerte der BGH ebenfalls Zweifel daran, dass ein Verstoß gegen die Bestimmungen zur Ermittlung des MELD-Score Tötungsunrecht begründen könne.[41] Entscheidend sei indes, dass der Angeklagte keinen Tötungsvorsatz gehabt habe. Dieser setzte voraus, dass der Angeklagte davon ausging, dass bei den auf der Warteliste „überholten“ Patienten mit an Sicherheit grenzender Wahrscheinlichkeit davon auszugehen sei, dass sie ohne das Spenderorgan sterben und eine Transplantation zu einer Lebensverlängerung führe.[42] Von Letzterem könne aber nicht ausgegangen werden, weil dem Angeklagten das verhältnismäßig hohe Sterberisiko von etwa 5 bis 10 % eines jeden Patienten bekannt gewesen sei, in oder unmittelbar nach **58b**

[34] LG Göttingen Urt. v. 6.5.2015 – 6 Ks 4/13.
[35] LG Göttingen Urt. v. 6.5.2015 – 6 Ks 4/13 Rn. 53.
[36] BGH NStZ 2017, 701.
[37] BGH NStZ 2017, 701.
[38] BGH NStZ 2017, 701 (702).
[39] BGH NStZ 2017, 701 (703).
[40] BGH NStZ 2017, 701 (703 f.).
[41] BGH NStZ 2017, 701 (704 f.).
[42] BGH NStZ 2017, 701 (706).

einer Transplantation zu versterben.[43] Die Verneinung des Tötungsvorsatzes wird in der Rechtswissenschaft eher in Hinblick auf die dogmatische Begründung als das Ergebnis kritisiert.[44] Das Urteil dürfte Auswirkungen auf weitere anhängige Anklagen gegen Transplantationsmediziner haben.

3. Reaktion des Gesetzgebers

59 Auf die oben beschriebenen Skandale reagierte der Gesetzgeber nur mit punktuellen Neuregelungen. Eine grundsätzliche gesetzgeberische Neugestaltung des in verfassungsrechtlicher Perspektive gleich mehrfach defizitären Regelungssystems wurde, obwohl sie vielfach eingefordert wurde, nicht umgesetzt.[45]

60 Die Vorschriften der §§ 10, 16 und 19 TPG wurden, eingebettet in das Gesetz zur Beseitigung sozialer Überforderung bei Beitragsschulden in der Krankenversicherung[46], geändert. § 10 Abs. 3 S. 2 TPG verbietet es nunmehr, den Gesundheitszustand eines Patienten unrichtig zu erheben oder unrichtig zu dokumentieren (Nr. 1) oder bei der Meldung nach § 13 Abs. 3 S. 3 TPG einen unrichtigen Gesundheitszustand eines Patienten zu übermitteln (Nr. 2). Nach § 19 Abs. 2a TPG wird der absichtliche Verstoß gegen § 10 Abs. 3 S. 2 TPG mit einer Freiheitsstrafe bis zu zwei Jahren oder mit Geldstrafe bestraft.

61 Es handelt sich bei der Norm um ein abstraktes Gefährdungsdelikt, da die unter Strafe gestellten Handlungen einer Rechtsgutsbeeinträchtigung vorausgehen.[47] Ein Erfolg in Gestalt einer tatsächlichen Beeinträchtigung wird vom Tatbestand nicht vorausgesetzt. Tathandlungen sind nach der Gesetzesbegründung zB der Austausch von Blutproben (verbunden mit der Weitergabe dieser Untersuchungsergebnisse), das Vortäuschen von Behandlungen (zB Dialysen) oder das Verschweigen von Kontraindikationen. Durch die Neuregelung soll das Vertrauen der Bevölkerung in die Lauterkeit des Systems der Organspende wiederhergestellt werden, nicht zuletzt um so die Spendebereitschaft der Bevölkerung zu stabilisieren.[48]

62 Außerdem wurde § 16 TPG, der die Richtlinienkompetenz der BÄK begründet, novelliert. Schon vor Bekanntwerden der Manipulationen war vielfach gefordert worden, die gem. § 16 TPG erlassenen Richtlinien der BÄK wegen ihrer enormen Grundrechtsrelevanz einer Genehmigung zu unterwerfen. § 16 Abs. 3 TPG regelt fortan, dass die Richtlinien nach Abs. 1 sowie deren Änderungen dem Bundesministerium für Gesundheit zur Genehmigung vorzulegen sind.

63 Außerdem sind nach § 16 Abs. 2 S. 2 TPG die Richtlinien zu begründen. Insbesondere ist die Feststellung des Standes der Erkenntnisse der medizinischen Wissenschaft nachvollziehbar darzulegen. Dieses Erfordernis soll der besseren Transparenz der Richtlinienpraxis der BÄK dienen. Das demokratische Legitimationsdefizit der Richtlinientätigkeit der BÄK wird so zumindest in einem ersten Schritt kompensiert. Dennoch werden diese Korrekturversuche des Gesetzgebers als unzureichend empfunden.[49] Die punktuellen Änderungen des TPG dürften die Spendebereitschaft der Bevölkerung nicht nachhaltig beeinflussen.[50]

---

43 BGH NStZ 2017, 701 (706).
44 Zur dogmatischen Kritik etwa *Hoven* NStZ 2017, 707; *Kudlich* NJW 2017, 3255.
45 Höfling/*Lang* TPG § 10 Rn. 58.
46 BGBl. 2013 I 2423 ff.
47 Höfling/*Bernsmann/Sickor* TPG § 19 Rn. 111.
48 Höfling/*Lang* TPG § 10, Rn. 61.
49 Höfling/*Höfling* TPG § 16 Rn. 54 f.
50 Höfling/*Lang* TPG § 10 Rn. 61.

4. Gesellschaftliche Folgen

64 Die Auswirkungen des sog. „Organspende-Skandals“ lassen sich nicht nur an dem Tätigwerden des Gesetzgebers ablesen. Auch in der Bevölkerung hat der Skandal Spuren hinterlassen.

65 Der drastische Einbruch der Spenderzahlen, der auf den Vertrauensverlust und die Verunsicherung der Bevölkerung zurückgeführt wird[51], spricht für sich. Seit 2011 ist ein Rückgang der Spenderzahlen in allen DSO-Regionen zu beobachten. 2013 konnten nur noch 876 Organspender gezählt werden. Dies bedeutet einen Rückgang um 16,3 % im Vergleich zum Vorjahr.[52] Bis 2017 war die Zahl der Spender auf 797 zurückgegangen.[53] In einer Umfrage der Bundeszentrale für gesundheitliche Aufklärung im Jahre 2013 gaben 53 % der Befragten als Grund für ihre Entscheidung gegen Organspende an, dass sie fürchten, die gespendeten Organen würden nicht gerecht verteilt.[54]

66 Welche Maßnahmen in tatsächlicher Hinsicht getroffen werden, um den sinkenden Spenderzahlen entgegenzuwirken, bleibt abzuwarten. Es wird teilweise gefordert, die Anzahl der bestehenden Transplantationszentren zu reduzieren. Die Vorteile – mehr Transparenz, bessere Kontrollmöglichkeiten und die Vermeidung von schädlichem Wettbewerb – liegen auf der Hand.[55] Jedoch würden weniger Zentren auch längere Wege bedeuten, wodurch eine flächendeckende Versorgung gefährdet sein könnte. Andere kritisieren ökonomisch motivierte Zielvereinbarungen; Bonus-Zahlungen an Ärzte sollten geprüft werden. Teilweise wurden die bekanntgewordenen Unregelmäßigkeiten darauf zurückgeführt, dass Transplantationsmediziner oft eine Extravergütung für jedes von ihnen verpflanzte Organ erhalten.[56]

66a Der Gesetzgeber sieht den Schlüssel zu einer Erhöhung des Organspendeaufkommens in einer Beseitigung struktureller Defizite in den Entnahmekrankenhäusern.[57] Dort werde die Aufgabe, mögliche Organspender an die Koordinierungsstelle zu melden, aufgrund faktischer Zwänge oftmals in den Hintergrund gedrängt.[58] Am 1.4.2019 ist deshalb das Gesetz zur Verbesserung der Zusammenarbeit und der Strukturen bei der Organspende in Kraft getreten. Es sieht eine Stärkung des Status des Transplantationsbeauftragten, eine bessere Vergütung der in den Entnahmekrankenhäusern vorgenommenen Leistungen und ein flächendeckendes Berichtssystem zur Spenderidentifizierung vor (§§ 9b Abs. 1, Abs. 3, 9a Abs. 3; 9a Abs. 2 Nr. 6, 11 Abs. 1b TPG).[59] Um sicherzustellen, dass in jedem Entnahmekrankenhaus zu jeder Zeit der endgültige, nicht behebbare Ausfall der Gesamtfunktion des Großhirns, des Kleinhirns und des Hirnstamms festgestellt werden kann, wird außerdem ein neurochirurgischer und neurologischer konsiliarärztlicher Rufbereitschaftsdienst eingerichtet (§ 9c TPG).[60]

---

[51] Höfling/*Bernsmann/Sickor* TPG § 19 Rn. 109.

[52] DSO Jahresbericht (2013), 48.

[53] DSO Jahresbericht (2017), 58. 2018 sind die Zahlen wieder angestiegen, vgl. DSO Jahresbericht (2018), 8.

[54] Durchgeführt von forsa, Berlin. Abrufbar unter: www.dso.de.

[55] MAH MedR/*Hellweg/Beitz* § 13 Rn. 7.

[56] FD-SozVR 2013, 341969 (abrufbar über beck-online).

[57] BT-Drs. 19/6915, 1.

[58] BT-Drs. 19/6915, 1.

[59] BT-Drs. 19/6915; Überblick bei *Höfling* ZRP 2019, 2.

[60] BT-Drs. 19/6915, 2.

IX. Die Organlebendspende

67 Die Voraussetzungen der Organlebendspende sind zum Schutz des Organspenders sehr streng. Ihre Zulässigkeit ist in § 8 TPG geregelt. Dieser bestimmt folgende **Voraussetzungen für eine Organlebendspende:**

1. Volljährigkeit;
2. Einwilligungsfähigkeit des Spenders;
3. Umfassende Aufklärung des Spenders;
4. Einwilligung in die Organentnahme;
5. Eignung als Organspender;
6. Keine Gefährdung des Spenders über das Operationsrisiko hinaus und keine schwere gesundheitliche Beeinträchtigung über die unmittelbaren Folgen der Organentnahme hinaus;
7. Eignung der Organtransplantation zur Erhaltung des Lebens des Empfängers oder Heilung einer schwerwiegenden Erkrankung, Verhütung ihrer Verschlimmerung oder Linderung der Beschwerden;
8. Ein geeignetes Organ eines Toten darf nicht zur Verfügung stehen (Subsidiarität der Lebendspende).
9. Der Eingriff muss durch einen Arzt vorgenommen werden.
10. Organe, die sich nicht wieder bilden können, dürfen nur auf Verwandte ersten oder zweiten Grades, Ehegatten, eingetragene Lebenspartner, Verlobte oder andere Personen, die dem Spender in besonderer persönlicher Verbundenheit offenkundig nahe stehen, übertragen werden.

68 Diese Regelung ist nicht unumstritten. Fraglich ist zunächst die Richtigkeit einer starren Altersgrenze von 18 Jahren. Auch 17-Jährige können bereits die entsprechende geistige Reife aufweisen, um zB die Entscheidung zu treffen, einem Geschwisterkind eine Niere zu spenden. Andererseits ist durch diese Regelung gewährleistet, dass Minderjährige nicht einer Drucksituation ausgesetzt werden können. Hier überwiegt der Minderjährigenschutz die Interessen des potentiellen Empfängers.[61]

69 Form und Inhalt der erforderlichen Aufklärung ergeben sich aus § 8 Abs. 2 TPG, der die Aufklärungspflichten des Arztes gegenüber der allgemeinen Aufklärungspflicht erweitert. Danach ist der Organspender über die Art und den Zweck des Eingriffs, den Umfang und mögliche, auch mittelbare Folgen und Spätfolgen der Organ- oder Gewebeentnahme sowie über die zu erwartende Erfolgsaussicht der Organübertragung aufzuklären. Die Aufklärungspflicht erstreckt sich außerdem auch auf sonstige Umstände, denen der Spender erkennbar eine Bedeutung für die Organspende beimisst, so zB auch auf die Folgen für die Beziehung zwischen ihm und dem Empfänger.[62] Weiterhin muss der Arzt auch über die versicherungsrechtlichen Aspekte aufklären (§ 8 Abs. 2 S. 5 TPG), wobei sich die Aufklärungspflicht nur auf einfache Fragen erstreckt. Die Klärung einer komplizierten Rechtslage kann von einem Arzt nicht erwartet werden.[63]

70 Die Lebendspende ist subsidiär, dh sie darf nur vorgenommen werden, wenn kein Organ eines Toten zur Verfügung steht (vgl. § 8 Abs. 1 Nr. 3 TPG). Diese Regelung ist insofern problematisch, als dass in vielen Fällen eine Organlebendspende für den Empfänger die bessere Alternative ist. Allerdings ist die Wahrscheinlichkeit, dass ein Leichenorgan zur Verfügung steht, angesichts der langen Warteliste ohnehin

[61] Roxin/Schroth MedStrafR-HdB/*Schroth* 470 f.
[62] SKGO/*Gutmann* TPG § 8 Rn. 43.
[63] Höfling/*Augsberg* TPG § 8 Rn. 90.

eher gering. Ein Verstoß gegen diese Transplantationsvoraussetzung hat außerdem für den Arzt keine strafrechtlichen Folgen.[64]

X. Strafvorschriften

1. Strafbarkeit gemäß § 168 Abs. 1 StGB

Eine Organentnahme kann zunächst gemäß § 168 Abs. 1 StGB (Störung der Totenruhe) strafbar sein. Die Strafbarkeit hängt davon ab, ob ein Einverständnis des Gewahrsamsberechtigten vorliegt. Da die Leiche und deren Teile keine Sachen sind, ist der Gewahrsamsbegriff hier anders als bei Diebstahl und Unterschlagung im Sinne eines Obhutsrechts zu verstehen, der allerdings um die faktische Komponente einer tatsächlichen Obhutsbeziehung ergänzt werden muss.[65] Aus diesem Grund liegt der Gewahrsam nicht stets bei den Angehörigen. Insbesondere nach Unfällen wissen die Angehörigen oft noch gar nicht, wo sich der Verstorbene befindet. In diesem Fall hat allein die Krankenhausleitung Gewahrsam an der Leiche.[66] Ist diese mit der Organentnahme einverstanden, so scheidet eine Störung der Totenruhe aus. 71

2. Strafbarkeit gemäß § 19 TPG

Die daraus entstehenden Strafbarkeitslücken werden durch § 19 TPG gefüllt, welcher Verstöße gegen die Vorschriften des TPG teilweise unter Strafe stellt. So ist gemäß § 19 Abs. 1 Nr. 1 TPG iVm § 8 Abs. 1 S. 1 Nr. 1a TPG der Arzt strafbar, der einem nicht volljährigen oder nicht einwilligungsfähigen Spender ein Organ entnimmt. Entsprechendes gilt, wenn der Spender nicht hinreichend aufgeklärt wurde oder nicht wirksam eingewilligt hat. Hierzu hat der BGH in einer Zivilsache entschieden, dass der Einwand der hypothetischen Einwilligung im Recht der Lebendorganspende nicht durchgreifen kann.[67] Anderenfalls würden die vom Gesetzgeber bewusst streng formulierten, strafbewehrten Aufklärungsvorgaben unterlaufen. Jedenfalls bei der Spende von nicht regenerationsfähigen Organen, die nur für bestimmte Personen zulässig ist, befinde sich der Spender in einer besonderen Konfliktsituation, in der jede Risikoinformation relevant sein könne. Die Organentnahme ist weiterhin strafbar, wenn der Operateur nicht approbierter Arzt ist und auch, wenn bei der Entnahme eines nicht regenerierbaren Organs der Spender nicht dem in § 8 Abs. 1 S. 2 TPG genannten Spenderkreis angehört. 72

Entnimmt der Arzt ein Organ, obwohl der Gesamthirntod noch nicht festgestellt war, so ist er nach § 19 Abs. 2 TPG iVm § 3 Abs. 2 Nr. 2 TPG strafbar. Kann allerdings nachgewiesen werden, dass der Spender noch nicht tot war und die Organentnahme für den Tod kausal war, so kommt eine Strafbarkeit wegen Totschlags nach § 212 Abs. 1 StGB in Betracht. 73

Nicht strafbewehrt ist dagegen die Abgabe einer wider Erwarten falschen Prognose über den Erfolg einer Transplantation, so dass selbst die Vornahme einer völlig sinnlosen Transplantation nach dem TPG straffrei bleibt, wenn der Spender aufgeklärt wurde und eingewilligt hat. Eine Strafbarkeit wegen Körperverletzung nach § 223 StGB mit dem Argument, der Eingriff verstoße gegen die guten Sitten (§ 228 StGB), kommt daneben nicht in Betracht, weil das TPG eine abschließende, den § 223 StGB verdrängende Regelung enthält. Entsprechendes gilt bei einem Ver- 74

---

[64] SKGO/*Gutmann* TPG § 8 Rn. 23.

[65] *Fischer* StGB § 168 Rn. 8.

[66] Schönke/Schröder/*Lenckner*/*Bosch* StGB § 168 Rn. 6.

[67] BGH Urt. v. 29.1.2019 – VI ZR 495/16, NJW 2019, 1076.

stoß gegen § 8 Abs. 1 S. 1 Nr. 1c TPG, wenn der Arzt fälschlich keine Gefährdung des Spenders über das normale Maß hinaus annimmt.[68]

75 Haben der Verstorbene oder seine Angehörigen die Organentnahme verweigert, so ist eine Rechtfertigung der Entnahme nach § 34 StGB mit dem Argument, dass das Leben bzw. die Gesundheit des Empfängers das Selbstbestimmungsrecht des Verstorbenen überwiegt, ausgeschlossen, da das TPG die Voraussetzungen der Organentnahme abschließend regelt.[69]

3. Das Verbot des Organ- und Gewebehandels, §§ 17, 18 TPG

a) Hintergrund der Regelung

76 Nach § 17 Abs. 1 TPG ist es verboten, mit Organen oder Geweben, die einer Heilbehandlung zu dienen bestimmt sind, Handel zu treiben. Gem. § 18 TPG ist ein Verstoß strafbar. Hintergrund des Organhandelsverbots sind einerseits tatsächlich bestehende Organmärkte in Ländern der Dritten Welt (zB Ägypten, Indien). Hier verkaufen völlig mittellose Menschen Organe an Käufer, auch aus Deutschland und anderen europäischen Staaten, um auf diese Weise ihre Existenz zu sichern. Vermittelt werden die Verkäufe von professionellen Banden, die dadurch hohe Gewinne erzielen.[70]

77 Das Organhandelsverbot soll aber andererseits auch dem Organhandel in Deutschland einen Riegel vorschieben, denn auch hier sind Fälle denkbar, in denen Personen ihre Organe aus wirtschaftlicher Not verkaufen und damit ihre Gesundheit riskieren. Weiterhin sollen Fälle von Schwerstkriminalität ausgeschlossen werden, in denen Menschen Organe mit Gewalt entnommen werden.

b) Kritik am Organhandelsverbot

78 Das Organhandelsverbot wird von vielen Betrachtern als zu rigide bewertet. Die pauschale Kriminalisierung eines im Grundsatz vom Gesetzgeber positiv bewerteten Verhaltens ist fragwürdig. Zwar muss einerseits sichergestellt sein, dass Menschen sich nicht aus wirtschaftlichen Motiven gezwungen sehen, ihre Organe zu verkaufen, andererseits erfasst aber das strikte Verbot auch Bagatellfälle, deren Strafwürdigkeit sehr fraglich ist, wie etwa die Gewährung von Dankesgaben. In solchen Fällen ist die Menschenwürde des Spenders, auf die sich der Gesetzgeber bezogen hat[71], nicht verletzt.[72]

79 Auf der anderen Seite ist nicht verständlich, warum das Organhandelsverbot bestimmte Handlungsalternativen, wie etwa den Handel mit Organen und Geweben zugunsten der Schönheitsindustrie, nicht erfasst. Die vielfach kritisierte Gesetzeslücke für fetales und embryonales Gewebe wurde mit der Änderung des TPG im Jahr 2007 geschlossen.

80 Kritisiert wird ferner die paternalistische Haltung des Staates gegenüber dem Organspender: Der Gesetzgeber verbietet diesem unter Strafandrohung, mit seinen Organen zu handeln, um ihn vor sich selbst zu schützen, und greift damit in sein Selbstbestimmungsrecht ein. Der Spender wird gezwungen, sein Organ unentgeltlich hinzugeben, während der Empfänger, aber auch dessen Krankenversicherung sowie die behandelnden Ärzte davon profitieren.[73]

---

[68] Roxin/Schroth MedStrafR-HdB/*Schroth* 474 f.
[69] *Fischer* StGB § 168 Rn. 15.
[70] Roxin/Schroth MedStrafR-HdB/*König* 504 f.
[71] BT-Drs. 13/4355, 15 (29).
[72] Roxin/Schroth MedStrafR-HdB/*König* 506.
[73] Roxin/Schroth MedStrafR-HdB/*König* 514 f.

c) Handeltreiben iSd § 17 TPG

Der Begriff des „Handeltreibens“ wird nicht nur im TPG verwendet, er hat seine wesentliche Bedeutung vor allem im Betäubungsmittelrecht.[74] Die sehr weite Auslegung des Begriffs durch die Rechtsprechung gilt auch für das TPG. Handeltreiben umfasst demnach alle eigennützigen Bemühungen, die darauf gerichtet sind, den Umsatz der gehandelten Objekte zu ermöglichen oder zu fördern. Tatbestandsmerkmale sind das Handeln, der Eigennutz und das Ziel des Güterumsatzes. Handeltreiben liegt auch vor, wenn es sich nur um eine einmalige Tätigkeit handelt, oder wenn der Umsatz nur vermittelt wird.[75] 81

Handeltreiben ist also beispielsweise der Verkauf und Ankauf in Weiterveräußerungsabsicht, erfasst sind aber auch alle auf Verkauf und Ankauf gerichteten Bemühungen, wie zB das Einstellen einer Suchanzeige nach Organen im Internet. Im Kernbereich wird damit die Hingabe eines Organs gegen Geld erfasst. Grundsätzlich ebenfalls erfasst ist aber auch die Gewährung sonstiger Vorteile, wie die Erbeinsetzung aus Dankbarkeit oder eine Schenkung. 82

d) Ausnahmen vom Organhandelsverbot

Das Organhandelsverbot gilt gemäß § 17 Abs. 1 S. 2 TPG nicht für die Gewährung oder Annahme eines angemessenen Entgelts für die im Rahmen der Transplantation erforderlichen Maßnahmen (Nr. 1). Ebenso liegt kein Organhandel bei Arzneimitteln vor, die aus Geweben oder Organen gewonnen wurden, wenn sie nach dem Arzneimittelgesetz zugelassen sind (Nr. 2). Darüber hinaus gilt das TPG nicht für Blut (vgl. § 1 Abs. 3 Nr. 2 TPG). 83

e) Problembereiche

Probleme bereiten folgende Fallgruppen:

aa) Absicherung des Spenders durch Versicherungen

Schließt der Empfänger für den Spender eine Berufsunfähigkeitsversicherung ab, so liegt nach Vorstellung des Gesetzgebers kein Handeltreiben vor.[76] Zwar erlangt der Spender eigentlich einen Vorteil, aufgrund des eindeutigen gesetzgeberischen Willens bleiben solche Fälle jedoch straflos.[77] Dasselbe gilt für den Ersatz von Aufwendungen, die dem Spender aufgrund der Transplantation entstanden sind, wie Fahrtkosten, Kosten für den Krankenhausaufenthalt etc. Hier liegt schon begrifflich kein Organhandel vor.[78] 84

bb) Geringe Dankbarkeitsgaben

Geringe Dankbarkeitsgaben des Empfängers wie zB eine Einladung zum Essen oder die Finanzierung eines Erholungsurlaubs erfüllen dem Wortlaut des § 17 TPG nach den Tatbestand des Organhandels. Derartige Dankesgaben werden bei anderen Gefälligkeiten gesellschaftlich akzeptiert, idR fühlt sich der Empfänger einer Gefälligkeitsleistung sogar zur Bekundung seiner Dankbarkeit in Form einer Aufmerksamkeit gegenüber dem Gebenden verpflichtet. Dies gilt auch oder gerade nach der Spende eines Organs, die das Leben des Empfängers gerettet oder seine Gesundheit wesentlich verbessert hat. Es ist deshalb eine einschränkende Gesetzes- 85

---

[74] Vgl. § 29 Abs. 1 Nr. 1 BtMG.
[75] Höfling/*Bernsmann/Sickor* TPG § 18 Rn. 13 ff.
[76] BT-Drs. 13/4355, 30.
[77] Roxin/Schroth MedStrafR-HdB/*König* 515.
[78] BT-Drs. 13/4335, 30.

auslegung (teleologische Reduktion) sinnvoll. Da es nicht Zweck des Gesetzes ist, solche gesellschaftlich anerkannten Dankesgaben zu verbieten, liegt ein strafbarer Organhandel hier nicht vor.[79]

cc) Angemessenheit der Vergütung

86 Der Organhandel ist gemäß § 17 Abs. 1 S. 2 Nr. 1 TPG nicht strafbar, soweit ein angemessenes Entgelt für die zur Erreichung des Ziels der Heilbehandlung erforderlichen Maßnahmen, insbesondere für die Entnahme, die Konservierung, die weitere Aufbereitung einschließlich der Maßnahmen zum Infektionsschutz, die Aufbewahrung und die Beförderung der Organe oder Gewebe gewährt wird.

87 Diese Ausnahme ist erforderlich, da andernfalls bereits bei der Vergütung des Arztes oder des medizinischen Personals der Tatbestand des Organhandels erfüllt wäre. Kein Arzt arbeitet jedoch kostenlos, auch die sonstigen bei der Transplantation anfallenden Kosten müssen beglichen werden. Jedoch gilt diese Ausnahme vom Organhandelsverbot nur soweit, wie die Vergütung angemessen ist.[80]

88 Die Angemessenheit ist ein unbestimmter Rechtsbegriff, welcher der Auslegung bedarf. Angemessen ist jedenfalls die übliche Vergütung, wie sie sich aus den Vereinbarungen mit den Sozialversicherungsträgern bzw. aus Gesetz oder einer entsprechenden Rechtsverordnung ergibt.[81] Geringfügige Überschreitungen dieser Beträge dürften aber noch angemessen sein, insbesondere deshalb, weil der Gesetzgeber selbst auf die Zulässigkeit einer Pauschalierung hinweist.[82]

89 Problematisch ist die Vorschrift insofern, als sie vom Arzt eine Überprüfung der Angemessenheit des Entgelts verlangt. Muss der Arzt, der erfährt, dass die ihm angebotene Herzklappe überteuert ist,[83] eine lebensnotwendige Operation im letzten Moment absagen, um sich nicht wegen Organhandels strafbar zu machen?[84] Dies erscheint kaum vertretbar.

dd) Cross-over-Spende

90 Bei der Cross-over-Spende handelt es sich um folgende Fallkonstellation: Die Lebendspende durch eine dem Spenderkreis des § 8 Abs. 1 S. 2 TPG angehörige Person ist aus medizinischen Gründen, zB einer Blutgruppenunverträglichkeit, ausgeschlossen. Bei einem anderen Paar besteht dieselbe Konstellation, medizinisch wäre jedoch eine Überkreuzspende dergestalt möglich, dass die Empfänger jeweils ein Organ des anderen Partners bzw. Angehörigen erhalten.

91 Fraglich ist jedoch, ob dies rechtlich zulässig ist. Zunächst könnte ein Verstoß gegen das Organhandelsverbot vorliegen. Eine eigennützige Handlung liegt hier eigentlich vor, da der Spender die Spende nur vornimmt, damit sein Partner ebenfalls ein Organ erhält. Zweck des Organhandelsverbots ist jedoch der Schutz der Menschenwürde und die Verhinderung der Kommerzialisierung des Organhandels. Die gegenseitige Hilfe bei der Überkreuzspende ist vom Gesetzeszweck nicht erfasst. Sie fällt daher nicht unter die Verbotsnorm.[85]

---

[79] Roxin/Schroth MedStrafR-HdB/*König* 516 f.

[80] Kritisch zu dieser Ausnahme von der Ausnahme: Roxin/Schroth MedStrafR-HdB/*König* 521 f.

[81] BT-Drs. 13/4335, 30.

[82] BT-Drs. 13/4335, 30; Roxin/Schroth MedStrafR-HdB/*König* 524.

[83] Organhandel kommt nur in Betracht, wenn der Arzt die Unangemessenheit des Entgelts kennt oder zumindest billigend in Kauf nimmt, also vorsätzlich handelt.

[84] Roxin/Schroth MedStrafR-HdB/*König* 524.

[85] Roxin/Schroth MedStrafR-HdB/*Schroth* 493 f.

Weiterhin könnte die Cross-over-Spende gegen § 8 Abs. 1 S. 2 TPG verstoßen. 92
Nach dieser verfassungsrechtlich nicht unproblematischen Regelung[86] ist die Entnahme nicht regenerierbarer Organe nur zulässig, wenn diese auf Verwandte ersten oder zweiten Grades, den Ehegatten, den Lebenspartner oder Verlobten oder auf andere „Personen, die dem Spender in besonderer persönlicher Verbundenheit offenkundig nahestehen" übertragen werden sollen. Diese Regelung dient der Beschränkung des Organhandels, ein Verstoß ist strafbar (→ Kap. 8 Rn. 72). Da Spender und Empfänger im Fall der Überkreuz-Spende weder miteinander verwandt noch verheiratet oder verlobt sind, kommt hier nur eine besondere persönliche Verbundenheit in Betracht.

Voraussetzung einer solchen Verbundenheit sind nach allgemeiner Ansicht wech- 93
selseitige Zusammengehörigkeits- und Verantwortungsgefühle und eine nicht nur kurzzeitige und immer wiederkehrende enge und persönliche Interaktion.[87] Offenkundig ist dies, wenn es für den Arzt im beruflichen Kontakt eindeutig erkennbar ist.[88] Nach anderer, vorzugswürdiger Ansicht reicht es aus, wenn eine gemeinsame Notlage eine Schicksalsgemeinschaft schafft und eine Prognoseentscheidung ergibt, dass die Parteien ihre Beziehung über die Transplantation hinaus aufrechterhalten werden.[89] Die Cross-over-Spende wäre damit zulässig. Zum gleichen Ergebnis gelangen Vertreter der ersten Ansicht über eine teleologische Reduktion der Vorschrift: Diese dient der Einschränkung des Organhandels. Die Überkreuzspende stellt jedoch keinen Organhandel dar. Sie muss deshalb möglich sein, weil der Lebensschutz der Empfänger und die Verfügungsfreiheit der Spender über ihren Körper dies gebieten.[90]

XI. Xenotransplantation

Unter einer Xenotransplantation[91] versteht man die Übertragung von Organen, 94
Geweben oder Zellen zwischen verschiedenen Spezies. Erste Versuche in den 60er Jahren, Nieren oder Herzen von Schimpansen und Pavianen zu transplantieren, scheiterten. Die Organe wurden nach kurzer Zeit abgestoßen.

Seit den 90er Jahren werden zunehmend Zellen oder Gewebe von Schweinen zu 95
Transplantationszwecken verwendet (Inselzellen bei Diabetikern, Hirnzellen beim Parkinson-Syndrom, Leberzellen bei Leberversagen sowie Haut bei Brandverletzungen). Eine Übertragung von durchbluteten Organen ist hingegen (noch) nicht möglich. Aus medizinischer Sicht sind vor allem die Abstoßungsreaktionen, aber auch die Infektionsrisiken problematisch.[92]

Aufgrund des enormen Mangels an gespendeten Organen und der großen Anzahl 96
an Menschen, die vergeblich auf ein Spendeorgan warten, wird die Xenotransplantation unter ethischen Gesichtspunkten als „gerechtfertigt" bzw. sogar als „geboten"

---

[86] Für die Verfassungsmäßigkeit BVerfG NJW 1999, 3399; aA SKGO/*Gutmann* TPG § 8 Rn. 27 ff.; vgl. außerdem *Esser* Verfassungsrechtliche Aspekte der Lebendspende 185 ff., *Forkel* JURA 2001, 73 (77 f.).

[87] LSG NRW MedR 2003, 469 (474); SKGO/*Gutmann* TPG § 8 Rn. 33; Höfling/*Augsberger* TPG § 8 Rn. 62 f.

[88] BSG JZ 2004, 464, (468).

[89] *Seidenath* MedR 1998, 253 (255 f.).

[90] Roxin/Schroth MedStrafR-HdB/*Schroth* 490 f.

[91] Griechisch: xénos = fremd, fremdartig (*Gemoll*, Griechisch-Deutsches Schul- und Handwörterbuch, 2006).

[92] *Dettmeyer* Medizin & Recht 253 f.

erachtet.[93] Ethische Bedenken werden jedoch dahingehend geäußert, dass durch die Übertragung von tierischen Organen Chimäre gebildet werden, also Individuen, die lebende Zellen von zwei verschiedenen Spezies enthalten.

97 Die Xenotransplantation wird vom TPG nicht erfasst. Einzelne Regelungen finden sich im Tierschutzgesetz (§ 6 Abs. 1 S. 2 Nr. 4), im Arzneimittelgesetz und, soweit genetische Manipulationen notwendig sind, im Gentechnikgesetz. Alles in allem bestehen bei der juristischen Beurteilung der Xenotransplantation noch erhebliche Unklarheiten; eine gesetzliche Klärung wäre wünschenswert.[94]

---

[93] Stellungnahme des Wissenschaftlichen Beirats der Bundesärztekammer zur Xenotransplantation, DÄBl., Bd. 96, A-1920, 1924.

[94] *Borowy* Postmortale Organentnahme 46; Laufs/Kern/Rehborn ArztR-HdB/*Ulsenheimer* § 132 Rn. 53 mwN.

9. Kapitel. Die ärztliche Schweigepflicht

I. Einführung

Die ärztliche Schweigepflicht geht zurück auf den Eid des Hippokrates:[1] 1

> „Was ich bei der Behandlung oder auch außerhalb meiner Praxis im Umgang mit Menschen sehe oder höre, das man nicht weiterreden darf, werde ich verschweigen und als Geheimnis bewahren."[2]

Dieser Grundsatz gehörte durch die Jahrhunderte hindurch zum Selbstver- 2
ständnis ärztlicher Tätigkeit und ist heute ua in § 203 Abs. 1 Nr. 1 StGB normiert. Danach macht sich strafbar, „wer unbefugt ein fremdes Geheimnis, namentlich ein zum persönlichen Lebensbereich gehörendes Geheimnis oder ein Betriebs- oder Geschäftsgeheimnis offenbart, das ihm als Arzt, Zahnarzt, Tierarzt, Apotheker oder Angehörigen eines anderen Heilberufs [...] anvertraut worden oder sonst bekanntgeworden ist [...]".

II. Schutzgut und Bedeutung des § 203 StGB

Welches Rechtsgut durch die ärztliche Schweigepflicht geschützt wird, ist um- 3
stritten. In Betracht kommt sowohl das Individualinteresse des Betroffenen an der Wahrung seiner Privat- und Intimsphäre als auch das überindividuelle Interesse an einer funktionierenden Gesundheitspflege. Die Verschwiegenheitspflicht ist wesentliche Voraussetzung für den Aufbau eines Vertrauensverhältnisses zwischen Arzt und Patient, ohne das eine erfolgreiche Behandlung nicht möglich ist.

Aus systematischer Sicht spricht einiges dafür, als Rechtsgut des § 203 StGB das 4
Individualinteresse des Einzelnen an der Wahrung seiner Privat- und Intimsphäre anzusehen, da der Tatbestand dem Abschnitt „Verletzung des persönlichen Lebens- und Geheimbereichs" untergeordnet ist.[3] Im Übrigen geht aus dem Antragserfordernis des § 205 StGB hervor, dass ein Recht des Patienten geschützt werden soll.[4] Daneben dient die Schweigepflicht aber auch dem Schutz einer funktionierenden Gesundheitspflege. Nach einer Ansicht ist dieses Allgemeinrechtsgut mittelbar geschützt.[5] Nach anderer Ansicht ist vorrangig das allgemeine Vertrauen in die Verschwiegenheit bestimmter Berufe geschützt, die im Interesse der Allgemeinheit liegende Aufgaben erfüllen.[6] Im Ergebnis dürften sich beide Ansichten kaum unterscheiden.

Die Bedeutung des § 203 StGB in Strafverfahren ist gering: In den aktuellen 5
Kriminalstatistiken wird er nicht mehr genannt, in den 1980er Jahren waren es etwa vier Fälle pro Jahr. Die geringe Zahl der Verurteilungen wird darauf zurückgeführt, dass ein vorsätzlicher Geheimnisbruch in der Praxis schwer nachzuweisen ist.[7] Außerdem ist die Tat ein absolutes Antragsdelikt, dh sie wird nur auf einen entsprechenden Strafantrag hin verfolgt, vgl. § 205 StGB. Ein solcher Antrag wird

---

1 → Kap. 1 Rn. 8 ff.
2 → Kap. 1 Rn. 9.
3 BGHZ 115, 123; 122, 115; *Lackner/Kühl* StGB § 203 Rn. 1.
4 LK-StGB/*Schüneman* § 203 Rn. 14.
5 BayObLG NJW 1987, 1492 (1493); *Lackner/Kühl* StGB § 203 Rn. 1; NK-StGB/*Kargl* § 202 Rn. 2.
6 Maurach/Schroeder/Maiwald/*Maiwald* StrafR BT 1 § 29 Rn. 4.
7 *Ulsenheimer* ArztStrafR Rn. 859.

jedoch selten gestellt, da für den Antragsteller die Gefahr besteht, dass sein Geheimnis in einem öffentlichen Verfahren diskutiert wird und er dann noch schlechter dasteht.[8]

6 Eine größere Bedeutung kommt der Schweigepflicht im Zivilrecht zu: § 203 StGB ist ein Schutzgesetz nach § 823 Abs. 2 BGB und schafft damit eine zivilrechtliche Anspruchsgrundlage für Schadensersatz. Außerdem kann die unbefugte Offenbarung von Geheimnissen als Vertragsverletzung angesehen werden. Die ärztliche Schweigepflicht ist beispielsweise beim Verkauf einer Arztpraxis zu berücksichtigen. Hier stellt sich die Frage, ob und wieweit Patientendaten „mitverkauft" werden dürfen.[9] Durch die Schweigepflicht sind außerdem die Einschaltung ärztlicher Abrechnungsstellen und das Outsourcing medizinischer Datenverarbeitung betroffen. Die Schweigepflicht beeinflusst schließlich auch die Krankenhausorganisation, da Patientendaten nicht ohne weiteres von Arzt zu Arzt oder an die Verwaltung weitergegeben werden dürfen.[10]

III. Tatbestandsvoraussetzungen des § 203 StGB

1. Potentielle Täter

a) Sonderdelikt

7 § 203 StGB ist ein Sonderdelikt, dh Täter kann nicht jedermann sein, sondern nur ein Angehöriger der in § 203 StGB abschließend aufgeführten Berufsgruppen. Im medizinischen Bereich sind dies nach Abs. 1 Ärzte, Zahnärzte, Tierärzte, Apotheker oder Angehörige eines anderen Heilberufs, der für die Berufsausübung oder die Führung der Berufsbezeichnung eine staatlich geregelte Ausbildung erfordert. Nach Abs. 4 stehen diesen Personen solche gleich, die an der Tätigkeit der nach Abs. 1 zur Verschwiegenheit Verpflichteten mitwirken.

b) Täterkreis des Abs. 1

8 Die Schweigepflicht trifft insbesondere den Arzt, und zwar nicht nur den Mediziner, der den Patienten unmittelbar behandelt, sondern auch andere Ärzte, die im Rahmen der Behandlung tätig werden, etwa den Laborarzt.

9 Umstritten ist, ob die Schweigepflicht auch gilt, wenn sich jemand nur als Arzt ausgibt. Nach einer Ansicht liegt hier der Versuch eines untauglichen Subjekts vor, der straflos ist, weil der Täter nicht zum Täterkreis gehört.[11] Nach anderer, vorzugswürdiger Ansicht kommt es nicht darauf an, ob jemand tatsächlich approbierter Arzt ist. Es reicht aus, wenn der Patient ihn für einen Arzt hält, da die Interessenlage dieselbe ist.[12] Da der Heilpraktiker keine staatlich geregelte Ausbildung benötigt, soll er nicht der Schweigepflicht unterliegen.[13] Auch dies erscheint mit Blick auf die Interessenlage fraglich, dürfte aber vom Wortlaut der Norm her zwingend sein.

c) Mitwirkende Personen

10 Der Schweigepflicht unterliegen außerdem gem. § 203 Abs. 4 S. 1 StGB Personen, die an der Tätigkeit der nach Abs. 1 zur Verschwiegenheit Verpflichteten „mitwirken". Das betrifft zunächst entsprechend § 203 Abs. 3 S. 2 StGB aF die „berufsmäßig tätigen Gehilfen" (s. nun etwa Abs. 3 S. 1). Der Gehilfe ist durch seine Wei-

---

8 *Schünemann* ZStW 90 (1978), 11 (45).
9 Laufs/Kern/Rehborn ArztR-HdB/*Ulsenheimer* § 145 Rn. 66 ff.
10 Laufs/Kern/Rehborn ArztR-HdB/*Ulsenheimer* § 145 Rn. 1.
11 LK-StGB/*Schünemann* § 203 Rn. 59.
12 Roxin/Schroth MedStrafR-HdB/*Braun* 278.
13 *Fischer* StGB § 203 Rn. 19; Schönke/Schröder/*Lenckner*/*Eisele* StGB § 203 Rn. 62.

sungsgebundenheit gekennzeichnet. Er übt eine bloß unterstützende Tätigkeit aus. Gehilfen sind zB die Arzthelferin, die medizinisch-technischen Assistenten und Laborassistenten. Weiterhin muss der berufsmäßig tätige Gehilfe organisatorisch in den Betrieb eingebunden sein. Probleme bereitete diese Voraussetzung bislang beim sog. Outsourcing ärztlicher Nebentätigkeiten wie zB der Übertragung der Schreibarbeit an externe Schreibbüros, vgl. aber sogleich → Rn. 13a.

Weiterhin muss es sich um eine Tätigkeit handeln, bei der der Helfer notwendig 11
Geheimnisse des Patienten erfährt[14] bzw. es muss ein innerer Zusammenhang zwischen der ärztlichen Tätigkeit und der Hilfstätigkeit bestehen.[15] Reinigungskräfte und Küchenpersonal sind deshalb keine Gehilfen des Arztes. Beim Pförtner eines Krankenhauses ist die Abgrenzung schwieriger: Da er nicht an der Behandlung des Patienten beteiligt ist, ist er nach einer Ansicht kein Gehilfe.[16] Nach anderer Ansicht ist er dagegen idR ein Gehilfe, da auch er mit den Patientendaten Kontakt hat und in Notfällen Auskünfte an den diensthabenden Arzt weitergibt.[17]

Berufsmäßig tätig ist der Gehilfe, wenn er seine Tätigkeit ausübt, um sich damit 12
seinen Lebensunterhalt zu verdienen. Ein Arbeitsvertrag ist nicht erforderlich, es genügt, dass der Gehilfe faktisch die Tätigkeit wahrnimmt.[18] Umstritten ist dagegen, ob auch die nur gelegentliche oder ehrenamtliche Tätigkeit genügt, wie zB die Aushilfe der Ehefrau des Arztes in der Praxis. Dafür spricht, dass aus Sicht des Patienten die Interessenlage keine andere ist als bei der fest angestellten Arzthelferin. Das Vorliegen eines „berufsmäßig tätigen Gehilfen" lässt sich in solchen Fällen jedenfalls dann annehmen, wenn der Aushelfende organisatorisch in die Praxis eingebunden ist.[19]

Neben den berufsmäßigen Gehilfen unterliegen auch diejenigen Personen der 13
Schweigepflicht, die zur Vorbereitung auf den Beruf tätig sind. Gemeint sind damit insbesondere Auszubildende. Da die Vorschrift eine „Tätigkeit" zur Vorbereitung auf den Beruf verlangt, fallen Medizinstudenten, denen ein Patient im Rahmen der Vorlesung vorgestellt wird, nicht unter diese Vorschrift.[20]

Durch das Gesetz zur Neuregelung des Schutzes von Geheimnissen bei der 13a
Mitwirkung Dritter an der Berufsausübung schweigepflichtiger Personen vom 30.10.2017[21] wurde die Verschwiegenheitspflicht über die vorgenannten Personengruppen hinaus auf alle an der Tätigkeit des Arztes mitwirkenden Personen ausgeweitet, s. § 203 Abs. 4 S. 1 StGB nF (zur gleichzeitig vorgenommenen Restriktion der Strafbarkeit durch Abs. 3 nF s. → Rn. 31). Über die berufsmäßig tätigen Gehilfen und in Vorbereitung auf den Beruf tätigen Personen hinaus werden von dem Begriff der sonstigen mitwirkenden Personen nun auch diejenigen erfasst, die zwar an der beruflichen oder dienstlichen Tätigkeit der schweigepflichtigen Person mitwirken, also in diese Tätigkeit in irgendeiner Weise eingebunden werden und Beiträge dazu leisten, allerdings ohne in die Sphäre des Berufsgeheimnisträgers eingegliedert zu sein.[22] Unter die mitwirkenden Tätigkeiten fallen nach der Gesetzesbegründung

---

[14] *Fischer* StGB § 203 Rn. 40.

[15] MüKoStGB/*Cierniak/Niehaus* § 203 Rn. 123.

[16] *Fischer* StGB § 203 Rn. 40; LK-StGB/*Schünemann* § 203 Rn. 79; Roxin/Schroth MedStrafR-HdB/*Braun* 280.

[17] Laufs/Kern/Rehborn ArztR-HdB/*Ulsenheimer* § 143 Rn. 2.

[18] MüKoStGB/*Cierniak/Niehaus* § 203 Rn. 123.

[19] *Fischer* StGB § 203 Rn. 40; LK-StGB/*Schünemann* § 203 Rn. 82; aA MüKoStGB/*Cierniak/Niehaus* § 203 Rn. 123; *Schmitz* JA 1996, 772 (773); Roxin/Schroth MedStrafR-HdB/*Braun* 278.

[20] LK-StGB/*Schünemann* § 203 Rn. 83.

[21] BGBl. 2017 I 3618.

[22] BT-Drs. 18/11936, 22.

insbesondere Schreibarbeiten, das Rechnungswesen, die Annahme von Telefonanrufen, Aktenarchivierung und -vernichtung, aber auch die Einrichtung, der Betrieb und die Wartung informationstechnischer Anlagen, Anwendungen und Systeme aller Art, beispielsweise auch von entsprechend ausgestatteten medizinischen Geräten oder die Bereitstellung von informationstechnischen Anlagen und Systemen zur externen Speicherung von Daten.[23] Grundlage der sonstigen Mitwirkung einer nicht in den Betrieb des Geheimnisträgers eingegliederten Person kann dabei insbesondere ein (auch mehrstufiges) Vertragsverhältnis sein.[24] Beispielsweise werden die bislang streitigen Fälle des Outsourcings von Abrechnungsleistungen künftig als „sonstige Mitwirkung" erfasst.[25]

2. Tatobjekt: Geheimnis

14 Tatobjekt des § 203 StGB ist ein Geheimnis. Nach überwiegender Ansicht[26] ist eine Tatsache ein Geheimnis, wenn sie folgende drei Voraussetzungen erfüllt:

- Geheimsein: Die Tatsache ist nur dem Betroffenen oder jedenfalls einem überschaubaren Personenkreis bekannt.
- Geheimhaltungswille: Der Geheimnisgeschützte möchte die Tatsache geheim halten.
- Geheimhaltungsinteresse: Der Geheimnisgeschützte hat nach seiner konkreten Lebenssituation ein sachliches Interesse am Schutz des Geheimnisses.

15 Unwahrheiten oder Werturteile können nach dieser Definition keine Geheimnisse sein. Wohl aber kann es eine geheimhaltungspflichtige Tatsache sein, wer solche Unwahrheiten oder Werturteile äußert bzw. verbreitet.[27]

16 Geheim ist eine Tatsache dann, wenn sie nur dem Betroffenen oder einem überschaubaren Personenkreis bekannt ist. Die Überschaubarkeit des Personenkreises hängt nicht davon ab, ob die Tatsache nur einer fest bestimmten Personenzahl bekannt ist. Maßgeblich ist, ob der Personenkreis nach einem bestimmten Kriterium von anderen abgrenzbar ist, zB der Freundeskreis des Betroffenen, auch wenn dieser sehr groß ist.[28] Nicht geheim sind dagegen Tatsachen, die jedermann kennt oder wahrnehmen kann, wie zB das Fehlen eines amputierten Körperteils.[29] Dasselbe gilt für Tatsachen, die sich in der Öffentlichkeit abgespielt haben, also auch für Tatsachen, welche in einer öffentlichen Gerichtsverhandlung erörtert wurden und zwar auch dann, wenn tatsächlich keine Zuhörer an der Verhandlung teilgenommen haben.[30]

17 Im Einzelfall kann die Grenzziehung zwischen geheim und nicht geheim schwierig sein. Hilfreich ist folgende Formel: Nicht geheim ist eine Tatsache, von der bereits so viele Personen Kenntnis haben, dass es dem Geheimnisträger nicht mehr darauf ankommt, ob noch eine weitere Person von ihr Kenntnis erlangt.[31]

18 Der Geheimhaltungswille muss dem Arzt nicht erklärt werden, weder ausdrücklich noch konkludent. Teilweise wird verlangt, dass der Geheimhaltungswille für

---

[23] BT-Drs. 18/11936, 22.
[24] BT-Drs. 18/11936, 22.
[25] Schönke/Schröder/*Eisele* StGB § 203 Rn. 26.
[26] BGHZ 64, 325 (329); MüKoStGB/*Cierniak/Niehaus* § 203 Rn. 11 ff.; LK-StGB/*Schünemann* § 203 Rn. 19.
[27] LK-StGB/*Schünemann* § 203 Rn. 20.
[28] LK-StGB/*Schünemann* § 203 Rn. 22.
[29] Roxin/Schroth MedStrafR-HdB/*Braun* 283.
[30] BGHZ 122, 115 (118).
[31] *Bockelmann* in Ponsold Lehrbuch der gerichtlichen Medizin 176.

den Arzt intersubjektiv feststellbar sein muss.[32] Nach dem Wortlaut des Gesetzes ist dies aber nicht erforderlich, die subjektive Sicht des Schweigepflichtigen betrifft nicht den objektiven Tatbestand, sondern ist eine Frage des Vorsatzes.[33] Bei Kleinkindern und geistig Behinderten ist der Wille des gesetzlichen Vertreters maßgeblich.

Mit den vorangegangenen Merkmalen des Geheimseins und des Geheimhaltungs- **19**
willens bestimmt allein der Geheimnisträger, welche Tatsachen von der Schweigepflicht erfasst werden. Damit ein objektives Kriterium hinzukommt, verlangt die hM zusätzlich das Vorliegen eines Geheimhaltungsinteresses. Maßgeblich ist, ob nach der Interessenlage des Geheimnisgeschützten die Geheimhaltung objektiv erforderlich ist. Der Arzt darf also nicht seiner eigenen Ansicht folgen, sondern muss das objektive Interesse des Patienten zugrunde legen. Das Geheimhaltungsinteresse fehlt beispielsweise bei banalen Tatsachen wie dem „Lieblingsessen" oder der Farbe der Kleidung des Patienten beim letzten Arztbesuch.[34]

3. Der Umfang der ärztlichen Schweigepflicht

Inhaltlich erstreckt sich die Schweigepflicht auf alle Tatsachen, die der Arzt im **20**
Rahmen der Behandlung erfährt. Erfasst sind alle den konkreten Patienten betreffenden Geheimnisse, angefangen mit der Tatsache, dass er überhaupt behandelt wird, die Anamnese, Diagnostik, Therapiemaßnahmen, ärztliche Prognosen sowie die gesamte ärztliche Dokumentation, aber auch alle sonstigen Tatsachen, die dem Arzt im Laufe der Behandlung über den Patienten bekannt werden.

4. Geschützte Personen

Geschützt wird durch die ärztliche Schweigepflicht insbesondere der Patient **21**
selbst. Darüber hinaus unterliegen jedoch auch Geheimnisse Dritter der ärztlichen Schweigepflicht, von denen der Arzt im Zusammenhang mit der Behandlung eines Patienten erfährt.

Geheimnisse, die sich auf ungeborenes menschliches Leben beziehen, sind idR **22**
auch solche der vom Arzt behandelten Mutter, so dass der Nasciturus mittelbar über seine Mutter (mit-)geschützt ist, auch wenn er selbst noch nicht Träger eines Geheimnisses sein kann.[35] Der Tote dagegen ist weiterhin unmittelbar durch die Schweigepflicht geschützt. Die Schweigepflicht des behandelnden Arztes wirkt somit auch nach dem Tod des Patienten fort.

Allerdings ist die Reichweite der Schweigepflicht in diesem Fall umstritten. **23**
Nach einer Ansicht[36] besteht nur für solche Geheimnisse ein Geheimhaltungsinteresse, durch deren Preisgabe der Tote verunglimpft würde oder die geeignet sind, das soziale Ansehen des Verstorbenen in der Gesellschaft zu beeinträchtigen. Zur Begründung wird auf § 189 StGB verwiesen. Nach der heutigen Rechtsprechung ist dagegen der Wille bzw. der mutmaßliche Wille des Verstorbenen an der Geheimhaltung zu ermitteln, so dass in dieser Hinsicht keine Beschränkungen bestehen.[37] Das Geheimhaltungsinteresse nimmt allerdings im Lauf der Zeit immer mehr ab, so dass die ärztliche Schweigepflicht schließlich erlischt.[38]

---

[32] NK-StGB/*Kargl* § 203 Rn. 8; *Dannecker* BB 1987, 1614 (1615).
[33] MüKoStGB/*Cierniak/Niehaus* § 203 Rn. 21 ff.
[34] LK-StGB/*Schünemann* § 203 Rn. 27.
[35] MüKoStGB/*Cierniak* § 203 Rn. 28.
[36] OLG Düsseldorf NJW 1959, 821; AG Augsburg NJW 1964, 1186.
[37] BGHZ 91, 392 (398); BGH NJW 1983, 2627.
[38] LK-StGB/*Schünemann* § 203 Rn. 55.

5. Berufsspezifischer Konnex

24 § 203 StGB schützt nur solche Geheimnisse, die der Arzt im Zusammenhang mit seiner Berufsausübung erfährt. Es muss also ein berufsspezifischer Konnex bestehen: Die Geheimhaltungspflicht bezieht sich nur auf solche Tatsachen, von denen der Arzt im Rahmen seiner beruflichen Tätigkeit als Arzt Kenntnis erlangt.[39] Der innere Zusammenhang besteht dabei auch dann, wenn es sich um Tatsachen handelt, die der Arzt nur zufällig erfährt, beispielsweise bei einem Hausbesuch.

25 Nicht geschützt sind Geheimnisse, von denen der Arzt rein privat erfährt, auch wenn er das Geheimnis nur aufgrund seines ärztlichen Wissens erkennen kann. Die Abgrenzung kann im Einzelfall schwierig sein, da § 203 StGB nicht voraussetzt, dass ein Behandlungsvertrag zwischen Arzt und Patient abgeschlossen wurde. Das bedeutet, dass der geforderte innere Zusammenhang zur Tätigkeit als Arzt auch dann bestehen kann, wenn der Arzt in privatem Umfeld um ärztlichen Rat gefragt wird. Ob ihm dabei unter dem Siegel der Verschwiegenheit Tatsachen als Arzt anvertraut werden, ist nach den Umständen des Einzelfalls zu ermitteln.

26 Ein Indiz für einen solchen Konnex ist der Abschluss eines Behandlungsvertrags oder der direkte Bezug der Tatsachen zur ärztlichen Tätigkeit.[40] Erlangt der Arzt die Kenntnisse nur „bei Gelegenheit" seiner Berufsausübung, weil er die Situation zu privaten Zwecken ausnutzt, so liegt der innere Zusammenhang nicht vor. Dies gilt zB wenn der Arzt einen Hausbesuch dazu ausnutzt, das Arbeitszimmer des Patienten zu durchsuchen und dabei von bestimmten Tatsachen Kenntnis erlangt.[41]

27 Weiterhin muss dem Arzt das Geheimnis anvertraut oder sonst bekannt geworden sein. Tatsachen sind dem Arzt „anvertraut", wenn sie ihm erkennbar unter der Erwartung des Geheimhaltens mitgeteilt werden. Dabei muss eine persönliche Vertrauensbeziehung zwischen Arzt und Patient bestehen.[42]

28 Das Merkmal „sonst bekannt geworden" bildet einen Auffangtatbestand für Tatsachen, von denen der Arzt Kenntnis erlangt, ohne dass sie ihm anvertraut wurden. Umstritten ist, ob (wie beim Anvertrauen) eine auf Vertrauen angelegte Sonderbeziehung zwischen dem Arzt und dem Geheimnisträger bestehen muss. Nach einer Auffassung ist nach Sinn und Zweck der Vorschrift auch bei der 2. Variante eine Vertrauensbeziehung notwendig.[43] Dagegen spricht allerdings der Wortlaut der Vorschrift[44], da die Formulierung „bekannt werden" im allgemeinen Sprachgebrauch nicht zwingend mit einer besonderen Vertrauensstellung in Verbindung zu bringen ist. § 203 StGB soll außerdem seinem Sinn nach auch diejenigen Fälle erfassen, in denen der Arzt ohne Einverständnis des Geheimnisgeschützten handelt, wie etwa der Gerichtsarzt, dem die Tatsachen gegen den Willen des Geheimnisträgers bekannt werden.[45]

29 Der Inhalt von Schriftstücken ist dem Arzt dann bekannt geworden, wenn sie ihm zugegangen sind, eine tatsächliche Kenntnisnahme ist also nicht erforderlich.[46]

---

39 MüKoStGB/*Cierniak/Niehaus* § 203 Rn. 42.
40 Roxin/Schroth MedStrafR-HdB/*Braun* 288.
41 Schönke/Schröder/*Lenckner/Eisele* StGB § 203 Rn. 15.
42 RGSt 13, 60 (62); OLG Köln NJW 2000, 3656.
43 LK-StGB/*Schünemann* § 203 Rn. 39.
44 MüKoStGB/*Cierniak/Niehaus* § 203 Rn. 49.
45 Roxin/Schroth MedStrafR-HdB/*Braun* 289.
46 Schönke/Schröder/*Lenckner/Eisele* StGB § 203 Rn. 17.

6. Tathandlung: Offenbaren des Geheimnisses; Unterlassen der Verpflichtung zur Geheimhaltung

Tathandlung der Verletzung der ärztlichen Schweigepflicht ist zunächst das Offenbaren eines Geheimnisses. Für den Arzt ergibt sich das aus § 203 Abs. 1 StGB, für sonstige Mitwirkende aus § 203 Abs. 4 S. 1 StGB. Unter „Offenbaren“ versteht man die Bekanntgabe des Geheimnisses an eine Person, welche nicht zum „Kreis der zum Wissen Berufenen“ gehört und die die mitgeteilte Tatsache nicht kennt.[47] **30**

Die Tatbestandslosigkeit der Weitergabe des Geheimnisses an internes Personal ist fortan in § 203 Abs. 3 S. 1 StGB ausdrücklich normiert. Danach liegt kein Offenbaren im Sinne der Vorschrift vor, wenn die in Abs. 1 genannten Personen Geheimnisse den bei ihnen berufsmäßig tätigen Gehilfen oder den bei ihnen zur Vorbereitung auf den Beruf tätigen Personen (dazu → Rn. 10 ff.) zugänglich machen. Dies sind die Personen, die mit der Behandlung und Pflege des Patienten befasst sind, also in der Arztpraxis zB die Arzthelferinnen und in der Klinik das Pflegepersonal. Dasselbe gilt für das Personal anderer Abteilungen, sofern der Patient dort ebenfalls behandelt wird. Nicht zum Kreis der zum Wissen Berufenen gehören dagegen Ärzte anderer Arztpraxen.[48] Dass der Arzt einer anderen Praxis selbst der Schweigepflicht unterliegt, ändert daran nichts. **31**

Neben den mit der Behandlung befassten Beschäftigten gehören noch weitere Beschäftigte von Arztpraxis und Krankenhaus zum Kreis der zum Wissen Berufenen, nämlich diejenigen, die aus organisatorischen und verwaltungstechnischen Gründen mit den Patientendaten umgehen, also etwa Schreibkräfte und Verwaltungspersonal, welches mit dem jeweiligen Patienten befasst ist. Allerdings gilt dies nur soweit, wie die Kenntnis der Patientendaten zur Erfüllung der jeweiligen Aufgabe erforderlich ist.[49] **32**

Besondere Probleme warf bislang das sog. Outsourcing von Verwaltungstätigkeiten auf, das aus Kostengründen und zur Vereinfachung der Verwaltungsorganisation immer öfter stattfindet. Überträgt etwa ein Arzt seine Schreibarbeit auf ein externes Schreibbüro, das sich auf die Erledigung ärztlicher Korrespondenz spezialisiert hat und diese Arbeiten kostengünstiger und effizienter erledigt als eine in der Praxis angestellte Schreibkraft, so offenbart der Arzt damit Patientengeheimnisse und verwirklicht den Tatbestand. Entsprechendes gilt für die Übertragung der Abrechnung auf privatärztliche Verrechnungsstellen.[50] Der Gesetzgeber hat für diese Fälle im Jahr 2017 nun aber einen Rechtfertigungsgrund in § 203 Abs. 3 S. 2 StGB festgeschrieben (vgl. → Rn. 50a). **33**

Die durch § 203 Abs. 3 StGB bewirkte Einschränkung des Geheimnisschutzes bei Mitwirkung Dritter wird zum einen dadurch abgesichert, dass „mitwirkende“ Personen ihrerseits dem Offenbarungsverbot des § 203 Abs. 4 S. 1 StGB unterliegen. Zum anderen sollen § 203 Abs. 4 S. 2 Nrn. 1 und 2 StGB sicherstellen, dass die mitwirkende Person zur Geheimhaltung verpflichtet wird. Wer einer mitwirkenden Person ein Geheimnis zugänglich macht, muss dafür Sorge tragen, dass diese Person zur Geheimhaltung verpflichtet wird. Das gilt für den Berufsgeheimnisträger (Nr. 1) und eine mitwirkende Person (Nr. 2), wenn sie sich ihrerseits einer weiteren mitwirkenden Person bedient. Ein Verstoß gegen diese Pflicht ist strafbar, wenn die nicht verpflichtete Person das Geheimnis unbefugt offenbart. Diese Offenbarung **33a**

---

[47] BGH NJW 1995, 2915.

[48] Roxin/Schroth MedStrafR-HdB/*Braun* 291.

[49] Roxin/Schroth MedStrafR-HdB/*Braun* 291; *Bockelmann* in Ponsold Lehrbuch der gerichtlichen Medizin 14.

[50] Roxin/Schroth MedStrafR-HdB/*Braun* 240.

ist eine sog. objektive Strafbarkeitsbedingung, sodass sich der Vorsatz der die Verpflichtung zur Geheimhaltung unterlassenden Person nicht auf sie beziehen muss.[51]

7. Subjektiver Tatbestand

34 Der Tatbestand des § 203 StGB setzt neben den genannten objektiven Tatbestandsmerkmalen voraus, dass der Arzt oder die mitwirkende Person in subjektiver Hinsicht vorsätzlich handelt. Vorsätzlich handelt, wer weiß, dass seine Handlung sämtliche Tatbestandsmerkmale erfüllt und dies auch will, wobei allerdings nach den allgemeinen Grundsätzen bedingter Vorsatz genügt. Es reicht also aus, dass der Arzt die Verletzung der Schweigepflicht für möglich hält und billigend in Kauf nimmt.

35 Der Vorsatz muss sich auf das Vorliegen sämtlicher Tatbestandsmerkmale erstrecken, also bei der Tatbestandsalternative des Offenbarens auf das Geheimsein der offenbarten Tatsache, die Konnexität und das Offenbaren des Geheimnisses an einen nicht zum Wissen Berufenen. Unterliegt der Arzt in diesem Bereich einem Irrtum, so ist wie folgt zu unterscheiden:

36 Betrifft der Irrtum ein Merkmal des Tatbestandes, wie zB das Geheimsein, so handelt der Arzt ohne Vorsatz, da er einem Tatbestandsirrtum unterliegt (§ 16 StGB).

37 Hält er es dagegen irrtümlich für erlaubt, einem Arzt einer anderen Praxis Patientendaten mitzuteilen, so unterliegt er einem Verbotsirrtum, da er glaubt, der andere Arzt gehöre zum Kreis der zum Wissen Berufenen. Ein solcher Irrtum schließt den Vorsatz nicht aus, der Arzt handelt allerdings schuldlos, wenn der Irrtum für ihn unvermeidbar war (§ 17 StGB). An die Unvermeidbarkeit stellt die Rechtsprechung hohe Anforderungen; der Arzt muss sich idR zuvor juristisch beraten lassen.[52] Bei § 203 Abs. 4 S. 2 StGB muss sich der Vorsatz nicht auf die Offenbarung durch den Dritten beziehen.

---

[51] BT-Drs. 18/11936, 29.
[52] *Hilgendorf/Valerius* StrafR AT § 8 Rn. 35 f.

Prüfungsschema des § 203 StGB 38

1. Tatbestand
   a) Objektiver Tatbestand des Abs. 1, 4 S. 1
      aa) Tauglicher Täter
      bb) Geheimnis
         (1) Geheimsein
         (2) Geheimhaltungswille
         (3) Geheimhaltungsinteresse
      cc) Offenbaren des Geheimnisses (nicht im Fall des Abs. 3 S. 1)
   b) Objektiver Tatbestand des Abs. 4 S. 2 Nrn. 1, 2
      aa) Tauglicher Täter
      bb) Geheimnis
      cc) Unterlassen, Sorge dafür zu tragen, dass mitwirkende Person (Dritter) zur Geheimhaltung verpflichtet wird
      dd) Physisch-reale Möglichkeit der Bewirkung der Verpflichtung des Dritten
   c) Subjektiver Tatbestand
   d) Objektive Strafbarkeitsbedingung bei Abs. 4 S. 2: Unbefugtes Offenbaren des Geheimnisses durch Dritten
2. Rechtswidrigkeit
   a) Erforderlichkeit der Zugänglichmachung gegenüber mitwirkender Person (Abs. 3 S. 2)
   b) Einwilligung
   c) Mutmaßliche Einwilligung
   d) Offenbarungspflicht aufgrund besonderer Gesetze
   e) Offenbarungsbefugnis aufgrund sonstiger gesetzlicher Bestimmungen (SGB V)
   f) Offenbarungsbefugnis gemäß § 34 StGB
   g) Wahrung berechtigter Interessen
3. Schuld

IV. Rechtfertigungsgründe

1. Überblick über einschlägige Rechtfertigungsgründe

Auch wenn die Offenbarung eines Patientengeheimnisses den (objektiven und subjektiven) Tatbestand der Verletzung der ärztlichen Schweigepflicht erfüllt, bedeutet dies nicht zwingend, dass der Arzt sich strafbar gemacht hat. Dies ist nur dann der Fall, wenn die Handlung auch rechtswidrig ist, dh wenn sie nicht durch einen Rechtfertigungsgrund gerechtfertigt werden kann. In erster Linie kommen folgende Rechtfertigungsgründe in Betracht: die Einwilligung, die mutmaßliche Einwilligung, der rechtfertigende Notstand, die Wahrung berechtigter Interessen und gesetzliche Offenbarungspflichten oder Offenbarungsrechte. § 203 Abs. 3 S. 2 StGB enthält außerdem einen besonderen Rechtfertigungsgrund bei der Einschaltung „mitwirkender" Personen. 39

Hält der Arzt irrtümlich Tatsachen für gegeben, deren Vorliegen die Offenbarung rechtfertigen würde, glaubt er zB, dass der Patient in die Offenbarung eingewilligt hat, so kann er nicht wegen einer Vorsatztat belangt werden, da er einem Erlaubnistatbestandsirrtum unterliegt.[53] 40

---

[53] Vgl. zum Erlaubnistatbestandsirrtum und den dazu vertretenen Ansichten *Wessels/Beulke/Satzger* StrafR AT Rn. 697 ff.; *Hilgendorf/Valerius* StrafR AT § 8 Rn. 40 ff.

2. Die Einwilligung

41 Wichtigster Rechtfertigungsgrund bei der Offenbarung von Patientengeheimnissen ist die Einwilligung des jeweiligen Patienten.[54]

42 Die Einwilligung (zu den allgemeinen Voraussetzungen einer Einwilligung vgl. bereits Kap. 2 zum ärztlichen Heileingriff) muss zum Zeitpunkt der Tathandlung, also zum Zeitpunkt des Offenbarens, vorliegen. Eine nachträgliche Einwilligung hebt die Rechtswidrigkeit nicht auf (der Patient wird dann allerdings idR keinen Strafantrag stellen). Die Einwilligung muss nach außen erkennbar geworden sein, aber nicht ausdrücklich erklärt werden.

43 Es genügt, wenn die Einwilligung stillschweigend durch ein entsprechendes Verhalten geäußert wird. Voraussetzung ist allerdings, dass die Einwilligung sich aus diesem Verhalten eindeutig ergibt. Ein Beispiel ist die Untersuchung durch einen Betriebsarzt vor Beginn eines Arbeitsverhältnisses.[55] Hier beinhaltet die Bereitschaft, sich durch den Arzt untersuchen zu lassen, die konkludente Erklärung, dass der Arbeitnehmer mit der Weitergabe des Untersuchungsergebnisses an den Arbeitgeber einverstanden ist, soweit diese Information für das Arbeitsverhältnis von Bedeutung ist. Die Einwilligung muss nicht in Schriftform erfolgen, die Schriftform dient dem Arzt allerdings als Nachweis, dass eine Einwilligung vorliegt.

44 Eine wirksame Einwilligung setzt weiterhin voraus, dass der Einwilligende über das Rechtsgut verfügen darf. Derjenige, den das Geheimnis betrifft, ist darüber verfügungsberechtigt; in die Offenbarung von ausschließlich den Patienten betreffenden Geheimnissen kann also nur der betroffene Patient einwilligen.

45 Problematisch ist die Situation bei sog. Drittgeheimnissen, also Geheimnissen, welche nicht den Patienten, sondern einen Dritten betreffen, die aber der Arzt im Rahmen der Behandlung entweder vom Patienten oder auf andere Weise erfährt. Dies kann zB geschehen, wenn der Arzt im Rahmen der Anamnese nach vererbbaren Erkrankungen in der Familie fragt.

46 Bei derartigen Fällen stellt sich die Frage, ob der Patient in die Offenbarung des Geheimnisses einwilligen kann, oder ob dies allein dem betroffenen Geheimnisträger, also dem Dritten, vorbehalten ist.[56] Aus dem Schutzzweck des § 203 StGB ergibt sich, dass auch der Patient einwilligen kann: Teilweise wird dies damit begründet, dass in diesem Fall das allgemeine Vertrauen in die Verschwiegenheit des Arztes nicht erschüttert sei,[57] nach einer anderen Begründung ist der Geheimnisträger nicht schutzwürdig, wenn er selbst das Geheimnis dem Patienten mitgeteilt hat.[58]

47 Auch Minderjährige können einwilligungsfähig sein. Entscheidend ist nicht ihre Geschäftsfähigkeit, die erst mit 18 Jahren unbeschränkt eintritt, sondern ihre natürliche Einsichts- und Urteilsfähigkeit.[59]

3. Die mutmaßliche Einwilligung

48 Der Rechtfertigungsgrund der mutmaßlichen Einwilligung kommt immer dann in Betracht, wenn die Einwilligung des Patienten nicht eingeholt werden kann, etwa weil er bewusstlos ist oder unter einer Krankheit leidet, die die freie Entschlussfähigkeit ausschließt, der Patient also nicht einwilligungsfähig ist.

---

[54] Nach aA schließt die Zustimmung zur Offenbarung als sog. Einverständnis bereits den Tatbestand aus, MüKoStGB/*Cierniak/Niehaus* § 203 Rn. 58.
[55] Roxin/Schroth MedStrafR-HdB/*Braun* 296.
[56] Für letzteres MüKoStGB/*Cierniak/Niehaus* § 203 Rn. 81 ff.
[57] Schönke/Schröder/*Lenckner/Eisele* StGB § 203 Rn. 30 f.
[58] NK-StGB/*Kargl* § 203 Rn. 55.
[59] → Kap. 2 Rn. 26 f.

Kann dagegen eine Einwilligung eingeholt werden, so darf nur in Ausnahmefällen auf die mutmaßliche Einwilligung zurückgegriffen werden, nämlich dann, wenn der Patient offensichtlich kein Interesse an der Geheimhaltung gegenüber einer bestimmten Person hat[60], wie zB gegenüber dem Angehörigen, oder wenn aus therapeutischen Gründen keine Einwilligung eingeholt werden kann. Dies ist zB der Fall, wenn der Patient selbst aus therapeutischen Gründen nicht in vollem Umfang über die Diagnose aufgeklärt werden kann, er aber mutmaßlich damit einverstanden wäre, dass seine Angehörigen die Wahrheit über seinen Gesundheitszustand erfahren.[61] Es reicht dagegen nicht aus, wenn die Einwilligung nur unter erschwerten Bedingungen oder einem hohen Kostenaufwand eingeholt werden kann.[62] **49**

Im Fall der mutmaßlichen Einwilligung ist zu prüfen, ob der Patient, wenn er einwilligungsfähig wäre, in die Offenbarung seines Geheimnisses eingewilligt hätte. Dabei ist nicht auf das objektive Interesse des Patienten abzustellen, sondern es ist dessen tatsächlicher Wille unter Heranziehung aller relevanten Umstände zu ermitteln. Besonders häufig wird die mutmaßliche Einwilligung zur Rechtfertigung der Information von Angehörigen herangezogen. Auch hier ist aber zu beachten, dass vorrangig der Patient zu befragen ist und nur in den oben genannten Fällen auf die mutmaßliche Einwilligung zurückgegriffen werden darf. **50**

4. Erforderlichkeit des Offenbarens gegenüber Mitwirkenden (Abs. 3 S. 2)

Anders als § 203 Abs. 3 S. 1 StGB, der nur für internes Personal gilt und den Tatbestand ausschließt, normiert § 203 Abs. 3 S. 2 StGB für das Offenbaren eines fremden Geheimnisses gegenüber externem (vgl. → Rn. 13a) und durch externes Personal, wenn dieses sich seinerseits eines Dritten bedient, einen Rechtfertigungsgrund.[63] Das Zugänglichmachen von Geheimnissen zB gegenüber externen Abrechnungsstellen oder sonstige Fälle des „Outsourcings“ sind damit im Ergebnis erlaubt.[64] Das gilt allerdings nur, soweit dies – gemeint ist das Offenbaren des Geheimnisses[65] – für die Inanspruchnahme der Tätigkeit der mitwirkenden Person erforderlich ist. **50a**

5. Der rechtfertigende Notstand

Die Offenbarung eines Geheimnisses kann außerdem durch den rechtfertigenden Notstand gemäß § 34 StGB gerechtfertigt sein. Dieser setzt zunächst eine Notstandslage, nämlich eine gegenwärtige Gefahr für ein notstandsfähiges Rechtsgut, voraus. Notstandsfähige Rechtsgüter sind gemäß § 34 StGB in erster Linie Leib oder Leben, Gesundheit, Freiheit oder Ehre. Weiterhin muss die Handlung erforderlich sein, dh die Offenbarung des Geheimnisses muss geeignet sein, die Gefahr zu verhindern und sie muss das mildeste Mittel zur wirksamen Abwehr der Gefahr sein. Außerdem muss eine Abwägung des betroffenen Interesses, also des Interesses an der Geheimhaltung der Tatsache, mit dem zu schützenden Interesse ergeben, dass das geschützte Interesse wesentlich überwiegt. **51**

Für die Rechtfertigung der Verletzung der ärztlichen Schweigepflicht bedeutet dies, dass ein höherrangiges Rechtsgut gefährdet sein muss und die Gefahr nicht **52**

---

[60] BGHZ 122, 115 (120).
[61] MüKoStGB/*Cierniak/Niehaus* § 203 Rn. 86; NK-StGB/*Kargl* § 203 Rn. 61.
[62] MüKoStGB/*Cierniak/Niehaus* § 203 Rn. 86.
[63] BT-Drs. 18/11936, 19.
[64] *Fischer* StGB § 203 Rn. 46.
[65] Schönke/Schröder/*Eisele* StGB § 203 Rn. 51.

anders abgewendet werden kann, als durch die Offenbarung des Geheimnisses. Beispiel ist die Gefährdung anderer Verkehrsteilnehmer durch einen alkoholsüchtigen Patienten, der, wie der Arzt weiß, täglich im Zustand der Trunkenheit mit seinem Auto zur Arbeit fährt. Ein weiteres Beispiel ist die Gefährdung der Lebenspartnerin durch einen Aidskranken, der bewusst seine Partnerin nicht über die Erkrankung informiert und ihre Ansteckung billigend in Kauf nimmt.[66] In beiden Fällen überwiegt das jeweils geschützte Rechtsgut grundsätzlich das Recht des Patienten auf Geheimhaltung seiner Erkrankung, wobei aber stets eine Abwägung im Einzelfall erforderlich ist.

53 Der Arzt muss weiterhin prüfen, ob ihm nicht ein milderes Mittel zur Verfügung steht als die Preisgabe des Geheimnisses, also zB die Meldung der Erkrankung an die Behörden bzw. die Lebenspartnerin. In Betracht kommt insbesondere zunächst die Einwirkung auf den Patienten. Erst wenn dieser sich uneinsichtig zeigt und die Gefahr besteht, dass er sein Verhalten fortsetzt und damit eine Gefahr für ein Rechtsgut vorliegt, darf der Arzt das Geheimnis offenbaren. Es besteht allerdings nur ein Offenbarungsrecht, keine Offenbarungspflicht aus § 34 StGB.

6. Die Wahrnehmung berechtigter Interessen

54 In bestimmten Fällen darf der Arzt geheime Tatsachen offenbaren und seine Schweigepflicht brechen, wenn er dadurch berechtigte Interessen wahrnimmt. Anerkannt ist dies zum einen, wenn er zur Abwehr eines gegen ihn gerichteten Schadensersatzanspruches Tatsachen vortragen muss, die der Geheimhaltung unterliegen,[67] und zum anderen, wenn er selbst zur Durchsetzung seines Abrechnungsanspruchs solche Tatsachen vortragen muss.[68] Jedoch ist die dogmatische Grundlage umstritten. Zwar wird aus § 193 StGB ein allgemeiner Grundsatz abgeleitet, dass derjenige, der berechtigte Interessen wahrnimmt, gerechtfertigt ist. Auf diesen Grundsatz kann im vorliegenden Zusammenhang aber nicht zurückgegriffen werden, da § 193 StGB eine Güterabwägung voraussetzt, die in den hier relevanten Fällen nicht zugunsten der Vermögensinteressen des Arztes ausfallen würde.[69]

7. Gesetzliche Offenbarungspflichten und -rechte

55 Eine Reihe gesetzlicher Bestimmungen verpflichtet den Arzt, Tatsachen, die dem Schutz des § 203 StGB unterliegen, bestimmten Stellen zu offenbaren. Hintergrund ist, dass in diesen Fällen der Gesetzgeber das öffentliche Interesse höher einschätzt als das Geheimhaltungsinteresse des Patienten. Allerdings dürfen die Informationen nur an bestimmte Stellen mitgeteilt werden. Insbesondere das Sozialgesetzbuch kennt verschiedene Offenbarungspflichten, wenn es um die Abrechnung ärztlicher Leistungen geht (vgl. §§ 294 ff. SGB V). Nach §§ 138, 139 Abs. 3 StGB ist der Arzt verpflichtet, bestimmte Straftaten anzuzeigen, wobei der Arzt ein Wahlrecht hat, wenn ihm das Geheimnis anvertraut wurde. Weitere Offenbarungspflichten enthalten beispielsweise die §§ 6–15 Infektionsschutzgesetz und § 32 Bundesmeldegesetz.

8. Digitalisierung in der Medizin – e-Health

56 Unter „Digitalisierung" versteht man die Darstellung beliebiger Informationen als Folge von Nullen und Einsen. Auf diese Weise werden Informationen für den

---

[66] OLG Frankfurt a. M. NJW 2000, 875.
[67] MüKoStGB/*Cierniak*/*Niehaus* § 203 Rn. 89; Schönke/Schröder/*Eisele* StGB § 203 Rn. 60.
[68] BGH NJW 1991, 2955.
[69] NK-StGB/*Kargl* § 203 Rn. 70.

Computer lesbar und können quasi in Echtzeit gespeichert, übertragen und bearbeitet werden. Für die Medizin eröffnet dies enorme Chancen, aber auch Probleme.[70] Zu den Chancen gehören die Möglichkeit, alle relevanten Daten eines Patienten auf einem tragbaren Datenträger (zB einer Gesundheitskarte[71]) oder aber in der cloud abzuspeichern, so dass sie im Bedarfsfall rasch und bequem abgerufen werden können. Digitalisierung eröffnet ferner neue Möglichkeiten der Telemedizin, von der Teleberatung über die Telediagnostik bis hin zur Therapie über das Internet (Teletherapie). Dadurch wird die medizinische Versorgung immobiler älterer Menschen wesentlich erleichtert, auch wenn auf der Hand liegt, dass der direkte menschliche Kontakt zwischen Arzt und Patient seine zentrale Bedeutung behalten wird. Sog. „Wearables" (Armbänder, Uhren) nehmen Gesundheitsdaten ihrer Träger auf und speichern sie auf den Handys ihrer Nutzer oder im Internet. Auf diese Weise lässt sich der eigenen Gesundheitszustand überwachen und uU optimieren. Zum Umfeld der Telemedizin zählt ferner das Betreiben von medizinischen Foren im Internet (social health networks), auf denen sich Patienten über ihre Krankheiten austauschen und von den Erfahrungen anderer profitieren können.[72]

Alle genannten Techniken werfen freilich datenschutzrechtliche Probleme auf.[73] 57
Medizinische Daten gehören zu den intimsten Informationen überhaupt; ihr Missbrauch, etwa zu Zwecken der Bloßstellung, Rufschädigung oder Erpressung muss deshalb unterbunden werden. Datenschutzrecht (BDSG, EU DSGVO) und Strafrecht wirken hier zusammen, wobei dem § 203 StGB eine Schlüsselrolle zukommt. Rechtlich noch weitgehend ungeklärt sind Haftungsfragen, die sich zB dann ergeben, wenn beliebige medizinische Angebote über das Internet genutzt werden und durch unsachgemäße Angaben oder Fehlverhalten der Nutzer Schäden entstehen. Da sich viele Regelungen des überkommenen Medizinrechts nur an Ärzte richten, drohen Haftungs- und Verantwortungslücken, wenn Nicht-Mediziner medizinische Angebote über das Internet verbreiten und dadurch Menschen zu Schaden kommen. Die (straf-)rechtliche Bewältigung der durch die Digitalisierung in der Medizin aufgeworfenen Fragen gehört zu den wichtigsten Aufgaben des heutigen Medizinstrafrechts (→ Kap. 11 Rn. 1 ff.).

---

[70] *Hilgendorf* medstra 2017, 257; eingehend *Jörg*, Digitalisierung in der Medizin 2018.

[71] S. auch das am 1. Januar 2016 in Kraft getretene Gesetz für sichere digitale Kommunikation und Anwendungen im Gesundheitswesen (e-Health-Gesetz) vom 21.12.2015 (BGBl. I 2408). Ein zweites „e-Health-Gesetz" ist derzeit in Vorbereitung.

[72] Eingehend Müller-Mielitz/Lux E-Health-Ökonomie 9 ff.

[73] *Stiftung Datenschutz* Big Data and E-Health.

10. Kapitel. Korruption und Abrechnungsbetrug

I. Vorteilsannahme und Bestechlichkeit

Drittmitteleinwerbung ist in der Medizin ein wichtiger Wirtschaftsfaktor, ohne 1
den unser Gesundheitssystem nicht mehr bestehen könnte. Durch Drittmittel von Pharmafirmen werden gerade in Universitätskliniken Ärztestellen geschaffen und ein großer Teil der medizinischen Forschung finanziert. Daher ist in § 25 Hochschulrahmengesetz die Einwerbung von Drittmitteln ausdrücklich vorgesehen. In einigen Bundesländern sind die Hochschulen sogar verpflichtet, durch die Einwerbung von Drittmitteln zur Finanzierung ihrer Aufgaben beizutragen, wie etwa nach Art. 5 Abs. 1 S. 2 des Bayerischen Hochschulgesetzes. Ebenso unterstützen Pharmafirmen die Teilnahme von Medizinern an Kongressen und Tagungen, an denen viele Ärzte wegen der hohen Kosten für Flüge, Übernachtung und Kongressgebühren sonst nicht teilnehmen könnten. Andererseits besteht die Gefahr, dass Pharmafirmen auf die Ärzteschaft Einfluss nehmen und diese dazu verleiten, nur ihre eigenen Medikamente einzusetzen. Strafrechtlich kann die Drittmitteleinwerbung den Tatbeständen der Vorteilsannahme (§ 331 StGB) bzw. Bestechlichkeit (§ 332 StGB) sowie der Bestechlichkeit und Bestechung im Gesundheitswesen (§§ 299a, 299b StGB) unterfallen.

1. Die Vorteilsannahme

Wegen Vorteilsannahme macht sich gemäß § 331 Abs. 1 StGB strafbar, wer als 2
Amtsträger, Europäischer Amtsträger oder als anderer für den öffentlichen Dienst besonders Verpflichteter für die Dienstausübung für sich oder einen Dritten einen Vorteil fordert, sich versprechen lässt oder annimmt.

a) Der Arzt als Amtsträger

Täter kann nicht jedermann sein, Täter ist nur ein (Europäischer) Amtsträger oder 3
ein für den öffentlichen Dienst besonders Verpflichteter. Der in einer privaten Praxis oder in einer privaten Klinik tätige Arzt kann sich deshalb nicht wegen Vorteilsannahme oder Bestechlichkeit strafbar machen. Entsprechendes gilt für Belegärzte und Ärzte an Krankenhäusern, deren Träger eine kirchliche Einrichtung ist, auch wenn diese gemäß Art. 140 GG, Art. 137 WRV Körperschaft des Öffentlichen Rechts ist.[1] Sie können sich jedoch nach §§ 299 ff. StGB strafbar machen (vgl. dazu → Kap. 10 Rn. 22 ff.).

Anders ist dies für Ärzte (oder anderes medizinisches Personal), die in einem von 4
der öffentlichen Hand betriebenen Krankenhaus tätig sind. Amtsträger sind dabei nicht nur die verbeamteten, sondern auch die im Angestelltenverhältnis tätigen Ärzte. Der Begriff des Amtsträgers erfasst nämlich gemäß § 11 Abs. 1 Nr. 2c StGB auch alle Personen, die in einem Dienst- oder Auftragsverhältnis zu einer öffentlichen Stelle stehen und damit Aufgaben der öffentlichen Verwaltung wahrnehmen.[2] Solange die Klinik durch die öffentliche Verwaltung im Rahmen der Daseinsvorsorge als öffentliche Aufgabe betrieben wird, ist die Organisationsform unerheblich. Der Arzt ist Amtsträger, ob nun die Klinik in Form einer selbstständigen GmbH betrieben wird oder als unselbstständiger Eigenbetrieb einer Gemeinde.[3]

---

[1] *Ulsenheimer* ArztStrafR Rn. 994 f.
[2] LK-StGB/*Hilgendorf* § 11 Rn. 33, 53.
[3] *Ulsenheimer* ArztStrafR Rn. 990.

5 Umstritten war dagegen, ob ein niedergelassener Vertragsarzt durch die Zulassung zur kassenärztlichen Versorgung zum Amtsträger wird. Dies wurde teilweise mit der Begründung bejaht, der Vertragsarzt werde mit seiner Zulassung in die Erfüllung der öffentlichen Aufgaben der gesetzlichen Krankenkasse eingebunden und handle somit bei der Verordnung von Medikamenten als verlängerter Arm des Staates.[4] Nach überwiegender Ansicht wird er dadurch jedoch nicht zum Amtsträger, da eine organisatorische Anbindung an die Krankenkassen fehlt und die Verordnungstätigkeit des Arztes keine hoheitliche Tätigkeit darstellt.[5] Auch der BGH lehnt die Amtsträgerschaft des Vertragsarztes ab, weil im Verhältnis zwischen Vertragsarzt und Patient die persönliche Beziehung so sehr im Vordergrund stehe, dass ein hoheitlicher Charakter der Erfüllung öffentlicher Aufgaben dahinter zurücktrete.[6] Die damit verbundene Straflosigkeit korruptiver Verhaltensweisen niedergelassener Vertragsärzte (→ Rn. 25) war ein wesentlicher Grund für die Schaffung der Tatbestände der Bestechlichkeit und Bestechung im Gesundheitswesen nach §§ 299a, 299b StGB (dazu → Kap. 10 Rn. 28 ff.).

b) Vorteil iSd § 331 StGB

6 Die Tat muss auf einen Vorteil gerichtet sein, den der Arzt sich oder einem Dritten verschaffen will. Der Vorteil muss kein Vermögensvorteil sein. Unter den Begriff des Vorteils fallen alle materiellen oder immateriellen Leistungen des Zuwendenden, durch die der Arzt in seiner wirtschaftlichen, rechtlichen oder persönlichen Lage objektiv besser gestellt wird und auf die er keinen Anspruch hat.[7]

7 Ein materieller Vorteil besteht zum einen bei der Zuwendung von Geldmitteln. Dabei ist gleichgültig, ob der Arzt sie in die eigene Tasche fließen lässt oder ob diese Mittel Dritten zugutekommen. Vorteil ist danach beispielsweise eine finanzielle Zuwendung an den Arzt selbst, aber auch an die Klinik oder an Patienten oder einen anderen Klinikarzt. Neben der Zuwendung von Geld ist ein materieller Vorteil auch dann gegeben, wenn dem Arzt Kongress- oder Tagungsreisen, Hotelaufenthalte und Flüge bezahlt werden oder Freikarten für Sport- oder Konzertveranstaltungen, der Klinik technische Geräte und sonstige Sachleistungen zugewendet werden. In Betracht kommt weiterhin die Vermittlung einer Nebentätigkeit oder die Gewährung eines Darlehens.

8 Immaterielle Vorteile gelten dann als Vorteile iSd § 331 StGB, wenn sie einerseits einen objektiv messbaren Inhalt haben und andererseits zu einer tatsächlichen Besserstellung des Amtsträgers führen.[8] Diese Formel wird kritisch betrachtet, da ohne die objektive Messbarkeit einer Verbesserung ein Vorteil gar nicht vorhanden wäre.[9] Anerkannte immaterielle Vorteile sind beispielsweise die Verbesserung der Erwerbsaussichten. Dazu zählt auch die Erhöhung von Karrierechancen, wenn damit der Arzt objektiv in eine bessere Lage gelangt.[10] Nach früherer Ansicht der Rechtsprechung war bereits schon die Befriedigung des Ehrgeizes, der Eitelkeit oder des Geltungsbedürfnisses ein immaterieller Vorteil.[11] Diese Rechtsprechung wurde jedoch inzwischen aufgegeben.[12]

---

[4] *Neupert* NJW 2006, 2811 (2813).
[5] *Kötzer* NStZ 2008, 12 (16); *Fischer* StGB § 11 Rn. 22d.
[6] BGH NJW 2012, 2530 (2532).
[7] BGHSt 47, 295 (304); *Fischer* StGB § 331 Rn. 11.
[8] BGHSt 47, 295 (304).
[9] *Fischer* StGB § 331 Rn. 11e.
[10] Schönke/Schröder/*Heine*/*Eisele* StGB § 331 Rn. 18; *Fischer* StGB § 331 Rn. 11e.
[11] BGHSt 14, 123 (128).
[12] BGHSt 47, 295 (304).

Umstritten ist, ob ein Vorteil auch dann gegeben ist, wenn der Arzt einen vertraglichen Anspruch auf die Zuwendung hat und diese ein angemessenes Entgelt für seine Tätigkeit darstellt. Zum Teil wird dies bejaht.[13] Der Vorteil kann gerade auch im Abschluss eines Vertrages liegen, welcher Leistungen an den Arzt zur Folge hat, auch wenn das Entgelt angemessen ist. Denn andernfalls könnte die Vorteilsannahme durch den Abschluss eines entsprechenden Vertrages stets ausgeschlossen werden. Nach aA liegt dagegen kein Vorteil vor.[14] 9

c) Die Dienstausübung des Arztes

Der Vorteil muss sich auf die Dienstausübung des Arztes beziehen. Anders als nach § 331 StGB aF ist es nicht mehr erforderlich, dass der Vorteil für eine Diensthandlung gewährt wird, es reicht vielmehr aus, dass ein Zusammenhang mit der Dienstausübung besteht. Die Dienstausübung umfasst die Erfüllung aller Aufgaben, die dem Arzt übertragen wurden und die er in dienstlicher Eigenschaft vornimmt. Dabei genügt die abstrakte Zuständigkeit des Arztes, eine konkrete Zuständigkeit für die jeweilige Aufgabe ist nicht erforderlich.[15] Dienstaufgaben des Arztes können zB die Behandlung von Patienten, das Verordnen und Bestellen von Medikamenten, das Halten von Vorträgen und die Teilnahme an Kongressen und Tagungen sein. Keine Diensthandlungen sind dagegen rein private Handlungen. Handlungen im Rahmen einer Nebentätigkeit sind, auch wenn dabei dienstliche Kenntnisse genutzt werden, keine Diensthandlungen.[16] 10

Im Gegensatz zum Tatbestand der Bestechlichkeit gemäß § 332 StGB betrifft die Dienstausübung im Rahmen des § 331 Abs. 1 StGB auch ein erlaubtes, zulässiges Verhalten. 11

d) Die Unrechtsvereinbarung

Ungeschriebenes, aber zentrales Tatbestandsmerkmal der Bestechungsdelikte ist die sogenannte Unrechtsvereinbarung.[17] Diese kommt durch das Wort „für" die Dienstausübung zum Ausdruck. Hintergrund der Unrechtsvereinbarung ist der Schutzzweck der Bestechungsdelikte: Diese sollen gewährleisten, dass kein Zusammenhang zwischen Zuwendungen an den Amtsträger und dessen Dienstausübung hergestellt werden kann und nicht der Eindruck erweckt wird, die Dienstleistung stehe in Abhängigkeit zu irgendwelchen Vorteilen, die der Amtsträger von Dritten erlangt. Es soll also nicht der Eindruck des „do ut des" erweckt werden. 12

Inhaltlich besteht die Unrechtsvereinbarung aus einer Übereinkunft zwischen Amtsträger und Zuwendendem dahingehend, dass eine Verknüpfung zwischen Vorteil und Dienstausübung bestehen soll. Diese Vereinbarung muss von den Beteiligten zumindest stillschweigend getroffen werden. Dem Arzt muss dabei bewusst sein, dass hier ein Gegenseitigkeitsverhältnis besteht und dass ihm der Vorteil für die Dienstausübung gewährt wird. 13

In der Ersetzung des Begriffs der „Diensthandlung" durch den der „Dienstausübung" kann eine Lockerung der Unrechtsvereinbarung gesehen werden.[18] Eine bestimmte Diensthandlung müsste dann mit dem Vorteil nicht mehr verknüpft 14

[13] BGHSt 31, 264 (279 f.); BGH NStZ 2008, 216 (217); OLG Celle NJW 2008, 164 f.; NK-StGB/*Kuhlen* § 331 Rn. 52 f.; MüKoStGB/*Korte* § 331 Rn. 93 ff.

[14] BGH NJW 2006, 225 (Zivilsenat).

[15] *Fischer* StGB § 331 Rn. 6.

[16] *Fischer* StGB § 331 Rn. 7.

[17] Schönke/Schröder/*Heine/Eisele* StGB § 331 Rn. 35; *Lackner/Kühl* StGB § 331 Rn. 10a; MüKo-StGB/*Korte* § 331 Rn. 116.

[18] AWHH/*Heinrich* StrafR BT § 49 Rn. 26; Schönke/Schröder/*Heine/Eisele* StGB § 331 Rn. 30.

sein. Erfasst wären auch unspezifische Zuwendungen, die allein der „Klimapflege" dienen, also ein „allgemeines Wohlwollen" gegenüber dem Zuwendenden schaffen sollen.[19] Diese Auffassung führt allerdings zu erheblichen Schwierigkeiten bei der Abgrenzung zu straflosen Zuwendungen. Eine pauschale Abgrenzung ist nicht möglich, entscheidend sind die jeweiligen Umstände des Einzelfalls, die im Wege der Gesamtwürdigung gegeneinander abzuwägen sind.[20] Es können dabei folgende Gesichtspunkte eine Rolle spielen: die Höhe der Zuwendungen, die Motivation und subjektive Zielrichtung des Zuwendenden und die Art und Dauer der jeweiligen Geschäftsbeziehung.[21]

15 Eine Unrechtsvereinbarung scheidet aus, wenn der Arzt aus organisatorischen Gründen keinen Einfluss auf die Bestellung von Medikamenten hat, weil über die Listung der Präparate die Arzneimittelkommission entscheidet und der Arzt dieser nicht angehört.[22] Außerdem lässt ein fehlender Anstieg der unter der Leitung des Arztes verwendeten Medikamente der Zuwenderfirma darauf schließen, dass er seine Dienstausübung nicht von der Zuwendung abhängig gemacht hat.[23]

16 Der Unrechtszusammenhang ist weiterhin ausgeschlossen bei sozialadäquaten Leistungen, die der Höflichkeit entsprechen oder aus Gefälligkeit vorgenommen werden, sozial üblich sind und allgemein gebilligt werden, wie zB geringwertige Aufmerksamkeiten vor Weihnachten und Werbegeschenke im Wert von unter 50 EUR, jedenfalls 30 EUR.[24]

e) Tathandlung: Fordern, Versprechenlassen oder Annehmen

17 Tathandlung ist das Fordern, Versprechenlassen oder Annehmen eines Vorteils. Der Arzt fordert einen Vorteil, wenn er ausdrücklich oder konkludent zu erkennen gibt, dass er einen Vorteil für seine Dienstausübung begehrt.[25] Verlangt wird mehr als nur eine Anfrage oder eine Bitte, ein Fordern liegt nur vor, wenn damit die Ausübung von Druck verbunden ist oder ein Nachteil in Aussicht gestellt wird.

18 Ein Arzt lässt sich einen Vorteil versprechen, wenn er ein Angebot auf eine künftige Leistung ausdrücklich oder konkludent annimmt. Das Annehmen eines Vorteils liegt wiederum vor, wenn der Arzt den Vorteil selbst empfängt mit dem Willen, den Vorteil für sich zu nutzen, oder an einen Dritten weitergibt.

19 **Prüfungsschema des § 331 StGB**

1. Tatbestand
   a) Objektiver Tatbestand
      aa) Tauglicher Täter
      bb) Vorteil im Rahmen der Dienstausübung des Arztes
      cc) Fordern, Versprechenlassen oder Annehmen
      dd) Unrechtsvereinbarung
   b) Subjektiver Tatbestand
2. Rechtswidrigkeit
3. Schuld

---

[19] *Fischer* StGB § 331 Rn. 24.
[20] Schönke/Schröder/*Heine/Eisele* StGB § 331 Rn. 28.
[21] *Ulsenheimer* ArztStrafR Rn. 1012.
[22] *Ulsenheimer* ArztStrafR Rn. 1014.
[23] *Ulsenheimer* ArztStrafR Rn. 1014.
[24] *Fischer* StGB § 331 Rn. 26a.
[25] *Fischer* StGB § 331 Rn. 18.

2. Die Bestechlichkeit, § 332 StGB

Der Qualifikationstatbestand der Bestechlichkeit gemäß § 332 StGB setzt gegenüber der Vorteilsannahme voraus, dass der Vorteil als Gegenleistung für eine bestimmte, bereits vorgenommene oder künftige pflichtwidrige Diensthandlung gewährt wird oder eine nicht sachgemäße Ermessensentscheidung beeinflusst. Eine solche Ermessensentscheidung ist beispielsweise die Auswahl und Bestellung von Medikamenten. Ob eine versprochene künftige Dienstleistung bzw. Ermessensentscheidung tatsächlich vorgenommen wird, ist dabei unerheblich. Entscheidend ist, dass der Arzt den Eindruck erweckt, er lasse sich durch den gewährten Vorteil in seiner künftigen Entscheidung beeinflussen. Er muss sich nach § 332 Abs. 3 StGB bereit zeigen, sich durch den Vorteil beeinflussen zu lassen. 20

Prüfungsschema der §§ 332, 331 StGB 21

1. Tatbestand
   a) Objektiver Tatbestand
      aa) Tauglicher Täter
      bb) Vorteil im Rahmen der Dienstausübung des Arztes
      cc) Fordern, Sichversprechenlassen oder Annehmen
      dd) Unrechtsvereinbarung
      ee) Zusätzlich zu § 331 StGB: Vorteil als Gegenleistung für eine bestimmte erledigte oder noch ausstehende pflichtwidrige Diensthandlung
   b) Subjektiver Tatbestand
2. Rechtswidrigkeit
3. Schuld

3. Die Bestechlichkeit im geschäftlichen Verkehr, § 299 StGB

§ 299 StGB wurde mit dem Gesetz zur Bekämpfung der Korruption vom 13.8.1997 in das StGB eingefügt. Anders als die Bestechungsdelikte schützt er nicht das Vertrauen der Allgemeinheit in die Lauterkeit des öffentlichen Dienstes, sondern den freien und redlichen Wettbewerb. 22

Nach § 299 StGB ist strafbar, wer als Angestellter oder Beauftragter eines Unternehmens im geschäftlichen Verkehr 23

1. einen Vorteil für sich oder einen Dritten als Gegenleistung dafür fordert, sich versprechen lässt oder annimmt, dass er bei dem Bezug von Waren oder Dienstleistungen einen anderen im inländischen oder ausländischen Wettbewerb in unlauterer Weise bevorzuge, oder
2. ohne Einwilligung des Unternehmens einen Vorteil für sich oder einen Dritten als Gegenleistung dafür fordert, sich versprechen lässt oder annimmt, dass er bei dem Bezug von Waren oder Dienstleistungen eine Handlung vornehme oder unterlasse und dadurch seine Pflichten gegenüber dem Unternehmen verletze.

Wie die Vorteilsannahme ist § 299 StGB ein Sonderdelikt. Strafbar machen kann sich nur der Angestellte oder Beauftragte eines Unternehmens. Krankenhäuser sind solche geschäftlichen Betriebe, so dass die in Krankenhäusern und Kliniken angestellten Ärzte erfasst werden. 24

Umstritten ist dagegen, ob der Vertragsarzt als Beauftragter der Krankenkassen ebenfalls vom Täterkreis erfasst ist. Diese Frage war bislang von erheblicher praktischer Bedeutung, da sie darüber entschied, ob der niedergelassene Vertragsarzt 25 sich durch Zuwendungen von Pharmafirmen strafbar machen konnte oder nicht. Nach einer Ansicht ist der Vertragsarzt Beauftragter iSd § 299 Abs. 1 StGB. Die Krankenkasse ist ein Unternehmen. Aufgrund der ihm von den Krankenkassen eingeräumten Vollmacht zum Abschluss eines Kaufvertrags über Medikamente oder sonstige Behandlungsmittel im Namen der Krankenkasse handele der Arzt als Beauftragter.[26] Dieser Ansicht wird jedoch entgegengehalten, dass der niedergelassene Vertragsarzt freiberuflich arbeitet und deshalb als solcher den Krankenkassen nicht verpflichtet ist. Insbesondere bestehen keine rechtsgeschäftlichen Beziehungen zwischen Vertragsarzt und Krankenkasse, die ihn zum Abschluss von Verträgen bevollmächtigen,[27] da diesen beiden Stellen die Kassenärztliche Vereinigung zwischengeschaltet ist.[28] Auch nach Ansicht des BGH ist der niedergelassene Vertragsarzt kein Beauftragter iSd § 299 StGB.[29] Eine Reaktion auf die Strafbarkeitslücke hinsichtlich der Annahme von Zuwendungen durch Vertragsärzte ist die Schaffung der §§ 299a, 299b StGB.

26 Die Tathandlung des § 299 StGB entspricht jener der Bestechungsdelikte. Mit dem Merkmal „in unlauterer Weise“ ist dasselbe gemeint wie bei der Unrechtsvereinbarung in §§ 331, 332 StGB.

27 **Prüfungsschema des § 299 StGB**

1. Tatbestand
   a) Objektiver Tatbestand
      aa) Tauglicher Täter
      bb) Handeln im geschäftlichen Verkehr
      cc) Fordern, Versprechenlassen oder Annehmen eines Vorteils
      dd) Unrechtsvereinbarung
   b) Subjektiver Tatbestand
2. Rechtswidrigkeit
3. Schuld

4. Das Gesetz zur Bekämpfung von Korruption im Gesundheitswesen

28 Mit Wirkung vom 4.6.2016 führte das Gesetz zur Bekämpfung von Korruption im Gesundheitswesen die Tatbestände der Bestechlichkeit und Bestechung im Gesundheitswesen in den §§ 299a, 299b StGB ein.[30] Die §§ 299a, 299b StGB schützen den fairen Wettbewerb im Gesundheitswesen und das Vertrauen der Patienten in die Integrität heilberuflicher Entscheidungen sowie mittelbar auch Vermögensinteressen der Wettbewerber im Gesundheitswesen, der Patienten und der gesetzlichen Krankenversicherung.[31] Bei beiden Vorschriften handelt es sich um abstrakte Gefährdungsdelikte. Während der Tatbestand der Bestechlichkeit im Gesundheitswesen (§ 299a StGB) als Sonderdelikt ausgestaltet ist und nur von Angehörigen eines Heilberufs verwirklicht werden kann, ist 299b StGB Allgemeindelikt, kann also von jedermann verwirklicht werden.

---

[26] *Pragal* NStZ 2005, 133 (134 f.).
[27] *Geis* wistra 2005, 369 (370); *Ulsenheimer* ArztStrafR Rn. 1048 f.
[28] *Geis* wistra 2007, 361 (362); *Klötzer* NStZ 2008, 12 (14).
[29] BGH NJW 2012, 2530.
[30] BGBl. 2016 I 1254; instruktiv *Krüger* NZWiSt 2017, 129.
[31] BT-Drs. 18/6446, 12 f.

§ 299a StGB lautet wie folgt: 28a

„Wer als Angehöriger eines Heilberufs, der für die Berufsausübung oder die Führung der Berufsbezeichnung eine staatlich geregelte Ausbildung erfordert, im Zusammenhang mit der Ausübung seines Berufs einen Vorteil für sich oder einen Dritten als Gegenleistung dafür fordert, sich versprechen lässt oder annimmt, dass er

1. bei der Verordnung von Arznei-, Heil- oder Hilfsmitteln oder von Medizinprodukten,
2. bei dem Bezug von Arznei- oder Hilfsmitteln oder von Medizinprodukten, die jeweils zur unmittelbaren Anwendung durch den Heilberufsangehörigen oder einen seiner Berufshelfer bestimmt sind, oder
3. bei der Zuführung von Patienten oder Untersuchungsmaterial

einen anderen im inländischen oder ausländischen Wettbewerb in unlauterer Weise bevorzuge, wird mit Freiheitsstrafe bis zu drei Jahren oder mit Geldstrafe bestraft."

Wesentlich motiviert ist die Einführung der Norm durch die Entscheidung des 29 BGH[32], dass der niedergelassene Vertragsarzt weder Amtsträger noch Beauftragter der gesetzlichen Krankenkassen ist und daher die §§ 331, 299 StGB auf ihn nicht anzuwenden sind.[33] Der persönliche Anwendungsbereich des § 299a StGB geht auch deshalb über jenen der §§ 299, 331 f. StGB hinaus. Auf Nehmerseite erfasst er alle Angehörigen „eines Heilberufs, der für die Berufsausübung oder die Führung der Berufsbezeichnung eine staatlich geregelte Ausbildung erfordert". Das betrifft zB Ärzte, Apotheker, aber auch die sog. Gesundheitsfachberufe wie zB Krankenpfleger oder Physiotherapeuten.[34] Nicht erfasst sind hingegen die sog. Heilhilfsberufe (etwa Heilpraktiker), weil deren Ausbildung nicht staatlich geregelt ist.[35]

Tathandlung ist wie bei den §§ 299, 331, 332 StGB das Fordern, Versprechenlas- 29a sen oder Annehmen eines Vorteils, das im Zusammenhang mit der Ausübung des Heilberufs erfolgen muss. Vom Vorteilsbegriff sind, über § 32 MBO-Ä hinaus, auch immaterielle Zuwendungen erfasst, wie sie etwa durch Ehrungen oder die Verleihung von Ehrenämtern erfolgen können.[36]

Die für korruptives Verhalten typische Unrechtsvereinbarung bezieht sich auf 29b eine unlautere Bevorzugung bei der Verordnung von Arznei-, Heil- oder Hilfsmitteln oder von Medizinprodukten (Nr. 1), den Bezug von Arznei- oder Hilfsmitteln oder von Medizinprodukten, die jeweils zur unmittelbaren Anwendung durch den Heilberufsangehörigen oder einen seiner Berufshelfer bestimmt sind (Nr. 2), oder die Zuführung von Patienten oder Untersuchungsmaterial, dh[37] zB jede Einwirkung auf den Patienten mit der Absicht, dessen Auswahl eines Arztes oder eines anderen Leistungserbringers zu beeinflussen (Nr. 3). Durch diesen enumerativen Katalog werden Abgabeentscheidungen von Apothekern aus dem Anwendungsbereich der Vorschrift ausgeschlossen, was nicht frei von Zweifeln ist.[38] Unlauter ist eine Bevorzugung, wenn sie nicht auf sachlichen Erwägungen beruht, sondern durch die Erlangung des Vorteils motiviert wird.[39] Sozialadäquate Zuwendungen,

[32] BGH NJW 2012, 2530.
[33] BT-Drs. 18/6446, 1 (11).
[34] BT-Drs. 18/6446, 17.
[35] *Kraatz* ArztStrafR 251; *Stebner* PharmR 2017, 178.
[36] BT-Drs. 18/6446, 17.
[37] BT-Drs. 18/6446, 20.
[38] Kritisch etwa NK-StGB/*Dannecker/Schröder* § 299a Rn. 161.
[39] Schönke/Schröder/*Eisele* StGB § 299a Rn. 39; *Krüger* NZWiSt 2017, 129 (133).

die sich – pauschaliert betrachtet – im Bereich bis circa 50 EUR bewegen dürften, sind typischerweise nicht geeignet, konkrete heilberufliche Entscheidungen zu beeinflussen (vgl. auch § 32 Abs. 1 S. 1 MBO).[40]

29c Spiegelbildlich zu § 299a StGB erfasst **§ 299b StGB** die aktive Bestechung durch Anbieten, Versprechen oder Gewähren eines Vorteils gegenüber dem Angehörigen eines Heilberufs.[41]

Prüfungsschema des § 299a StGB

1. Tatbestand
   a) Objektiver Tatbestand
      aa) Tauglicher Täter (Angehöriger eines Heilberufs, der für die Berufsausübung oder die Führung der Berufsbezeichnung eine staatlich geregelte Ausbildung erfordert)
      bb) Handeln im Zusammenhang mit der Ausübung seines Berufs
      cc) Fordern, Versprechenlassen oder Annehmen eines Vorteils
      dd) Unrechtsvereinbarung (Vorteil als Gegenleistung für unlautere Bevorzugung iSd Nrn. 1–3)
   b) Subjektiver Tatbestand
2. Rechtswidrigkeit
3. Schuld

5. Die Einwerbung von Drittmitteln

30 Auch bei der Drittmitteleinwerbung sind die Bestechlichkeitsdelikte grundsätzlich anwendbar. Allerdings ist die medizinische Forschung ohne finanzielle Zuwendungen seitens der Pharmaindustrie praktisch unmöglich. Den Ärzten und Universitäten fehlen die finanziellen Mittel, aufwändige und kostenintensive Studien zu betreiben, an Kongressen im Ausland teilzunehmen und sich mit ausländischen Kollegen an Tagungen, Symposien usw. auszutauschen. Drittmitteleinwerbung ist schon deshalb nicht per se unzulässig. Die Rechtsprechung geht vielmehr von ihrer Zulässigkeit aus, wenn das im Drittmittelrecht vorgeschriebene Verfahren eingehalten wurde.[42]

31 Insbesondere muss nach dem Urteil des BGH vom 23.5.2002 die Transparenz des Geldflusses gewährleistet sein, dh es muss ein „größtmögliches Maß an Durchschaubarkeit“ gegeben sein. Gleichermaßen wichtig ist die Kontrollmöglichkeit, welche durch eine umfassende Dokumentation einerseits und durch Genehmigungs- und Anzeigepflichten gegenüber den Aufsichtsbehörden andererseits erreicht wird.[43] Der BGH betont damit folgende Prinzipien, die bei der Drittmittelfinanzierung stets gegeben sein müssen: **Transparenzprinzip, Dokumentationsprinzip und Genehmigungs- bzw. Anzeigeprinzip.** Sind diese eingehalten, fehlt es an einer Unrechtsvereinbarung jedenfalls iSd § 331 StGB.[44]

[40] BT-Drs. 18/6446, 17 f.; für eine Ausfüllung des Begriffs der Sozialadäquanz über das Berufsrecht auch *Krüger* NZWiSt 2017, 129 (132).

[41] *Kraatz* ArztStrafR 257.

[42] BGHSt 47, 295 (306).

[43] BGHSt 47, 295 (307 f.).

[44] Skeptisch gegenüber einer Übertragbarkeit auf § 299a f. StGB NK-StGB/*Dannecker/Schröder* § 299a Rn. 178. Vgl. auch → Kap. 10 Rn. 12 ff.

Daneben wird in verschiedenen Verhaltenskodizes zusätzlich das Trennungsprinzip als eine für die Drittmitteleinwerbung wesentliche Grundvoraussetzung genannt. Das **Trennungsprinzip** besagt, dass eine strikte Trennung zwischen der Verantwortung für den Erwerb von Drittmitteln und zwischen der Ausgabenseite, also Einkauf, Bestellung usw. erfolgen muss. Derjenige, der Zuwendungen seitens der Pharmaindustrie erhält, darf nicht für den Einkauf von Medikamenten, medizinisch-technischen Geräten etc. verantwortlich sein.[45] Somit kann der Eindruck von Leistung und Gegenleistung gar nicht erst entstehen. **32**

Weitere Prinzipien sind der Grundsatz der **Bargeldlosigkeit**, der **Kontendistanz**, der **Fremdnützigkeit** und der **Verhältnismäßigkeit.**[46] Geldleistungen dürfen also nicht im Wege der Barzahlung erfolgen. Aus dem Trennungsprinzip folgt der Grundsatz der Kontendistanz, dh der empfangende Arzt darf keinen Zugriff auf Konten auf der Ausgabenseite haben. Die Geldzuwendungen müssen außerdem gemeinnützig sein, dh der Klinik, der Forschung und bzw. oder den Patienten zugutekommen, Privatinteressen des Arztes müssen außer Acht bleiben.[47] Soweit sich die Drittmittelfinanzierung auf eine Gegenleistung bezieht, muss sie verhältnismäßig sein. **33**

Auch bei Berücksichtigung der Vorgaben des BGH bleibt für den Arzt immer die Gefahr, sich dem Anschein der Vorteilsannahme auszusetzen. Da die Staatsanwaltschaften bereits bei Vorliegen eines Anfangsverdachts ihre Ermittlungen aufnehmen müssen, wird in der Literatur dringend empfohlen, bei der Zusammenarbeit zwischen Industrie und Medizin alle genannten Prinzipien, also auch das Trennungsprinzip, genau einzuhalten, um sich keinem Verdacht auszusetzen.[48] Insbesondere sollten die Prinzipien von den Beteiligten nicht restriktiv zu ihren Gunsten ausgelegt, sondern objektiv und entsprechend der höchstrichterlichen Judikatur interpretiert werden.[49] **34**

II. Der Abrechnungsbetrug

1. Einführung

Abrechnungsbetrug spielt in der Praxis eine große Rolle, schon weil durch ihn jährlich ein enormer wirtschaftlicher Schaden verursacht wird.[50] Zu unterscheiden ist dabei der Abrechnungsbetrug von Vertragsärzten gegenüber der kassenärztlichen Vereinigung, welche die Gesamtabrechnung gegenüber den Krankenkassen übernimmt, und der Abrechnungsbetrug des Privatarztes. In beiden Bereichen gibt es typische Fallkonstellationen, auf welche im Folgenden eingegangen werden soll.[51] Ihnen gemeinsam ist jedoch, dass sie alle vom Tatbestand des Betrugs nach § 263 Abs. 1 StGB erfasst werden. **35**

2. Voraussetzungen des Abrechnungsbetrugs

Der objektive Tatbestand des Betrugs setzt eine Täuschung des Täters und einen dadurch bedingten Irrtum, eine Vermögensverfügung und einen Vermögensschaden voraus. Subjektiv muss der Täter vorsätzlich und mit Bereicherungsabsicht han- **36**

---

[45] *Ulsenheimer* ArztStrafR Rn. 1061.
[46] *Ulsenheimer* ArztStrafR Rn. 1064 ff.
[47] *Ulsenheimer* ArztStrafR Rn. 1066.
[48] *Ulsenheimer* ArztStrafR Rn. 1060; *Satzger* ZStW 2003, 469 (497 f.); *Laufs* NJW 2002, 1770.
[49] *Ulsenheimer* ArztStrafR Rn. 1060.
[50] Differenzierend *Ulsenheimer* ArztStrafR Rn. 1075.
[51] Vgl. Wabnitz/Janovsky WirtschaftsStrafR-HdB/*Hilgendorf* § 13 Rn. 12 ff.

deln. Der Vorsatz muss sich dabei auf die objektive Rechtswidrigkeit der erstrebten Bereicherung erstrecken.

a) Täuschung

37 Der Abrechnungsbetrug setzt gemäß § 263 Abs. 1 StGB zunächst eine Täuschung voraus. Diese besteht in der Vorspiegelung falscher oder in der Entstellung oder Unterdrückung wahrer Tatsachen. Im Bereich der ärztlichen Abrechnung gibt es zahlreiche Möglichkeiten, der Krankenkasse bzw. dem Privatpatienten falsche Tatsachen vorzutäuschen. Dies wird dadurch begünstigt, dass eine Kontrolle des Arztes nur schwer möglich ist: Der Patient hat keine Einsicht in die ärztliche Abrechnung, die kassenärztliche Vereinigung kann die Abrechnung nur anhand der ärztlichen Dokumentation nachvollziehen, kann aber nicht überprüfen, ob die Leistung tatsächlich auch erbracht wurde.

38 Beispiele für die Vorspiegelung falscher Tatsachen durch den kassenärztlichen Vertragsarzt sind die Abrechnung tatsächlich nicht erbrachter oder nicht vollständig erbrachter Leistungen und die Abrechnung von entgegen einer Verpflichtung nicht persönlich erbrachten Leistungen. Eine weitere Möglichkeit der Täuschung besteht in der bewusst falschen gebührenrechtlichen Bewertung bzw. Zuordnung von Leistungen.[52]

39 Auch der Privatarzt kann über nicht erbrachte Leistungen täuschen. Außerdem liegt eine Täuschung vor, wenn der Chefarzt in seiner privaten Liquidation vorgibt, Leistungen gegenüber dem Patienten erbracht zu haben, die in Wahrheit von seinen Assistenten vorgenommen wurden.

40 In beiden Fällen gilt jedoch, dass über eine Tatsache getäuscht werden muss.[53] Allein die Geltendmachung eines Honoraranspruchs beinhaltet aber nach hM nicht die Täuschung über eine Tatsache.[54] Vielmehr äußert der Arzt hier eine Rechtsmeinung. Der Arzt kann nach dieser Ansicht also nur über die der Rechnung zugrundeliegenden Tatsachen täuschen. Nach anderer, vorzugswürdiger Ansicht kann auch in einer unzutreffenden Rechtsbehauptung eine betrugsrelevante falsche Tatsachenbehauptung liegen.[55] Einschränkend hat der BGH jüngst allerdings das Vorliegen einer Täuschungshandlung in einem Fall abgelehnt, in dem der angeklagte Arzt seine (Privat) Patienten bei der Rechnungsstellung ausdrücklich darauf hinwies, dass die von ihm behauptete Abrechenbarkeit der Leistung rechtlich umstritten sei.[56] Das OLG Düsseldorf sieht (im privatärztlichen Bereich) eine falsche Tatsachenbehauptung durch eine mit der Rechnungslegung verbundene Behauptung einer ärztlichen Leistungserbringung darüber hinaus nur dort, wo sie keinen Bezug zu tatsächlichen Leistungen mehr aufweist, weil sie sich als Missachtung des eindeutigen Kernbereichs der in Bezug genommenen Norm darstellt.[57] Ist die Vorschrift hingegen in ihren Randbereichen unklar und kann die Liquidation deshalb auf eine vertretbare Auslegung gestützt werden, soll keine unwahre Tatsachenbehauptung, sondern lediglich eine straflose Rechtsbehauptung vorliegen.[58]

---

[52] Weitere Beispiele bei Roxin/Schroth MedStrafR-HdB/*Schroth/Joost* 187 ff.

[53] Das Gesetz spricht in § 263 StGB von der Vorspiegelung einer falschen Tatsache: streng genommen können jedoch nur Tatsachenbehauptungen, nicht aber Tatsachen selbst „falsch" sein.

[54] *Fischer* StGB § 263 Rn. 11, 36a.

[55] *Hilgendorf* Tatsachenaussagen und Werturteile 205 ff.; vgl. auch Roxin/Schroth MedStrafR-HdB/*Schroth/Joost* 192.

[56] BGH medstra 2018, 42 (44); in solchen Fällen ist außerdem das Vorliegen eines Täuschungsvorsatzes fraglich; dem BGH zustimmend *Gaede* medstra 2018, 1 (2).

[57] OLG Düsseldorf medstra 2017, 361 mzustAnm *Dann*; ebenfalls zustimmend *Gaede* medstra 2018, 1 (2).

[58] OLG Düsseldorf medstra 2017, 361.

Problematisch ist die Fallkonstellation, in der der Vertragsarzt Rabatte oder Boni, die er von Herstellern erhält, in seiner Abrechnung nicht offenbart. Dogmatisch nahe liegt hier eine Täuschung durch Unterlassen, deren Strafbarkeit allerdings eine Rechtspflicht zur Offenbarung voraussetzen würde. Ob eine solche besteht, ist umstritten.[59] Der BGH hat jüngst – auf das ausdrückliche Verbot des § 128 Abs. 2 S. 1, Abs. 6 SGB V gestützt – in der Einreichung von Verordnungen in Zusammenhang mit entsprechenden Rechnungen (hier: über Röntgenkontrastmittel) hingegen eine stillschweigende Erklärung (und damit eine konkludente Täuschung durch aktives Tun dahin gehend) gesehen, diese seien in geltend gemachter Höhe endgültig angefallen und nicht durch Kick-Back-Zahlungen an den verordnenden Arzt geschmälert.[60] 41

b) Erregung eines Irrtums

Weitere Tatbestandsvoraussetzung des Betrugs ist die Erregung eines Irrtums. 42
Hier wird durch die Vornahme einer Täuschungshandlung ein Irrtum bei dem jeweiligen Sachbearbeiter der kassenärztlichen Vereinigung erregt. Dabei ist nicht erforderlich, dass der Mitarbeiter die einzelnen Abrechnungen überprüft oder Stichproben nimmt. Es genügt das allgemeine Vertrauen darauf, dass die Vertragsärzte nur tatsächlich erbrachte Leistungen und angefallene Kosten in Rechnung stellen.[61]

Bei der privatärztlichen Abrechnung durch den Chefarzt fehlt es an einem Irrtum 43
bei dem Patienten, wenn er, wie in Kliniken allgemein üblich, eine Wahlarztvereinbarung unterschrieben hat, aus der sich ergibt, dass der persönlichen Leistungserbringung durch den Chefarzt die Leistung durch ihm nachgeordnete Ärzte unter seiner fachlichen Aufsicht und Weisung gleichsteht.[62] Ein Abrechnungsbetrug scheidet in diesen Fällen aus, zumal dann aufgrund eines rechtswirksamen Honoraranspruchs auch kein Vermögensschaden entstanden ist.

c) Vermögensverfügung und Vermögensschaden

Das Tatopfer muss irrtumsbedingt über sein Vermögen verfügen, also zB eine 44
bestimmte Geldsumme aus seinem Vermögen an den Täter überweisen. Allgemeiner ausgedrückt, ist eine Vermögensverfügung jedes Handeln, Dulden oder Unterlassen, durch das unmittelbar auf Vermögen eingewirkt wird.[63] Die Vermögensverfügung muss durch denjenigen vorgenommen werden, bei dem der Irrtum erregt wurde.

Bei der Täuschung durch den Vertragsarzt liegen Vermögensverfügung und Ver- 45
mögensschaden nicht bei der Krankenkasse. Zwar nimmt der jeweilige Mitarbeiter der Krankenkasse, dem die Kassenärztliche Vereinigung die Gesamtvergütung in Rechnung stellt, eine Vermögensverfügung vor. Diese beruht jedoch nicht auf einem Irrtum des Mitarbeiters. Eine Vermögensverfügung wird aber durch die Kassenärztliche Vereinigung selbst vorgenommen: Mit der Feststellung der Gesamtvergütung verfügt sie über das Vermögen ihrer Vertragsärzte, diese erleiden dadurch einen Vermögensschaden.[64] Dies reicht für die Annahme eines Betrugs, § 263 StGB, aus, da Verfügender und Geschädigter nicht identisch sein müssen.

---

[59] Dazu *Ulsenheimer* ArztStrafR Rn. 1114 ff.; Roxin/Schroth MedStrafR-HdB/*Schroth/Joost* 192 f.
[60] BGH NStZ-RR 2017, 313.
[61] BGH MedR 2006, 721 (724).
[62] *Ulsenheimer* ArztStrafR Rn. 1118.
[63] AWHH/*Heinrich* StrafR BT § 20 Rn. 69.
[64] *Ulsenheimer* ArztStrafR Rn. 1105 ff.

46 Bei der privatärztlichen Liquidation wird eine Vermögensverfügung durch den Patienten vorgenommen. Der Schaden tritt bei ihm oder im Fall der Erstattung bei seiner privaten Krankenversicherung oder der Beihilfestelle ein.

47 Problematisch ist der Vermögensschaden, wenn der Vertragsarzt bloß über die Einhaltung formaler Vorschriften getäuscht hat, wie etwa über die Beschäftigung eines nicht genehmigten Assistenten oder die Beschäftigung von Scheingesellschaftern. Die Rechtsprechung bejaht hier einen Vermögensschaden aufgrund der im Sozialversicherungsrecht geltenden streng formalen Betrachtungsweise, auch wenn die Leistungen tatsächlich erbracht wurden.[65] Die Abrechnung erfolgt beim Privatpatienten auf der Grundlage der GOÄ,[66] die den Inhalt abrechnungsfähiger privatärztlicher Leistungen und deren taxmäßige Honorierbarkeit bestimmt und so auch im privatärztlichen Bereich zum Anknüpfungspunkt einer formalen Schadensbetrachtung des BGH wird.[67] In der Literatur wird diese Ansicht zu Recht kritisiert. Der Vermögensbegriff des Betrugs ist kein formaler, sondern ein wirtschaftlicher.[68] Wirtschaftlich ist jedoch kein Schaden entstanden, wenn der Patient ordnungsgemäß behandelt und diese Tatsache an sich ordnungsgemäß abgerechnet wurde. Allein der Verstoß gegen formale Vorschriften kann den Vermögensschaden daher nicht begründen.[69]

47a Die Berechnung der Schadenshöhe ist wegen der Komplexität des Abrechnungssystems sehr schwierig und kann oft nur mit hohem Aufwand erfolgen. Oftmals werden umfangreiche Unterlagen sichergestellt, deren Auswertung die Kapazität der Ermittlungsbehörden und Gerichte überschreitet. Die Rechtsprechung hat in solchen Fällen die Ermittlung der Schadenshöhe durch Stichproben und Wahrscheinlichkeitsberechnungen zugelassen.[70] Allerdings kommt eine Hochrechnung nur dann in Betracht, wenn es sich um typisierte Verhaltensweisen handelt, der Arzt also ein systematisches und gleichförmig fehlerhaftes Abrechnungsverhalten gezeigt hat. Da gemäß §§ 244, 261 StPO das Gericht von allen strafbegründenden Umständen überzeugt sein muss, sind an die Feststellung der Gleichförmigkeit des Abrechnungsverhaltens hohe Anforderungen zu stellen, bei auffälligen Abweichungen kommt eine Hochrechnung des Schadens nicht in Betracht.[71]

d) Vorsatz und Bereicherungsabsicht

48 Der Arzt muss zumindest mit bedingtem Vorsatz handeln, dh er muss die Möglichkeit der Täuschung und des Irrtums, der Vermögensverfügung und des Vermögensschadens zumindest erkennen und billigend in Kauf nehmen. Die Abgrenzung zur bewussten Fahrlässigkeit kann im Einzelfall schwierig sein. Dies gilt insbesondere in den Fällen, in denen es nicht um die tatsächliche Erbringung von

---

[65] BGH NStZ 1995, 85 f.; OLG Koblenz MedR 2001, 144 (145).

[66] Gebührenordnung für Ärzte idF der Bekanntmachung v. 9.2.1996 (BGBl. 1996 I 210), zuletzt geändert durch Artikel 7 des Gesetzes vom 27.06.2017 (BGBl. 2017 I 1966).

[67] BGHSt 57, 95 (115 f.); kritisch zur Übertragung der formalen Betrachtungsweise auf den privatärztlichen Bereich MüKoStGB/*Hefendehl* § 263 Rn. 687; *Kraatz* ArztStrafR 231 f.

[68] AWHH/*Heinrich* StrafR BT § 20 Rn. 69.

[69] *Volk* NJW 2000, 3385 (3388); *Ulsenheimer* ArztStrafR Rn. 1121 ff.; Schönke/Schröder/*Perron* StGB § 263 Rn. 112a ff.

[70] BGHSt 36, 320 ff. = NStZ 1990, 197; BGH wistra 1990, 227; 1993, 300; GesR 2007, 77 (81).

[71] Roxin/Schroth MedStrafR-HdB/*Schroth*/*Joost* 179 (199); grundsätzlich kritisch zur Schadensberechnung durch Hochrechnung *Kraatz* ArztStrafR 232 unter Bezugnahme darauf, dass das BVerfG seine Erwägungen zum Erfordernis der Bezifferung der Höhe des Vermögensnachteils im Rahmen der Untreue auf den Betrugstatbestand übertragen hat (BVerfG NStZ 2012, 496); zur Diskussion ferner *Ruckdeschel*/*Franke*/*Erlwein-Sayer*/*Massini* medstra 2017, 67; *Tsambikakis* medstra 2017, 65; *Schmidt* medstra 2017, 79.

Leistungen, sondern um gebührenrechtliche oder Verfahrensfragen geht. Hält der Arzt hier seine Abrechnung für richtig, so handelt er nicht vorsätzlich.[72]

Weiterhin muss der Arzt einen mit dem Vermögensschaden "stoffgleichen" rechtswidrigen Vermögensvorteil erlangen wollen. Dies bedeutet, dass der vom Täter erstrebte Vorteil gleichsam die "Kehrseite" des beim Opfer eintretenden Schadens sein muss. Ein stoffgleicher Vermögensschaden der Krankenkasse liegt nicht vor, wenn der Kassenarzt dem Patienten nicht notwendige Leistungen verschreibt. Hier ist der Patient um diese Leistungen bereichert, der Schaden der Kasse besteht indessen im Unterlassen der Regressforderung gegenüber dem Arzt.[73] **49**

Prüfungsschema des (Abrechnungs-)Betruges **50**

1. Tatbestand
   a) Objektiver Tatbestand
      aa) Täuschung
      bb) Irrtum
      cc) Vermögensverfügung
      dd) Vermögensschaden
   b) Subjektiver Tatbestand
      aa) Vorsatz
      bb) Bereicherungsabsicht
2. Rechtswidrigkeit
3. Schuld

---

[72] Skeptisch zum Vorliegen von Täuschungsvorsatz bei streitiger Auslegung von Leistungsziffern BGH medstra 2018, 42 (44).

[73] BGH NJW 2004, 454 (455); *Fischer* StGB § 263 Rn. 189.

11. Kapitel. Neue Herausforderungen

Der technologische Fortschritt in der Medizin stellt Ärzte, Forscher, Patienten und die Gesellschaft vor immer neue Fragen und Probleme.[1] Auch das Medizinstrafrecht muss sich diesen neuen Herausforderungen stellen. 1

I. Die Selbst-Optimierung des Menschen: Enhancement

1. Der Trend zur Selbst-Optimierung

Schon seit einigen Jahren ist in der Medizin eine neue Entwicklung zu beobachten: Immer mehr wird sie nicht nur zur Heilung von Kranken, sondern auch zur Verbesserung des Zustands von Gesunden eingesetzt. Schönheitsoperationen, Doping, Gentechnik sind nur einige Beispiele für diesen Wandel. Nicht nur das äußere Erscheinungsbild, auch sportliche oder berufliche Leistungen werden, etwa durch die Einnahme von Medikamenten, gesteigert. In nicht allzu ferner Zukunft wird es sogar möglich sein, mit den Methoden der Gentechnologie die Eigenschaften der nächsten Generationen mehr oder weniger „auf Bestellung“ zu optimieren. 2

Diese Entwicklung wurde im Recht bisher nur unter Einzelaspekten wie Doping im Sport, Finanzierung von kosmetischen Operationen, Zulässigkeit der gentechnischen Manipulation von Embryonen etc. diskutiert. Im angelsächsischen Sprachraum wird das Gesamtphänomen oft als Trend zum „Human Enhancement“ beschrieben.[2] Damit sollen „alle korrigierenden Eingriffe in den menschlichen Körper, durch die nicht eine Krankheit behandelt wird bzw. die nicht medizinisch indiziert sind“[3] bezeichnet werden. Man könnte auch von menschlicher Selbstoptimierung sprechen. 3

Das Streben nach Selbstoptimierung ist nicht neu. Jede Form von geistiger Weiterbildung, sportlichem Training, ja sogar die Verwendung von Make-up ist letztlich nichts anderes als „Enhancement“. Jedoch haben sich die Mittel auf so bezeichnende Weise verändert, dass eine neue Betrachtung des Phänomens und seiner einzelnen Aspekte erforderlich wird. Neue Techniken erweitern das Spektrum der Optimierungsmöglichkeiten über die Grenzen des bisher Vorstellbaren hinaus. Insbesondere die zunehmende Beherrschbarkeit der Evolution hat das Potential, die Gesellschaft grundlegend zu verändern.[4] Verständnis für diese Entwicklungen kann dazu beitragen, viele aktuelle Debatten im Medizinrecht und Medizinstrafrecht klarer einzuordnen und die Problemlage besser zu verstehen. 4

2. Aktuelle Entwicklungen

a) Schönheitsoperationen

Die kosmetische Chirurgie weist derzeit erhebliche Wachstumsraten auf. So wurden in Deutschland schon im Jahr 2013 etwa 344.000 kosmetische Operationen, zB Brustvergrößerungen, durchgeführt. Hinzukommen ca. 311.000 nicht-operative Maßnahmen wie zB das Spritzen von Botox.[5] 5

---

[1] Dazu *Böttinger/zu Putlitz* Die Zukunft der Medizin.
[2] Vgl. *Lenk* Therapie und Enhancement; *FLHRBS* Enhancement.
[3] *Fuchs* „Enhancement“ in Korff/Beck/Mikat Lexikon der Bioethik 604.
[4] So schon *Flämig* APuZ 1985 B3, 3 ff.
[5] *Kaufmann*, Deutsche spritzen immer häufiger Botox, Handelsblatt vom 24.9.2014, abrufbar unter: http://www.handelsblatt.com/technologie/forschung-medizin/medizin/trend-bei-schoenheitsoperationen-deutsche-spritzen-immer-haeufiger-botox/10746612.html (Stand: 17.5.2015).

6 Diese „Menschheitsverschönerungsindustrie“ beeinflusst zunehmend unsere Anforderungen an das Äußere und die Einstellung zur „Naturgegebenheit“ der menschlichen Konstitution. Die individuellen Unterschiede und das Älterwerden scheinen immer mehr eher als Störfaktor denn als Teil des menschlichen Lebens gesehen zu werden. Auch oder sogar insbesondere in Schwellenländern ist die kosmetische Chirurgie ein aktueller Trend. In Asien werden nicht nur das Lasern von Sehstörungen – das ja durchaus auch kosmetische Aspekte besitzt –, sondern auch die Veränderung der Augenform oder die Gestaltung eines „weiblicheren“ Körpers immer beliebter. In den USA ist die Veränderung von ethnischen Merkmalen eine schon seit Längerem zu beobachtende Bewegung, die auch in Bezug auf die Identifikation mit der eigenen Individualität und Herkunft problematisch erscheint.[6]

b) Doping an Körper und Geist; insbesondere Anti-DopG

7 Auch wenn Doping schon seit der Antike existiert, so ist es doch in seinem aktuellen Ausmaß und wegen der aktuellen Einbindung von Ärzten heute auch ein medizinisches Problem.[7] Bekannt ist die Nutzung von Medikamenten zur Leistungssteigerung aus dem Bereich des Sports.[8] Das Doping zielt indes nicht nur auf die Verbesserung der sportlichen Leistung, sondern auch auf die Optimierung des äußeren Erscheinungsbildes, etwa durch Einnahme von Anabolika zur Erzielung von Muskelzuwachs oder von „Schlankheitspillen“ aus rein ästhetischen Gründen.

8 Doping verbreitet sich auch in anderen Lebensbereichen immer stärker. So können im Internet Stoffe zur Steigerung der Merkfähigkeit, der Konzentrationsfähigkeit oder Bewältigung von Prüfungsstress bestellt werden. Auch wenn sie möglicherweise weniger Nebenwirkungen haben als die bereits seit Längerem verbreitete Einnahme von Amphetaminen oder sonstigen illegalen Drogen, ist doch auch hier von ernsten Gesundheitsgefährdungen auszugehen. Zudem wird der Wettbewerb zuungunsten derjenigen, die sich der Einnahme verweigern, verletzt.

9 Die Thematik ist durch das neue Anti-Doping-Gesetz[9] erneut in den Mittelpunkt des medialen Interesses gelangt. Das Gesetz verfolgt zwei Zwecke. Zum einen dient es dem Schutz vor mit Dopingsubstanzen nicht notwendigerweise, aber oftmals verbundenen Gesundheitsgefahren. So können etwa Anabolika schwere Schäden des Herz-Kreislaufsystems oder der Leber verursachen. In Zukunft denkbar sind auch Gendoping-Maßnahmen, durch die etwa die Blutbildung reguliert werden könnte. Deshalb bestrafen die §§ 2, 4 Abs. 1 Nrn. 1–3 Anti-DopG den Umgang mit und die Verbreitung von Dopingmitteln und -methoden. In § 2 Abs. 2 Anti-DopG etwa findet sich das insbesondere an den Sportarzt oder medizinischen Betreuer gerichtete Verbot, Dopingmaßnahmen zum Zweck der sportlichen Leistungssteigerung bei einer anderen Person anzuwenden. Da das Verbot dem Schutz der Gesundheit dient, handelt es sich bei § 2 Anti-DopG um den medizinstrafrechtlich geprägten Teil des Gesetzes.

9a An den Sportler selbst gerichtet sind die Verbote der §§ 3, 4 Abs. 1 Nrn. 4, 5; Abs. 2 Anti-DopG. Sie bezwecken nicht den Schutz der Gesundheit, sondern der „Integrität des Sports“.[10] § 3 Anti-DopG enthält zunächst das an jedermann gerichtete Verbot des Dopings im sportlichen Wettbewerb (§ 3 Abs. 2 Anti-DopG) bzw.

---

[6] *Brock* in Parens Enhancing Human Traits 63 f.
[7] *Linck* NJW 1987, 2545 (2546).
[8] Doping, FAZ online, abrufbar unter: http://www.faz.net/aktuell/sport/Thema/doping/ (Stand: 17.5.2015).
[9] BGBl. 2015 I 2210 ff. Eingehend dazu *Kusche*, Die Strafbarkeit des Selbstdopings, 2019.
[10] BT-Drs. 18/4898, 26.

in dessen Vorfeld (§ 3 Abs. 1, 4 Anti-DopG). Mit bis zu drei Jahren Freiheitsstrafe bestraft werden bei einem Verstoß solche Sportler, die als Mitglieder eines Testpools im Rahmen eines Dopingkontrollsystems Trainingskontrollen unterliegen oder die mit dem Sport „erhebliche Einnahmen" erzielen (§ 4 Abs. 7 Anti-DopG). Freizeitsportler sind folglich aus dem Anwendungsbereich der Strafbewehrung des Dopingverbots ausgenommen. Verstößt ein ausländischer Sportler in der Bundesrepublik gegen das Gesetz, kann er ebenfalls belangt werden. Bemerkenswert ist, dass für den genannten Täterkreis auch der Erwerb und der Besitz verbotener Substanzen zum Zwecke des Dopings uneingeschränkt (dh ohne jede mengenmäßige Beschränkung) der Strafbarkeit unterworfen wird (§ 3 Abs. 4 Anti-DopG).

Die in der Öffentlichkeit vielbeachtete Schaffung des Anti-Doping-Gesetzes **9b** veranschaulicht, dass die Grenze zwischen gesellschaftlich akzeptierter – gerade im Sport sogar bewunderter – und unzulässiger Selbstoptimierung fließend ist und sich bei ihrer Festlegung nicht nur medizinische, sondern auch ethische Fragen stellen. Das zeigt sich etwa daran, dass selbst die Aufnahme von Koffein auf die Liste sportrechtlich verbotener Substanzen diskutiert wird, während dessen Gebrauch zur Aufrechterhaltung der Konzentrationsfähigkeit in sonstigen Lebensbereichen gesellschaftlich vollkommen akzeptiert wird. Nicht nur im Hochleistungssport, sondern auch im Freizeitsport ist außerdem von einer massiven Ausweitung des Konsums von Schmerzmitteln auszugehen. Schließlich erhalten jedenfalls konstante gesellschaftliche Anerkennung nur erfolgreiche Athleten, die Leistungen erbringen müssen, die auf natürlichem Weg nicht immer mehr erreichbar scheinen. All das zeigt, dass eine erfolgreiche Dopingbekämpfung über ein staatliches Verbot hinaus auch eine kritische Reflexion unserer Gesellschaft über den Stellenwert von Leistung und Natürlichkeit verlangt.

c) Die Verbesserung der nächsten Generation – IVF, PID, Gentechnologie

Eine neue Stufe der Verbesserung könnte in Zukunft durch Fortpflanzungsme- **10** dizin und Genetik erreicht werden. Schon jetzt ist es in anderen Ländern gängige Praxis, dass bei künstlicher Befruchtung genetisch erkrankte Embryonen aussortiert werden. Dies ließe sich zumindest theoretisch auf andere Merkmale erweitern, dh Selektion nach Geschlecht, äußeren oder sogar uU charakterlichen Merkmalen. Durch die Verbindung der künstlichen Befruchtung und Veränderung des Erbmaterials etwa mittels CRISPR/Cas könnte künftig nicht nur Selektion, sondern sogar Manipulation der nächsten Generation möglich werden, also die Schaffung eines „Wunschbabys".

d) Gesamtbeurteilung

Die skizzierten Entwicklungen weisen Gemeinsamkeiten auf, die bei der morali- **11** schen und rechtlichen Beurteilung von Relevanz sind. So sind sie fast durchweg mit relativ intensiven Eingriffen in die körperliche Befindlichkeit verbunden, deren Nebenwirkungen teilweise erheblich, teilweise noch nicht einmal umfassend bekannt sind. Bemerkenswert ist auch, dass die meisten dieser neuen Eingriffe der direkten Mitwirkung Dritter bedürfen. Viele herkömmliche „Verbesserungen" waren mehr oder minder allein durch die Handlung desjenigen möglich, der die Steigerung einer seiner Merkmale anstrebt. Bei Schönheits-OPs, Einnahme von leistungssteigernden Medikamenten oder gentechnischen Manipulationen ist dagegen die Mitwirkung von Forschern, Ärzten oder Pharmazeuten erforderlich.

Viele der neuen Methoden sind außerdem kostspielig und oft ist fraglich, wer **12** für ihre Durchführung aufkommen muss. Aus der kosmetischen Chirurgie ist das

Problem der Kategorisierung von durch Krankenkassen bezahlbaren und nicht bezahlbaren Eingriffen bekannt.[11] Doch dieses Problem lässt sich noch weiter denken: Wer soll für die Selektion genetisch kranker Embryonen, für die Dopingmittel der Studenten, für die Behebung von Schönheitsfehlern bezahlen? Zunächst scheint die Antwort offensichtlich: Derjenige, der die Verbesserung wünscht. Aber andererseits ist fraglich, ob es gerecht ist, dass finanziell besser Gestellte ihre sozialen Vorteile weiter ausbauen können, während den Mittellosen das moderne Enhancement verwehrt bleibt.[12]

13 Die Bedeutung des Äußeren, der künstlich gesteigerten Intelligenz, der genetischen Verbesserung steigt mit der Möglichkeit ihrer Optimierung und auch der Nachfrage.[13] Der Druck, ebenfalls derartige Maßnahmen durchzuführen, um „mithalten" zu können, wird stärker und sollte deshalb bei den Überlegungen zur Zulässigkeit derartiger Maßnahmen mit einbezogen werden.

II. Prädiktive Gendiagnostik

14 Ein interessantes Zukunftsfeld im Kontext der Genetik und Medikamentenforschung ist die prädiktive Gendiagnostik. Sie wurde durch Erforschung und (zumindest teilweise) Entschlüsselung des menschlichen Genoms möglich. Es ist nicht länger erforderlich, die Krankheitsgeschichte der Angehörigen eines Patienten zu erforschen, sondern man erhofft sich, aus den genetischen Merkmalen des Patienten selbst die Wahrscheinlichkeit, dass er an einer bestimmten Krankheit leidet oder erkranken wird, erkennen zu können. Die prädiktive Gendiagnostik wirft jedoch auch einige ethische und rechtliche Fragen auf:

15 Fraglich ist zunächst, an wem solche Untersuchungen durchgeführt werden sollen, ob eine besondere Aufklärung erforderlich ist und inwieweit gegebenenfalls eine Nachbetreuung bzw. eine Ausweitung der Betreuung auf Angehörige anzuraten ist. Darüber hinaus ist problematisch, wie mit den erhaltenen genetischen Informationen umgegangen werden soll, insbesondere inwieweit es möglich sein wird, diese auf die Verwendung durch Mediziner zu beschränken.[14]

16 Auch bei „normalen" Untersuchungen und Behandlungen stehen Ärzte mitunter vor dem Problem, wieweit die Aufklärung reichen sollte, wer darin einzubinden ist, und auch, welche Untersuchungen für den Patienten eher kontraproduktiv sein könnten.[15] Dies verstärkt sich im Zusammenhang mit genetischen Untersuchungen. Die Auswirkungen der Ergebnisse auf den Patienten und sein Umfeld können sehr viel weiter reichen als bei normaler Diagnostik. Nur als Beispiel sei die Möglichkeit genannt, bei körperlich völlig gesunden Menschen festzustellen, dass sie an Chorea Huntington („Veitstanz") erkranken und daran sterben werden.[16] Wird der genetische Defekt festgestellt, bedeutet dies eine hundertprozentige Erkrankungswahrscheinlichkeit, aber auch, dass die Eltern, Kinder oder Geschwister des Patienten diesen ebenfalls aufweisen könnten, ohne es zu wissen.

17 Besteht bei einem Patienten also der Verdacht, er könne diesen besonderen genetischen Defekt aufweisen, sind vor einer Untersuchung verschiedene Aspekte

[11] *Lanzerath* Krankheit und ärztliches Handeln 327.

[12] So schon *Lanzerath* Krankheit und ärztliches Handeln 328.

[13] *Brock* in Parens Enhancing Human Traits 62f.

[14] Zu den gesellschaftlichen Reaktionen auf die Entwicklung der Gentechnik vgl. *Stockter* Verbot genetischer Diskriminierung 37ff.

[15] → Kap. 2 Rn. 66.

[16] Dazu schon *Kovács*, Prädiktive genetische Beratung in Deutschland, eine empirische Studie, 2008, abrufbar unter: www.ssoar.info/ssoar/handle/document/21613.

zu bedenken. So ist zu fragen, wie der Patient mit der Diagnose, in den nächsten Jahren unvermeidlich an einer äußerst schmerzhaften Krankheit zu sterben, umgehen kann. Es sollte bereits vorab geklärt und in der Beratung darauf hingewiesen werden, ob in bestimmten Fällen ein Nichtwissen der Erkrankung vielleicht besser für den Patienten wäre, bzw. wie er auf die Informationen reagieren könnte.[17] Auf jeden Fall ist sicherzustellen, dass ein Patient mit den Ergebnissen einer genetischen Untersuchung nicht allein gelassen wird.

Hinzu kommt das Problem der Auswirkungen auf Angehörige. Insbesondere bei **18** Krankheiten wie Chorea Huntington, die sicher zum Tode führen und bei denen die Wahrscheinlichkeit von Verwandten, ebenfalls an der Krankheit zu leiden, sehr hoch ist, sind deren Interessen in die Abwägung einzubeziehen.

Eine jüngere Entscheidung des BGH[18] hat in diesem Zusammenhang für Aufse- **19** hen gesorgt: Die Klägerin warf dem beklagten Arzt keine fehlerhafte oder unterlassene Aufklärung vor. Sie versuchte vielmehr, den Beklagten wegen der Aufklärung über die Erkrankung ihres geschiedenen Ehemanns an Chorea Huntington auf Ersatz materiellen und immateriellen Schadens in Anspruch zu nehmen. Mangels genetischer Verwandtschaft war die Klägerin, die selbst keine Patientin des beklagten Arztes war, zwar nicht unmittelbar von der festgestellten Erkrankung betroffen, wohl aber die gemeinsamen Kinder.[19] Die Klägerin litt seit der Mitteilung der Krankheit an einer reaktiven Depression, die zu einer dauerhaften Krankschreibung und damit zusammenhängender Erwerbsunfähigkeit führte.

Der BGH sprach der Klägerin jedoch einen Anspruch auf Schadensersatz aus **20** § 823 Abs. 1 und 2 BGB ab. Beeinträchtigtes Rechtsgut sei zum einen die Gesundheit der Klägerin. Jedoch scheitere der Schadensersatzanspruch am Fehlen des Zurechnungszusammenhanges zwischen Aufklärung und Gesundheitsverletzung. Dass eine ernsthafte, möglicherweise auch die Gesundheit der gemeinsamen Kinder betreffende Erkrankung eines Elternteils erkannt und dem anderen Elternteil mitgeteilt werde, sei ein Schicksal, dass Eltern jederzeit treffen könne und stelle damit ein allgemeines Lebensrisiko dar. Ein solches Risiko gehöre nicht zu den Gefahren, vor denen § 823 Abs. 1 BGB schützen solle. Zum anderen könne das allgemeine Persönlichkeitsrecht in der Ausprägung eines Rechts auf Nichtwissen verletzt sein. Anerkannt ist das Recht auf Nichtwissen der eigenen genetischen Veranlagung. Der BGH verneinte jedoch einen Schadensersatzanspruch, da die Klägerin mangels genetischer Verwandtschaft nicht in ihrem Recht auf Nichtwissen betroffen sein könne.[20]

Genetische Untersuchungen werfen noch weitergehende Probleme des Individu- **21** alschutzes auf. Dies betrifft insbesondere den Umgang mit den bei der genetischen Untersuchung gewonnenen Daten und deren eventuelle Verfügbarkeit für andere Personen (Arbeitgeber, Versicherungen). Diejenigen Personen, über die durch eine genetische Untersuchung bekannt wird, dass sie für eine schwere Erbkrankheit disponiert sind, laufen Gefahr, nicht mehr angestellt und/oder nicht mehr in eine (private) Versicherung aufgenommen zu werden. Es ist daher zu diskutieren, wie man der Gefahr, dass ganze Gruppen von Personen, über deren genetische Disposition für Krankheiten bisher nichts bekannt war, „ins Abseits" zu geraten drohen, vorbeugen kann.

---

[17] *Meincke/Kosinski/Zerres/Maio* Der Nervenarzt 2003, 413 ff.
[18] BGH NJW 2014, 2190.
[19] *Schneider* NJW 2014, 3133.
[20] Dazu auch *Schneider* NJW 2014, 3133 f.

22 In diesem Zusammenhang stellt sich die Frage, ob eine staatliche Pflicht besteht, derartige Diskriminierungen zu verhindern. Eine solche staatliche Schutzpflicht könnte sich etwa aus Art. 3 Abs. 1 GG (Gleichheitsgrundsatz) oder Art. 2 Abs. 1 GG iVm Art. 1 Abs. 1 GG (allgemeines Persönlichkeitsrecht) ergeben, die auch dem Allgemeinen Gleichbehandlungsgesetz aus dem Jahr 2006 zugrunde liegen.[21]

III. Bildgebende Verfahren

23 Ein weiteres, Medizin und Recht vor gravierende Herausforderungen stellendes Feld sind die modernen bildgebenden Verfahren, wie beispielsweise die Positronen-Emissions-Tomographie (PET) und die Magnetresonanztomographie (MRT, fMRT), durch die in den letzten Jahrzehnten spektakuläre Einblicke in Struktur und Funktion des zentralen Nervensystems möglich geworden sind. Durch den Einsatz dieser nicht invasiven Verfahren ergeben sich möglicherweise auch neue Ansätze für die Aufklärung geistiger Prozesse, die für das Selbstverständnis des Menschen von zentraler Bedeutung sind. Bewusstsein, Gedächtnis, Gefühle, Willensfreiheit und Moral sind nur einige der Schlagworte, die die kontroversen Diskussionen über das Menschenbild kennzeichnen, die durch die neuen bildgebenden Verfahren hervorgerufen wurden.[22]

24 Diese Verfahren zeichnen die Hirnaktivität der Probanden in bestimmten Situationen auf. Spektakulär waren die Experimente des US-Hirnforschers Libet, bei denen die zeitliche Abfolge von Hirnaktivität und Wahrnehmung der bewussten Entscheidung untersucht wurde. Dabei wurde festgestellt, dass das Gehirn bereits aktiv ist, bevor der Proband selbst meinte, sich entschieden zu haben. Daraus wurde teilweise geschlossen, dass unser Glaube, einen freien Willen zu besitzen, eine Illusion sei, da unser Gehirn Entscheidungen bereits vorab träfe. Inzwischen gibt es viele weitere Experimente der Hirnforscher, die möglicherweise Auswirkungen auf das (Straf-)Recht und seine Auslegung haben. So soll unter anderem über die Aktivität bestimmter Hirnareale nachgewiesen werden, wenn ein Mensch nicht die Wahrheit sagt. Auf diese Weise wird die Diskussion über den Lügendetektor auf neuem Niveau fortgeführt.[23]

IV. Medizinrobotik und die Verbindung von Mensch und Maschine

25 Mehr und mehr wird die Medizin der Gegenwart durch den Einsatz von Maschinen geprägt. Dabei geht es zum einen um den verstärkten Einsatz von Maschinen als „Hilfswerkzeuge“, etwa OP-Roboter, zum anderen um eine zunehmende Verbindung von Mensch und Maschine. Diese Entwicklungen dürften erhebliche Auswirkungen auf die Realität der Medizin und ihre gesellschaftliche sowie rechtliche Einordnung und auf unser Menschenbild haben.

26 Der Einsatz von Robotern führt ua zu neuen Fragen in Bezug auf die zivil- und strafrechtliche Verantwortung.[24] Denn anders als in den Fällen, in denen ein Chirurg alleine handelt (und dann auch für die Konsequenzen seines Handelns allein verantwortlich ist), kann es bei der „Arbeitsteilung“ mit Robotern zu neuen Verantwortlichkeitsverteilungen kommen. Wenn etwa der Roboter fehlerhaft programmiert wurde und daraus ein Schaden entsteht, ist dafür offensichtlich nicht

---

[21] BGBl. 2006 I 1897 ff.
[22] *Hillenkamp* JZ 2005, 313 ff.; *Fischer* StGB Vor § 13 Rn. 9 ff.
[23] *Hilgendorf* FS Yenisey, 2014, 913 ff.
[24] *Hilgendorf* FS Fischer, 2018, 99 ff.

der handelnde Chirurg allein verantwortlich. Es ist deshalb in diesem Kontext von besonderer Bedeutung, die Kausalitäten der Schäden genau zu verfolgen.

Von besonderer Bedeutung ist dies dann, wenn der Roboter selbst „lernt", also neue Erfahrungen in seinen alten Erfahrungshorizont einarbeitet und daraus neue Schlüsse zieht. Hier geht es darum, ob der die Bedingungen setzende Programmierer oder der beibringende Anwender oder gar – wie teilweise schon gefordert– der Roboter selbst verantwortlich ist.[25] Dies wird letztlich eine Frage des Einzelfalls bleiben, es ist jedoch notwendig, die Entwicklung genau zu verfolgen und die Rahmenbedingungen der Verantwortlichkeit festzulegen. **27**

Von ebenso großer Bedeutung wird in Zukunft die Verbindung von Mensch und Maschine sein: Das Ersetzen von Teilen des menschlichen Körpers durch technische, künstliche Teile oder in begrenztem Sinne „Maschinen" ist zwar nicht neu – künstliche Gelenke oder Zahnersatz gehören schon eine ganze Weile zur alltäglichen medizinischen Praxis. Auch der Einsatz von Rollstühlen stellt in gewissem Sinne eine Verbindung von Mensch und Maschine dar. Diese Methoden waren bisher keine neue Herausforderung für die Bewertung der medizinischen Methoden oder für das Menschenbild. Betrachtet man jedoch etwa die Auswirkungen der Möglichkeit einer künstlichen Beatmung – letztlich auch der Ersetzung der Lunge durch eine Maschine – auf die Diskussionen um Sterbehilfe, Patientenautonomie und Grenzen des Heilungsauftrags der Medizin, so zeigt sich, dass die beginnende Verschmelzung von Mensch und Maschine durchaus Relevanz für die Betrachtungsweise und den Umgang mit Menschen hat.[26] Bei Patienten, die am sog. „Locked-In-Syndrom" leiden, werden seit einiger Zeit Möglichkeiten entwickelt, durch direkten Anschluss des Gehirns an Maschinen mit dem Gehirn direkt zu kommunizieren. Bei manchen dieser Patienten ist fast jeder Muskel gelähmt, ein Funktionieren des Körpers ist nur durch Anschluss an Maschinen möglich. **28**

Eine weitere einschlägige Entwicklung ist der Einsatz von sogenannten „Hirnschrittmachern". Diese Geräte wurden ursprünglich entwickelt, um Parkinson-Patienten ein möglichst symptomfreies Leben zu ermöglichen. Sie werfen allerdings erhebliche ethische und rechtliche Probleme auf: Der Einsatz von technischen Geräten, die Einfluss auf die elektronischen Ströme des menschlichen Gehirns haben, stellt schon per se eine Herausforderung für Menschenbild und rechtliche Regelung dar. Wenn eine bestimmte Bewegung des Parkinson-Patienten nicht durch eine eigene Willensanstrengung, sondern maschinell hervorgerufen wird, wird überdies fraglich, ob es sich dabei immer noch um „seine" Bewegung handelt und ob er für mögliche Folgen verantwortlich ist. **29**

Nur am Rande sei erwähnt, dass sich zusätzlich noch die allgemeinen Fragen stellen, die jede neue medizinische Methode aufwirft: Welche Gesundheitsrisiken bestehen? Wie weit darf mit Menschen experimentiert werden? Inwieweit ist es möglich, die Autonomie der Patienten zu wahren? Welche Auswirkungen könnte ein massenhafter Einsatz haben? Und schließlich auch: Wie sind derartige Verfahren zu finanzieren? **30**

Es wäre in jedem Falle problematisch, mit der Beantwortung solcher Fragen zu warten, bis die technische Realität die Gesellschaft eingeholt hat. Die Verschmelzung von Mensch und Maschine befindet sich bereits in vollem Gange. Auch wenn die neuen Möglichkeiten noch nicht in vollem Umfang absehbar sind, wird diese Entwicklung die Gesellschaft möglicherweise nachhaltiger verändern als so proble- **31**

---

[25] Überblick über den Diskussionsstand bei *Schulz* Verantwortlichkeit bei autonom agierenden Systemen.

[26] Dazu die Beiträge von *Beck* und *Hilgendorf* in Menschenwürde und Medizin 997ff. und 1047ff.

matisierte Technologien wie das Klonen, die genetische Manipulation von Menschen und die Embryonenselektion.

V. Zur Unterscheidung von Heilung und Verbesserung

1. Abgrenzungen in Medizin und Ethik

32 Bei all diesen Themen stellt sich zunächst eine Frage: Wie kann zwischen Therapie und Verbesserung unterschieden werden? Grundsätzlich gilt: Therapie dient der Heilung von Kranken, was darüber hinaus geht, ist die Verbesserung von Gesunden. Somit ist entscheidend, ab welchem Punkt ein bestimmter körperlicher oder geistiger Zustand als „krank“ zu definieren ist.

33 Eine sehr weitreichende Definition von Gesundheit hat die WHO aufgestellt: „Gesundheit ist der Zustand vollständigen körperlichen, seelischen, geistigen und sozialen Wohlbefindens.“[27] Dieser Zustand kann offensichtlich nur selten erreicht werden und eignet sich daher kaum als brauchbares Abgrenzungskriterium für die ethische und rechtliche Diskussion. Es erscheint daher zunächst sinnvoller, sich damit auseinanderzusetzen, was man als „krank“ definiert.

34 Grundsätzlich gilt, dass „krank“ eine negative Abweichung von der Normalität bedeutet. Fraglich ist aber, welche Norm dem zugrunde liegt, und unter welchen Voraussetzungen eine Abweichung als hinreichend gravierend zu bewerten ist, um unter die Kategorie der Krankheit zu fallen. Dazu werden verschiedene Ansichten vertreten. Eine Einteilung erfolgt über die Perspektive, aus der die Abgrenzung zwischen Krankheit und Gesundheit getroffen wird: objektiv, subjektiv oder sozial.[28]

35 Nach dem **objektiven Krankheitsbegriff** wird der Zustand des Patienten mit dem „Normalzustand“, den normalen Funktionen des Körpers, verglichen und bei einer Abweichung davon von „Krankheit“ gesprochen. Normalität wird dabei idR mit Bezug auf Durchschnittswerte ermittelt. Dieser Begriff liegt etwa vielen Blutuntersuchungen zugrunde, beispielsweise bezüglich der Frage, ob die Anzahl der Leukozyten im Blut erhöht ist (hierfür gibt es eine bestimmte, aus dem Durchschnitt ermittelte Spanne, die als normal und damit nicht als krank angesehen wird). Eine Abweichung davon, also eine höhere oder niedrigere Anzahl, deutet auf ein Abweichen der Körperfunktionen und damit auf Krankheit hin.

36 Der **subjektive Krankheitsbegriff** stellt auf die Wahrnehmung des Betroffenen ab. Krank ist damit letztlich, wer sich krank fühlt. Dieses subjektive Empfinden kann vom objektiven Zustand abweichen oder sich bei objektiven Tests nicht bemerkbar machen. So kann etwa jemand Schmerzen haben, ohne dass die Ursache davon sich in einer Abweichung vom normalen Funktionieren des Körpers bemerkbar macht, oder einen objektiv normalen Zustand als belastend empfinden. Insbesondere im Zusammenhang mit psychischen Erkrankungen kann es eine Rolle spielen, ob der Betroffene sein Befinden als belastend erfährt.

37 Der **soziale Krankheitsbegriff** stellt auf die gesellschaftliche Wahrnehmung oder auch die sozialen Auswirkungen eines bestimmten Zustands ab. Wenn dieser von dem nahen und auch entfernteren sozialen Umfeld des Betroffenen als „krank“ eingestuft wird, dann liegt Krankheit vor. Dies könnte man sich beispielsweise bei Opfern des sog. „Burn-Out“ vorstellen, deren körperliches Befinden nicht von der Normalität abweichen muss und die sich auch selbst nicht als krank wahrnehmen,

---

[27] “Health is a state of complete physical, mental and social well-being and not merely the absence of disease or infirmity.” *WHO* definition of health, abrufbar unter: https://www.who.int/about/mission/en/ (Stand: 9.2.2019).

[28] *Lenk* Therapie und Enhancement 27f.

die jedoch weder im Beruf leistungsfähig noch im sozialen Leben integrierbar und aufnahmefähig sind und deshalb vom Umfeld als krank angesehen werden.

2. Relevanz im Recht, insbesondere im Medizinstrafrecht

Die Begriffe Krankheit und Gesundheit spielen in verschiedenen Rechtsgebieten 38 eine Rolle. Bereits im Grundgesetz (Art. 2 Abs. 2 Alt. 2 GG) wird die „körperliche Unversehrtheit" geschützt, unter der nicht nur die Gesundheit des Menschen im biologisch-physiologischen, sondern auch im psychischen Sinn (jedoch nicht das soziale Wohlbefinden) verstanden wird.[29] Auch sonst werden die Begriffe im Recht innerhalb von Einzelfeldern bzw. auf bestimmte Fallkonstellationen bezogen diskutiert, unter anderem weil angenommen wird, dass eine einheitliche Definition aufgrund der Besonderheiten jeder Fragestellung nicht möglich ist.[30] Tatsächlich ist es möglich und oft sogar notwendig, einen bestimmten Begriff in unterschiedlichen Rechtsgebieten auch mit unterschiedlichen Inhalten zu füllen, abhängig vom Normzweck.[31]

Im Arzneimittelrecht spielt der Begriff „Krankheit" eine Rolle bei der Ent- 39 scheidung, ob ein Stoff als Arzneimittel kategorisiert werden kann, § 2 Abs. 1 Nr. 1 AMG. Auch im Betäubungsmittelrecht wird die Abgrenzung relevant.[32] In diesem Bereich definierte der BGH Krankheit als „jede, also auch eine nur unerhebliche oder vorübergehende Störung der normalen Beschaffenheit oder der normalen Tätigkeit des Körpers, die geheilt werden kann". Das Problem dieser Definition ist, dass für das Kriterium „normal" eine aussagekräftige Bezugsgröße fehlt.

Der Unterscheidung zwischen Krankheit und Gesundheit bedarf es ebenfalls zur 40 Ermittlung der zivilrechtlichen oder berufsständischen Arztpflichten, die nach der Berufsordnung die Gesundheit, nicht aber Schönheit, Intelligenz oder sportlichen Erfolg betreffen (§ 1 Abs. 1 MBO-Ä 1997 in der Fassung der Beschlüsse des 121. Deutschen Ärztetages 2018 in Erfurt).

Im Bereich der Krankenversicherungen wird auf Basis des Begriffs „Heilbehand- 41 lung" über die Übernahme von Kosten entschieden. Auch wenn der Begriff seit einigen Jahren erweitert wird, sollen Maßnahmen, die ausschließlich der Verbesserung dienen, nicht von der Allgemeinheit getragen werden.[33] Dem entspricht der enge Krankheitsbegriff, der auf einen regelwidrigen Körper- und Geisteszustand abstellt, welcher therapeutische Maßnahmen gebietet oder in Arbeitsunfähigkeit wahrnehmbar zutage tritt. Er bezieht sich also auf objektive Kriterien und die Gebotenheit therapeutischer Maßnahmen.

Im Arbeitsrecht spielt die Unterscheidung von Krankheit und Gesundheit für 42 die Entgeltfortzahlung und für Aspekte der Kündigung eine Rolle. Grundsätzlich ist, wie im Sozialrecht, ein Bezug auf die medizinische Definition von Krankheit gegeben, wobei zudem immer Arbeitsunfähigkeit vorliegen muss. Dem arbeitsrechtlichen Krankheitsbegriff unterfallen teilweise auch psychische Leiden.[34] Es ist jedoch fraglich, ab welchem Zeitpunkt bzw. welcher Schwere ein Gefühl der Minderwertigkeit, das durch Enhancement bekämpft werden soll, als psychische Störung gewertet werden kann.

---

[29] *KP* StaatsR II Rn. 420; das BVerfG hat den Schutzbereich über die Gesundheit im physischen Sinne hinaus offen gelassen, vgl. BVerfGE 56, 54 (73).

[30] So etwa zum Krankheitsbegriff *Rieger* Lexikon ArztR 502 Rn. 1113.

[31] BGH NJW 1981, 1316 (1317); BGHSt 11, 304 (309).

[32] BGH NJW 1991, 2359.

[33] Zweifelnd *Brock* in Parens Enhancing Human Traits 64 ff.

[34] BAG Urt. v. 5.4.1976, AP Nr. 40 zu § 1 LohnFG.

43 Aus den Privilegien des Arztberufs ergibt sich im Steuerrecht die Notwendigkeit der Abgrenzung, denn wer Krankheiten behandelt, muss weder Gewerbe- noch Umsatzsteuer zahlen, vgl. § 14 GewO, § 4 Nr. 14 UStG. Dies ist neu zu diskutieren, wenn der Arzt keine heilende, sondern eine „verbessernde“ Tätigkeit ausübt.[35] Dabei wird für die Bewertung, ob eine Operation „der medizinischen Behandlung einer Krankheit oder einer anderen Gesundheitsstörung“[36] und damit dem Schutz der menschlichen Gesundheit dient, auf die medizinische Indikation und das Indiz der Kostenübernahme durch den Sozialversicherungsträger zurückgegriffen.[37]

44 Auch auf internationaler Ebene wird, etwa in der Gentechnologie, zwischen Maßnahmen zur Therapie und zur Verbesserung differenziert. So ist nach Art. 13 der Biomedizin-Konvention des Europarats[38] ein Eingriff, der auf die Veränderung des menschlichen Genoms gerichtet ist, nur zu präventiven, diagnostischen oder therapeutischen Zwecken zulässig.

45 Die Darstellung der verschiedenen rechtlichen Fragen, in denen die Differenzierung zwischen Gesundheit und Krankheit eine Rolle spielt, lässt bereits vermuten, dass die Divergenzen zwischen den Begriffen nicht unproblematisch sind. Die Unterschiede bezüglich der Einordnung eines Zustands als Krankheit bzw. einer Handlung als Heilung führen nicht nur zu anwendungsbezogenen Schwierigkeiten, sondern auch zu Wertungswidersprüchen.

46 Nimmt man die Gesamtentwicklung in den Blick, so wird ein bemerkenswerter gesellschaftlicher Wandel sichtbar. Immer mehr Formen von Unwohlsein, Gebrechlichkeit, Unzufriedenheit usw. werden als Krankheit gesehen.[39] Andererseits wird angenommen, dass die Entwicklung eines allgemeingültigen Krankheitsbegriffs nicht realisierbar ist.[40] Diese Probleme wären durch systematische Erarbeitung neuer Begriffe vielleicht lösbar. Beispiele finden sich im Arbeitsrecht, wenn in § 3 Abs. 1 EFZG neben der Krankheit auf die Arbeitsunfähigkeit abgestellt wird, oder im Sozialrecht, das auf die Behandlungsbedürftigkeit Bezug nimmt[41]. Zu finden und diskutieren wären also einheitliche Definitionsmerkmale von Krankheit und Gesundheit, Therapie und Enhancement, die in den jeweiligen Kontexten durch Besonderheiten ergänzt oder eingeschränkt werden könnten. Die zentrale Frage, ob bzw. unter welchen Voraussetzungen und bis zu welchen Grenzen die Verbesserung des Menschen zulässig sein soll, lässt sich, jedenfalls bei Zugrundelegung des heutigen Medizinverständnisses, nur beantworten, wenn es zumindest einige Kriterien gibt, nach denen Heilung von Verbesserung und Krankheit von Gesundheit unterschieden werden können.

---

[35] BFH Urt. v. 15.7.2004 – V R 27/03; *Linck* NJW 1987, 2545 (2547).

[36] BFH Urt. v. 15.7.2004 – V R 27/03.

[37] Im BFH-Urt. v. 15.7.2004 – V R 27/03 findet sich keine Begründung der Verwendung des sozialrechtlichen Begriffs. Dies steht im Widerspruch zu BGH NJW 1958, 916 (917), der darauf hinweist, dass die unreflektierte Begriffsübertragung zwischen verschiedenen Gesetzen deren Zwecken widersprechen kann.

[38] Abrufbar unter http://conventions.coe.int/Treaty/en/Treaties/Html/164.html (Stand: 9.2.2019).

[39] Laufs/Kern/Rehborn ArztR-HdB/*Kern/Rehborn* § 1 Rn. 28.

[40] *Schipperges* in Schipperges/Seidler/Unschuld Krankheit, Heilkunst, Heilung 485.

[41] Laufs/Kern/Rehborn ArztR-HdB/*Kern/Rehborn* § 1 Rn. 29.

Stichwortverzeichnis

Die **fett** gesetzten Zahlen verweisen auf die Kapitel des Buches, die mageren auf deren Randnummern.